交通运输类"十三五"创新教材
内河船舶船员基本安全和特殊培训教材

内河船舶包装危险货物运输管理

中国海事服务中心组织编审
主编 ◎ 张华高　鲍学欣　马光银

大连海事大学出版社

图书在版编目(CIP)数据

内河船舶包装危险货物运输管理 / 张华高，鲍学欣，马光银主编. -- 大连：大连海事大学出版社，2020.12
(2025.1 重印)
内河船舶船员基本安全和特殊培训教材
ISBN 978-7-5632-4017-3

Ⅰ.①内… Ⅱ.①张… ②鲍… ③马… Ⅲ.①内河运输—危险货物运输—交通运输管理—安全培训—教材 Ⅳ.①U695.2

中国版本图书馆CIP数据核字(2020)第228691号

大连海事大学出版社出版

地址:大连市黄浦路523号 邮编:116026 电话:0411-84729665(营销部) 84729480(总编室)
http://press.dlmu.edu.cn E-mail:dmupress@dlmu.edu.cn

大连天骄彩色印刷有限公司印装 大连海事大学出版社发行

2020年12月第1版 2025年1月第3次印刷
幅面尺寸:184 mm × 260 mm 印张:11.75
字数: 292千 印数:4001~6000册

出版人:刘明凯

责任编辑:杨 洋 责任校对:张 华
版式设计:解瑶瑶 封面设计:解瑶瑶

ISBN 978-7-5632-4017-3 定价:56.00元

内河船舶船员基本安全和特殊培训教材
编委会

前 言

根据《内河船舶船员适任培训和考试大纲（2019版）》，中国海事服务中心组织在内河船舶运输领域有着丰富教学和培训经验的专家在2012年培训教材的基础上重新编写了“内河船舶船员基本安全和特殊培训教材”，并组织实践经验丰富的海事管理机构和船公司的专家对教材进行了审定。

在本套教材编写前，中国海事服务中心组织参编专家对内河船舶运输现状进行了广泛的调研和深入的讨论，确保教材内容符合船上实际，反映最新航运技术和与航运相关的最新法律、法规、规范与标准，并在表达方式上通俗易懂，符合内河船舶船员业务学习和技能培训的需要。

本系列教材包括《内河船舶船员基本安全知识与技能》《内河油船安全知识与操作》《内河散装化学品船安全知识与操作》《内河客船安全知识与操作》《内河滚装船安全知识与操作》《内河船舶包装危险货物运输管理》《内河高速船安全知识与操作》。

《内河船舶包装危险货物运输管理》由重庆交通职业学院（原重庆航运旅游学校、重庆市机电工程高级技工学校）正高级讲师（教授级）张华高、重庆交通大学博士讲师鲍学欣、重庆交通大学船长讲师马光银主编，参编有重庆梦港供应链管理有限公司一类船长王尚木和重庆市九龙坡区第二人民医院外科主治医师张春楼。全书由张华高负责统稿，重庆长江轮船公司高级船长张贵平、高级船长敬基学、中国海事服务中心王建军主审。

《内河船舶包装危险货物运输管理》全书内容共分五章，第一章主要介绍了水路运输的概况，第二章包装危险货物的基本知识，第三章概述了包装危险货物的运输，第四章包装危险货物事故的应急处置，第五章事故案例分析。本书适用于内河载运包装危险货物船舶任职的驾驶部人员的特殊培训，可供航运企业内部培训使用，也可作为大中专院校内河船舶航运类专业或同类专业的教学参考书，还可作码头管理人员和现场工作人员的专业参考书。

在教材编写过程中得到了重庆海事局黄永昌，重庆市港航海事服务中心李少春，重庆长航天一物流有限公司高级船长陶万军、船长沈亚东、船长赵宗锐，长航集运0326轮船长杨川，长江船员进修学校教师吴平的大力帮助，同时也得到了其他各海事机构、航运院校、船员培训机构、航运企业等相关单位的关心和大力支持，特致谢意！由于时间仓促，书中难免存在错误和疏漏，欢迎广大读者和专家批评指正。

中国海事服务中心

2020年7月

目　录

第一章

概　述

长江、珠江、淮河、黑龙江组成了我国内河水运的几大网络，本节主要介绍了内河航运、港口情况及危险货物在内河及其封闭水域运输限制的相关规定。

第一节　水路运输概况

一、内河航运的基本情况

我国河流众多，水量充沛，基本形成了以长江、珠江、淮河、黑龙江为主的内河运输水系，随着国家对内河航运投入的加大，内河水运的优势将会得到更加充分的发挥。

(一)通航里程

根据交通运输部2018年发布的数据，全国内河通航里程约12.71万千米，等级航道里程约6.64万千米，占总里程的52.2%，三级及以上航道里程约1.35万千米，约占总里程的10.6%，其中，一级航道为1 828千米，二级航道为3 947千米，三级航道为7 686千米。

其中，长江干线宜宾至重庆段为三级航道，可通航1 500吨级船舶；重庆至武汉段为二级航道，可通航1 000～5 000吨级船舶和万吨级船队；武汉以下为一级航道，武汉至南京可通航5 000吨级海船和万吨级船队，南京以下可通航3万吨级海轮，5万吨级海轮可常年到达太仓。

图1-1-1 长江干线航道示意图

(二)港口

截至2018年底，全国内河港口约有11 148个，拥有生产用码头泊位约23 919个。其中长江干线港口生产用码头泊位有18 185个，内河港口万吨级及以上泊位有437个；长江万吨级及以上泊位有595个；亿吨大港有15个。

(三)船舶

截至2018年底，全国内河船舶保有量近12.43万艘。其中，长江干线拥有各类运输船舶近12万艘，长江干线货船平均吨位从改革开放初期的150吨提升至1 780吨。

(四)货运量

2018年全国内河水运完成货运量为12 915.5万吨，长江干线年集装箱吞吐量为1 750万标箱、三峡枢纽通过量为1.44亿吨。

(五)发展前景

2014年9月12日，国务院印发了《关于依托黄金水道推动长江经济带发展的指导意见》(以下简称《意见》)。《意见》指出，长江是货运量位居全球内河第一的黄金水道，在区域发展总体格局中具有重要战略地位。依托黄金水道推动长江经济带发展，打造中国经济新支撑带，有利于挖掘中上游广阔腹地蕴含的巨大内需潜力，促进经济增长空间从沿海向沿江内陆拓展；有利于优化沿江产业结构和城镇化布局，推动我国经济体质增效升级；有利于形成上中下游优势互补、协作互动格局，缩小东中西部地区发展差距；有利于建设陆海双向对外开放新走廊，培育国际经济合作竞争新优势；有利于保护长江生态环境，引领全国生态文明建设。

二、内河封闭水域和其他内河水域禁运的危险化学品

(一)内河禁止运输的包装危险货物

根据中华人民共和国海事局于2019年11月发布的《内河船舶法定检验技术规则》中

第六篇“危险货物运输”，详细介绍了内河包装危险货物的分类，其中还详细列明了禁运货物：

（1）应按《危险化学品安全管理条例》的规定，禁止利用内河封闭水域和其他内河水域运输剧毒化学品及国家禁止运输的其他危险品（《危险化学品安全管理条例》2018版中所有剧毒化学品已经全部涵盖在《内河禁运危险化学品目录（2019版）中》）。

（2）禁止利用内河水域载运《国际海运危险货物规则》第6.2类感染性物质。

（3）禁止利用内河水域载运《国际海运危险货物规则》第7类放射性材料。

（4）禁止利用内河水域载运《国际海运危险货物规则》3.3章第900条中规定禁运的物质。

（5）禁止利用内河水域载运《国际海运危险货物规则》3.2章所列以外的爆炸物质。

（6）交通运输部、生态环境部、工业和信息化部、应急管理部于2019年5月24日发布的《内河禁运危险化学品目录（2019版）》中规定的内河全面禁运危险化学品（228种）及内河禁止散装运输危险化学品（85种）（详见附件1.1）。

综上所述，理论上除上述法规禁运货物外的包装危险货物的运输都符合目前法律、法规的规定，但具体运输包装危险货物的种类需要视航运企业的资质及相关作业码头的资质而定。

三、水运危险货物监督管理主管机关

我国对水运危险货物实施监督管理的主管机关是中华人民共和国海事局，2002年8月1日起实施（2017年重新修订）的《中华人民共和国内河交通安全管理条例》第四条规定：“国务院交通主管部门主管全国内河交通安全管理工作。国家海事管理机构在国务院交通主管部门的领导下，负责全国内河交通安全监督管理工作。”

第二节 国内主要的包装危险货物运输法规

为了保证危险货物运输安全，我国逐步建立和完善了对水路危险货物运输的管理体制及法规体系，以下介绍的涉及载运包装危险货物的主要法规，对保障内河安全运输起到了非常重要的作用，是进行危险品运输必须掌握的知识。

一、《中华人民共和国海上交通安全法》

《中华人民共和国海上交通安全法》于1984年1月1日起实施，2016年11月7日修订，共12章53条。其主要规定了船舶、设施和人员在海上航行、停泊和作业必须具备的技术条件、应该享受的权益和各自承担的义务。其第六章“危险货物运输”，要求船舶、设施储存、装卸、运输危险货物，必须具备安全可靠的设备和条件，遵守国家关于危险货物管理和运输的规定。船舶装运危险货物，必须向主管机关办理申报手续，经批准后，方可进出港口或装卸。

二、《中华人民共和国内河交通安全管理条例》

《中华人民共和国内河交通安全管理条例》于2002年8月1日生效，根据2017年3月1日《国务院关于修改和废止部分行政法规的决定》第二次修订，共11章95条。它对水运危险货物监督管理做了明确规定，要求码头、泊位的安全设施和技术条件能满足所装卸危险货物的有关技术要求。从事危险货物装卸的码头、泊位，必须符合国家有关安全规范要求，并征求海事管理机构的意见，经验收合格后，方可投入使用。禁止在内河运输法律、行政法规以及国务院交通主管部门规定禁止运输的危险货物。从事危险货物装卸的码头、泊位和载运危险货物的船舶，必须编制危险货物事故应急预案，并配备相应的应急救援设备和器材。

载运危险货物的船舶，必须持有经海事管理机构认可的船舶检验机构依法检验并颁发的危险货物适装证书，并按照国家有关危险货物运输的规定和安全技术规范进行配载和运输。

船舶装卸、过驳危险货物或者载运危险货物进出港口，应当将危险货物的名称、特性、包装、装卸或者过驳的时间、地点以及进出港时间等事项，事先报告海事管理机构和港口管理机构，经其同意后，方可进行装卸、过驳作业或者进出港口。但是，定船、定线、定货种的船舶可以定期报告。

载运危险货物的船舶，在航行、装卸或者停泊时，应当按照规定显示信号，其他船舶应当避让。这里的信号显示是指白天悬挂“B”字旗（红色燕尾旗）一面，夜间显示红色环照灯一盏。

三、《中华人民共和国危险化学品安全管理条例》

本条例于2002年3月15日生效，于2011年2月16日修订，2013年12月7日修正，共8章106条。它对我国境内生产、储存、经营、运输和使用危险化学品做了较详细的规定。本条例所称危险化学品，是指具有毒害、腐蚀、爆炸、燃烧、助燃等性质，对人体、设施、环境具有危害的剧毒化学品和其他化学品。危险化学品目录，由国务院安全生产监督管理部门会同国务院工业和信息化、公安、环境保护、卫生、质量监督检验检疫、交通运输、铁路、民用航空、农业等主管部门，根据化学品危险特性的鉴别和分类标准确定、公布，并适时调整。危险化学品列入以国家标准公布的《危险货物品名表》（GB 12268—2012）；剧毒化学品目录和未列入《危险货物品名表》的其他危险化学品，由国务院经济贸易综合管理部门会同国务院公安、环境保护、卫生、质检、交通部门确定并公布。该条例规定禁止利用内河以及其他封闭水域等航运渠道运输剧毒化学品以及国务院交通部门规定禁止运输的其他危险化学品（《危险化学品安全管理条例（2018版）》中所有剧毒化学品已经全部涵盖在《内河禁运危险化学品目录（2019版）中》）。

内河封闭水域禁运有毒有害危险品的水域范围为封闭的与外界无通航联系的湖泊、水库。内河封闭水域禁运有毒有害危险品种类为国家标准《危险货物品名表》（GB 12268—2012）规定的第3.2类中的石油和石油制成品以及第6.1类毒害品。

四、《内河禁运危险化学品目录(2019版)》

交通运输部、生态环境部、工业和信息化部、应急管理部于2019年5月24日发布了《内河禁运危险化学品目录（2019版）》（以下简称《禁运目录（2019版）》）。《禁运目录（2019版）》是落实《危险化学品安全管理条例》（以下简称《条例》）的重要基础性文件，是企业落实危险化学品安全管理主体责任，以及相关部门实施监督管理的重要依据。根据《条例》规定，交通运输部会同生态环境部、工业和信息化部、应急管理部进行了反复研究和论证，广泛征求了相关行业协会、企业和专家的意见后，制定了《内河禁运危险化学品目录管理办法》，并相应调整发布了《禁运目录（2019版）》，自发布之日起实施，《禁运目录（2015版）》（试行）同时予以废止。

《禁运目录（2019版）》制定原则：

（一）剧毒危险化学品列为全面禁运品种，共148种。

（二）《危险化学品分类信息表》列明为不稳定爆炸物的危险化学品列为全面禁运品种，共1种。

（三）国际海事组织列明禁止运输的危险化学品列为全面禁运品种，共7种。

（四）危害水生环境—急性毒性危害为类别1或危害水生环境—长期危害为类别1的现行禁运危险化学品，列为全面禁运品种，共148种（剧毒75种，非剧毒73种）。

（五）《禁运目录（2015版）》（试行）禁运的危险化学品但不符合上述规定之外的，禁止以散装形式在内河运输，共85种。

依照以上筛选规则筛选后，扣除重复的品种后，共计禁运313个品种，其中，全面禁运228个，禁止散装运输85个。

与《禁运目录（2015版）》（试行）禁运品种对比情况：《禁运目录（2015版）》禁运危险化学品308种，不区分包装或散装形式。《禁运目录（2019版）》禁运313个品种，其中，全面禁运228个，禁止散装运输85个。与《禁运目录（2015版）》（试行）相比，一是新增全面禁运品种5个——氯酸铵、高氯酸（浓度＞72%）、亚硝酸甲酯、亚硝酸锌铵、部分特殊硝酸铵（含可燃物≤0.2%），均是国际海事组织列明禁止运输的危险化学品。二是有85个禁运品种由全面禁运调整为仅禁止散装运输，如丙烯腈（稳定的）、甲苯-2,4-二异氰酸酯（TDI）、正丁腈等，因其由剧毒调整为非剧毒且不符合全面禁运筛选规则，考虑到其毒性相对较高，禁止其以散装形式在内河运输，可严格按照《国际海运危险货物规则》国内化后的相关规定进行包装运输。（详细见附件1。）

五、《港口危险货物安全管理规定》

《港口危险货物安全管理规定》（本段简称《规定》）分总则、建设项目安全审查、经营人资质、作业管理、应急管理、安全监督与管理、法律责任、附则共8章88条，自2017年10月15日起施行。该规定同时废止了2012年12月11日交通运输部发布的《港口危险货物安全管理规定》（交通运输部令2012年第9号）。该规定明确在中华人民共和国境内，新建、改建、扩建储存、装卸危险货物的港口建设项目和进行危险货物港口作业，适用本规定。危险货物港口作业包括在港区内装卸、过驳、仓储危险货物等行为。港口危险货物安全管理坚持安全第一、预防为主、综合治理的方针，强化和落实危险货物港口建设项目的建设单位和港口经营人安全生产主体责任。交通运输部主管全国港口危险货物安全行业管理工作。

《规定》第三章规定了危险货物港口经营人资质。申请危险货物港口经营人资质的文件和材料；《港口经营许可证》和《港口危险货物作业附证》的有效期限；危险货物港口经营人应当将安全评价报告制度以及落实情况报所在地港口行政管理部门备案。

《规定》第四章规范了危险货物港口经营人作业管理。危险货物港口经营人应当根据《港口危险货物作业附证》上载明的危险货物品名，依据其危险特性，在作业场所设置相应的监测、监控、通风、防晒、调温、防火、灭火、防爆、泄压、防毒、中和、防潮、防雷、防静电、防腐、防泄漏以及防护围堤或者隔离操作等安全设施、设备，并保持正常、正确使用。危险货物港口经营人应当按照国家标准、行业标准对其危险货物作业场所的安全设施、设备进行经常性维护、保养，并定期进行检测、检验，及时更新不合格的设施、设备，保证其正常运转。危险货物专用库场、储罐设置要求；危险货物港口作业委托人应当向危险货物港口经营人提供的资料；在港口作业的包装危险货物应当妥善包装，容器和标志要求；船舶载运危险货物进出港口的手续；船舶危险货物装卸作业申报要求；危险货物港口经营人进行重大危险源辨识，确定重大危险源级别，实施分级管理的要求；危险货物港口经营人应当制定事故隐患排查制度等。

六、《船舶载运危险货物安全监督管理规定》

《船舶载运危险货物安全监督管理规定》（本段简称《规定》）共8章106条，自2018年9月15日起施行，2003年11月30日以交通部令2003年第10号发布的《船舶载运危险货物安全监督管理规定》、2012年3月14日以交通运输部令2012年第4号发布的《关于修改〈船舶载运危险货物安全监督管理规定〉的决定》、1996年11月4日以交通部令1996年第10号发布的《水路危险货物运输规则》第一部分 水路包装危险货物运输规则同时废止。该规定明确了监管主体为交通运输部，主管全国船舶载运危险货物的安全管理工作。国家海事管理机构负责全国船舶载运危险货物的安全监督管理工作。各级海事管理机构按照职责权限具体负责船舶载运危险货物的安全监督管理工作。

其中关于包装危险货物内容主要集中在第三章：拟交付船舶载运的危险货物包装规范；载运危险货物的船用集装箱、船用可移动罐柜等货物运输组件和船用刚性中型散装容器要求；集装箱装箱现场检查员应当对船舶载运危险货物集装箱的装箱活动进行现场检查，在装箱完毕后，对符合《海运危险货物集装箱装箱安全技术要求》（JT 672—2006）的签署《集装箱装箱证明书》。

七、《船舶载运外贸危险货物申报规定》

《船舶载运外贸危险货物申报规定》（本段简称《规定》）共计26条，于1994年1月1日起生效，开始以申报签证替代了以前的准单签证。船舶载运内贸危险货物的申报，也参照本规定执行。该《规定》提出了船舶载运危险货物申报和危险货物安全适运申报的概念，并对“危险货物”做出了定义，对申报时限、申报人员、申报单证等提出了具体的要求。

船舶装载危险货物进出港、过境停留，应在规定时间内直接或通过代理人向海事部门填报《船舶载运危险货物申报单》报告危险货物品名、联合国编号、类别或性质、数量和装运形式等内容，经海事部门批准后方可进出港、装卸作业、过境停留。船长应该在船舶装载危险货物前以及出港前，确认船舶已办理了载运危险货物申报手续，并且托运人已办理了危险货物安全适运申报手续。进港前再次确认船舶是否装载了危险货物并且已经按申报规定办理了有关的申报手续。

由于本规定出台时间较早，本规定与《港口危险货物安全管理规定》(2017)、《船舶载运危险货物安全监督管理规定》(2018) 有抵触的，以后者为准执行。

八、《集装箱装运包装危险货物监督管理规定》

本规定共计16条，自1987年1月1日起生效，适用于我国境内、为海上使用集装箱装运危险货物的装箱、装卸、承运等有关单位、船舶及有关人员，对内河运输也有参考价值。该规定对集装箱装运包装危险货物的监督管理做了详细规定，对装箱的单位签具《集装箱装箱证明书》做了要求。

另外，针对长江集装箱时有落江事故发生，内河集装箱运输安全管理中存在薄弱环节，中华人民共和国交通运输部于2009年9月27日下发了《关于加强内河集装箱运输安全管理的通知》，该通知着重强调了集装箱船舶的积载和安全系固工作等。

九、《中华人民共和国船舶污染海洋环境应急防备和应急处置管理规定》

《中华人民共和国船舶污染海洋环境应急防备和应急处置管理规定》共计7章36条，自2011年6月1日起生效，2019年11月28日进行第六次修正。规定了中国籍船舶所有人、经营人、管理人以及有关作业单位应当按照国家海事管理机构制定的应急预案编制指南，制定或者修订防治船舶及其有关作业活动污染海洋环境的应急预案，并报海事管理机构批准。

港口、码头、装卸站的经营人应当制定防治船舶及其有关作业活动污染海洋环境的应急预案，并报海事管理机构备案。

船舶以及有关作业单位应当按照制定的应急预案定期组织应急演练，根据演练情况对应急预案进行评估，按照实际需要和情势变化，适时修订应急预案，并对应急预案的演练情况、评估结果和修订情况如实记录。

本规定还对港口、码头、装卸站以及从事船舶修造、打捞、拆解等作业活动的单位的防污的专项验收和船舶发生污染事故或者可能造成海洋环境污染的应急处理都做了明确的规定。

十、《内河船舶法定检验技术规则（2019）》

2019年年底，交通运输部海事局发布了《内河船舶法定检验技术规则（2019）》，本规则共计10篇，自2020年6月1日起实施。该规定整合了2015年、2016年、2018年历年的修改通报，针对我国内河船长大于等于20 m船舶设计建造、营运检验的技术法规进行了系统的明确，对内河船舶检验制度、安全与防污染技术要求等方面进行了全面系统的修订。

《规则》考虑到我国内河船舶的现状和未来的发展趋势，不仅适用于船长大于等于20 m的内河中国籍船舶，而且对船长5 m及以上的高速船做了专篇规定。《规则》从检验与发证、内河航区分级、吨位丈量、载重线、船舶安全、危险货物运输、防止船舶造成污染的结构与设备、船员舱室设备、乘客定额及舱室设备等方面，规定了内河船舶安全与防污染的一般要求。其中，对浮油回收船、消防船、自卸砂船、电池动力船舶、漓江游览船以及高速船等特殊船舶提出补充技术要求。

十一、《钢质内河船舶建造规范》2019修改通报

由中国船级社（CCS）发布的内河船舶规范《钢质内河船舶建造规范》2019修改通报共计14章，于2019年7月1日生效。生效后替代《钢质内河船舶建造规范》（2016）第1次变更通告。本规范更好地满足了内河航运和长江黄金水道发展的要求，对特殊船型和特殊结构进行了修订。

本次修改内容有：第1篇“船体”：对大于140 m大舱口散货船，纳入基于可靠性的船体梁极限强度研究的研究成果；在总强度技术要求中，调整了最小静水弯矩的适用范围，完善了不锈钢材料换算系数等；纳入商品汽车滚装船、大型客船、双体船等关键技术要求研究成果，修订了相关船型结构布置、直接计算等要求；完善了油船、大舱口船、工程船等部分结构布置要求；调整了客船和商品汽车滚装船的舾装数计算要求；纳入内河波浪载荷研究成果，完善了内河船波浪载荷直接计算要求。第2篇“轮机”：修订了钢管、铜质管等金属管系的最小管壁厚度的相关规定；完善了敞口集装箱船、位于水线以下通常无人的其他机器处所的舱底水的报警要求；完善了带动发电机的柴油机调速特性的相关要求；完善了船舶轴系轴承的布置要求以及艉轴及其艉管轴承的相关要求，增加了用液压无键套合到轴上的联轴器的相关要求。第3篇“电气”：完善了船舶使用岸电技术要求；完善了危险货物运输中危险区域等级划分及电气设备技术要求；完善了滚装处所的电气设备技术要求。第4篇“控制、监测、报警和安全系统”：修订完善了船用计算机的要求。第8篇“其他”：纳入《内河船舶法定检验技术规则》中消防船的相关要求；新增了铝合金作为主船体的低速铝合金船舶的技术要求。

十二、《危险货物运输包装通用技术条件》GB 12463—2009

《危险货物运输包装通用技术条件》规定了危险货物运输包装的分级、基本要求、性能试验和检验方法等，也规定了包装容器的类型和标记代号。本标准适用于盛装危险货物的运输包装，是运输、生产和检验部门对危险货物运输包装质量进行性能试验和检验的依据。

《危险货物运输包装通用技术条件》（GB 12463—2009）代替GB 12463—1990，本标准与GB 12463—1990相比主要变化如下：取消了部分术语，直接引用相关标准；将桶类包装最大容积由450 L改为250 L；第4章为“运输包装分类”，并将等级改为类别，基本要求部分放入第8章；4.2基本要求与第5章合并为第5章“包装要求”；取消了“纺织品编织袋”；取消了“塑料袋”等。

十三、《内河集装箱系固手册编制指南》(2011)

由中国船级社（CCS）发布的指南一般适用于符合《钢质内河船舶建造规范》要求的船舶，适用于经批准准予载运集装箱的内河船舶，包括集装箱船和多用途船等。本指南适用于按《钢质内河船舶建造规范》设计建造和营运的内河集装箱船，旨在为内河船《集装箱系固手册》（以下简称《手册》）的编制和审批提供建议和指导，为《手册》的编制提

供一个统一的方法，包括格式和内容，方便验船师、设计单位和船东的使用。

指南分两篇，第一篇为“手册要求”，第二篇为“手册模板”。“手册要求”篇给出指南的适用性、定义以及相关要求，包括手册内容架构与内涵、手册编写要求、审批要求。同时该篇中还以附录形式给出了敞口集装箱船的常用系固方案和禁用系固方案。“手册模板”篇给出一个典型的敞口集装箱船的系固手册范例，包括封面、扉页、说明、目录、正文和附录。正文按总则、配载与积载、详细系固布置、特种箱的积载与系固、积载与系固安全须知、系固力与设备选用、系固设备明细、系固设备操作规程、系固设备检查维护等章节编排。附录按危险品货物隔离级别表、危险货物集装箱隔离要求表和系固设备更新记录簿编排。

十四、《危险货物集装箱港口作业安全规程》JT 397—2007

由交通运输部制定的《危险货物集装箱港口作业安全规程》JT 397—2007，标准的全部技术内容为强制性。规程规定了从事危险货物集装箱港口作业的企业的工作一般要求、作业准备要求、装卸作业要求、堆存作业要求、应急要求和安全信息要求等内容。

由于2020年3月交通运输部下发了《危险货物集装箱港口作业安全规程（征求意见稿）》，该标准预计会于近期更新，请关注并及时更新最新版《危险货物集装箱港口作业安全规程》。

十五、《船舶水污染物排放控制标准》（GB 3552—2018）

2018年，环境保护部批准并与国家质量监督检验检疫总局联合发布国家环境保护标准《船舶水污染物排放控制标准》（GB 3552—2018）。该标准已于2018年7月1日起实施。该标准是我国目前唯一的水上移动污染源水污染物排放控制标准，适用于各种船舶，几乎涵盖除军事船舶之外的所有船舶，包括各种规模和船龄的客船、渔船、油船、化学品船、集装箱船、散货船和特种船舶等，船舶结构、用途各异，航行水域横跨地表水、近岸海域和远海，既有国内船舶，也有外国籍船舶。

其中和包装危险货物相关的第五部分，含有毒液体物质的污水排放控制要求如表1-2-1所示：

表1-2-1　含有毒液体物质的污水排放控制要求

污水中含有以下任何一种有毒液体物质	排放控制要求
(1)X类物质 (2) Y类物质中的高黏度或凝固物质 (3)未按规定程序卸货的Y类物质 (4)未按规定程序卸货的Z类物质	如不能免除预洗，船舶在离开卸货港前应按规定程序预洗，预洗的洗舱水应排入接收设施。其中，X类物质应预洗至浓度小于或等于0.1%（质量百分比），浓度达到要求后应将舱内剩余的污水继续排入接收设施，直至该舱排空。预洗后，再向该舱注水产生的含有毒液体物质的污水排放按本标准A（表后）执行
(1)按规定程序卸货的Y类物质 (2)按规定程序卸货的Z类物质	按本标准A执行：对于2007年1月1日之前建造的船舶，含Z类物质或暂定为Z类物质的污水排放，可免除标准A（三）中在水线以下通过水下排出口排放的要求

标准A：在沿海的船舶按规定程序卸货，并按规定预洗、有效扫舱或通风后，含有毒液体物质的污水排放应同时满足下列条件：

（1）在距最近陆地12海里以外（含）且水深不少于25米的海域排放；

（2）在船舶航行中排放，自航船舶航速不低于7节，非自航船舶航速不低于4节；

（3）在水线以下通过水下排出口排放，排放速率不超过最大设计速率。

十六、《船舶与港口污染防治专项行动实施方案》

交通运输部于2015年8月出台的《船舶与港口污染防治专项行动实施方案》要求，沿海和内河港口、码头、装卸站、船舶修造厂分别于2017年底前2020年底前具备船舶含油污水、化学品洗舱水、生活污水和垃圾等接收能力，并做好与市政公共处理设施的衔接，实现船舶污染物按规定处理。为加快推进船舶污染物接收设施建设，该规定再次明确了港口、码头、装卸站以及从事船舶修造、打捞、拆解的单位应当接收靠泊作业船舶的污染物的义务。新修订的规定进一步提高了船舶及其作业活动对内河水域环境保护的标准和要求。提出了五项禁止排放的要求：

（1）禁止船舶向内河水体排放有毒液体物质及其残余物或者含有此类物质的压载水、洗舱水或者其他混合物。

（2）禁止船舶在内河水域使用焚烧炉。

（3）禁止在内河水域使用溢油分散剂。

（4）禁止向内河水域排放船舶垃圾。

（5）当及时清除水上船舶修造及其相关作业过程中产生的污染物应，禁止投弃入水。和包装危险品直接相关的内容主要在规定的第四章船舶作业活动的污染防治：

从事水上船舶清舱、洗舱、污染物接收、燃料供受、修造、打捞、拆解、污染清除作业以及利用船舶进行其他水上水下活动的，应当遵守相关操作规程，采取必要的防治污染措施。船舶在港从事前款所列相关作业的，在开始作业时，应当通过甚高频、电话或者信息系统等向海事管理机构报告作业时间、作业内容等信息。

托运人交付船舶载运具有污染危害性货物的，应当采取有效的防污染措施，确保货物状况符合船舶载运要求和防污染要求，并在运输单证上注明货物的正确名称、数量、污染类别、性质、预防和应急措施等内容。曾经载运污染危害性货物的空容器和空运输组件，在未彻底清洗或者消除危害之前，应当按照原所装货物的要求进行运输。交付船舶载运污染危害性质不明的货物，货物所有人或者其代理人应当委托具备相应技术能力的机构进行货物污染危害性评估分类，确定安全运输条件，方可交付船舶载运。

船舶载运污染危害性货物应当具备与所载货物危害性质相适应的防污染条件。船舶不得载运污染危害性质不明的货物以及超过相关标准、规范规定的单船限制性数量要求的危险化学品。

船舶运输散发有毒有害气体或者粉尘物质等货物的，应当采取封闭或者其他防护措施。从事前款货物的装卸和过驳作业，作业双方应当在作业过程中采取措施回收有毒有害气体。

从事散装液体污染危害性货物装卸作业的，作业双方应当在作业前对相关防污染措施进行确认，按照规定填写防污染检查表，并在作业过程中严格落实防污染措施。

船舶从事散装液体污染危害性货物水上过驳作业时，应当遵守有关作业规程，会同作业单位确定操作方案，合理配置和使用装卸管系及设备，按照规定填写防污染检查表，针对货物特性和作业方式制定并落实防污染措施。

船舶进行下列作业，在长江、珠江、黑龙江水系干线作业量超过300 t和其他内河水域超过150 t的，港口、码头、装卸站应当采取包括布设围油栏在内的防污染措施，其中过驳作业由过驳作业经营人负责：（一）散装持久性油类的装卸和过驳作业，但船舶燃油供应作业除外；（二）比重小于1（相对于水）、溶解度小于0.1%的散装有毒液体物质的装卸和过驳作业；（三）其他可能造成水域严重污染的作业，因自然条件等原因，不适合布设围油栏的，应当采取有效替代措施。

第三节 涉及包装危险货物运输的主要国际公约及规则

涉及包装危险货物运输的国际公约及规则主要有三个：一是《1974年国际海上人命安全公约》，简称SOLAS公约；二是《国际海运危险货物规则》，简称《国际危规》；三是《经1978年议定书修订的1973年国际防止船舶造成污染公约》，简称《MARPOL73／78公约》。

一、SOLAS公约

国际海事组织为满足海上安全管理需要，在1960年公约的基础上制定了1974年SOLAS公约，并于1980年5月25日生效，2016年，对SOLAS公约进行了部分内容的修订。公约第Ⅶ章专门阐述了危险货物运输，第Ⅶ章的A部分又专门阐述了包装危险货物的运输。

SOLAS公约表现为以下三个特点：一是，在缔约政府、海事和/或港口主管机关、航运业、货主和相关的国际组织之间形成了紧密的国际合作框架；二是，将海上保安这一特殊的法律范畴用修正SOLAS公约的方式来实现，大大加快了保安立法进程，为有效实施保安措施提供了更为快捷的途径；三是，使SOLAS公约的法律性质发生了变化，即在纯技术和管理性的国际公约中加入了包含政治妥协的管理措施。

我国是SOLAS公约的缔约国，在加强海上保安措施的修正案生效后，为了更好地履行公约，交通运输部先后制定了《中华人民共和国港口设施保安规则》和《中华人民共和国船舶保安规则》（以下简称《规则》）这两个政府部门规章，细化了执行国际公约的强制要求，并且规定由水运司和海事局分别负责这两个《规则》的实施工作。

二、国际海运危险货物规则

《国际海运危险货物规则》（IMDG CODE） 可以说是进行危险货物运输的“大全”，它对培训、托运、包装、设备、作业以及应急和医疗急救等都做了详细的规定，对三千多种危险货物的联合国编号、特性等做了阐述。在本章的第四节将对《国际海运危险货物规则》进行简介。

三、MARPOL 73/78公约

《MARPOL 73/78公约》是国际防止船舶造成污染公约，它的含义是为保护海洋环境，由国际海事组织制定的有关防止和限制船舶排放油类和其他有害物质污染海洋方面的安全规定的国际公约。

该公约最初于1973年2月17日签订，但并未生效，现行的公约包括了1973年公约及1978年议定书的内容，于1983年10月2日生效。截至2005年12月31日，该公约已有136个缔约国，缔约国海运吨位总量占世界海运吨位总量的98%。

国际防止船舶造成污染公约，适用于有权悬挂一缔约国国旗的船舶和无权悬挂一缔约国的国旗但在另一缔约国的管辖下进行营运的船舶。国际防止船舶造成污染公约均不得解释为减损或扩大缔约国根据国际法为勘探和开发自然资源对于邻接其海岸的海底及其底土的主权。

国际海事组织海上环境保护委员会第70届会议于2016年10月28日以第MEPC.277(70)号决议通过了《国际防止船舶造成污染公约》附则Ⅴ的2016年修正案并将于2018年3月1日正式生效。修正案对现行附则Ⅴ第4条、第6条、第10条和附录进行了修订，主要涉及船舶垃圾的分类、排放和记录。

《MARPOL73／78公约》从保护整个人类环境，特别是保护海洋环境的需要出发，制定了油类物质、散装有毒物质和包装有害物质等的防污规定，有一个正文、六个附则和两个议定书。其中，附则Ⅲ为“防止海运包装形式有害物质污染规则”。

以上三个公约，因我国是缔约国，对我国所有船舶均有强制约束力。

四、关于危险货物运输的建议书·规章范本

联合国《关于危险货物运输的建议书·规章范本》（以下简称《规章范本》）第21修订版已于2019年7月正式发布。规章范本是为了保障危险货物运输安全，并使各国和国际上对各种运输方式的管理规定能够统一发展，根据联合国经济与社会事理事会468G决议，于1954年成立联合国危险货物运输专家委员会（UN TDG）。我国于1988年以成员国正式代表身份加入联合国危险货物运输专家委员会。1956年，联合国经济与社会理事会的危险货物运输专家委员会编写的《关于危险货物运输的建议书》（以下简称《建议书》）（UN RTDG）出版，又称“橙皮书”。为了反映技术的发展和使用者不断变化的需要，《建议书》定期修订和不定期增补。1996年12月2日至10日，联合国经济与社会理事会危险货物运输专家委员会（UN TDG）在第十九届会议上，通过了《规章范本》第一版。为方便《规章范本》纳入各家和国际规章，使其有助于协调一致，从而使各国成员国政府、联合国、各专门机构和其他国际组织都能节省大量资源，委员会将《规章范本》作为《建议书》的附件，《建议书》从第十修订版起，将《规章范本》作为《建议书》的附件。《规章范本》的措辞是强制性的，使《规章范本》可直接纳入所有运输方式的国家规章，从而加强协调统一。截至2019年7月，《规章范本》已更新至第21修订版，基本每两年更新一次。

第四节 《国际海运危险货物规则》简介

要点:《国际海运危险货物规则》(以下简称《国际危规》)是国际海事组织制定的海运危险货物运输方面的国际准则,对于履行相关国际公约,保障船舶载运危险货物和人命财产安全、防止海洋污染具有重要作用。

(一)主要内容

1.《国际危规》由来及修正情况

本规则是依据SOLAS公约和联合国《建议书》(橙皮书)制定的、适用于包装危险货物的管理规则。1965年《国际危规》第一版问世,此后《国际危规》约每两年进行一次修正。目前,《国际危规》第39套修正案(以下简称《IMDG规则39—18》)经国际海事组织海上安全委员会第99次会议通过,将于2020年1月1日起强制实施,时效为两年。

2. 新版《国际危规》结构和主要内容

《国际海运危险货物规则》第39套修正案(以下简称《IMDG规则39—18》)经国际海事组织海上安全委员会第99次会议通过,将于2020年1月1日起强制实施。

《IMDG规则39—18》修订的主要内容概要如下:

(1)危险货物分类方面,本次修订对腐蚀性货物的分类方法进行了完善。

(2)危险货物包装方面,新增部分包装导则,并新增IMO9型罐柜。

(3)积载隔离方面,对隔离类列表进行了代码化,同时对隔离类1等隔离规定进行了修订。另外,还对危险货物一览表部分条目进行了修订。

自2020年1月1日起,船舶载运危险货物将执行《IMDG规则39—18》,通过水路运输包装危险货物应当符合新规则的包装导则、标记标牌、危险货物一览表和特殊规定等要求。

其中文版内容如下:

第1部分 一般规定定义和培训
第1.1章 一般规定
第1.2章 定义、度量单位和缩写
第1.3章 培训
第1.4章 安全条例
第1.5章 有关第7类物质的一般规定
第2部分 分类
第2.0章 导言
第2.1章 第1类——爆炸品
第2.2章 第2类——气体
第2.3章 第3类——易燃液体
第2.4章 第4类——易燃固体;易于自燃的物质;遇水放出易燃气体的物质
第2.5章 第5类——氧化性物质和有机过氧化物
第2.6章 第6类——毒性物质和感染性物质

第2.7章　第7类——放射性物质
第2.8章　第8类——腐蚀性物质
第2.9章　杂类危险物质和物品（第九类）和环境危险物质
第2.10章　海洋污染物
第3部分　危险货物一览表、特别规定和例外
第3.1章　概述
第3.2章　危险货物一览表
第3.3章　适用于某些物品或物质的特殊规定
第3.4章　有限数量
第3.5章　例外数量的危险品
附录
附录A类属和未另作规定的正式运输名称一览表
附录B术语汇编
索引
英文索引
中文索引
第4部分　包装规定和罐体规定
第4.1章　包装容器的使用，包括中型散装货物集装箱（中型散货箱IBCS）和大包装
第4.2章　便携式罐体和多种元素气体容器（MEGC）的使用
第4.3章　散货集装箱的使用
第5部分　托运程序
第5.1章　一般规定
第5.2章　包装（包括中型散货箱）的标记和标签
第5.3章　货物运输单元的揭示牌和标记
第5.4章　单据

第6部分　包装构造及试验，中型散装货物容器（IBCS）、大包装、便携式罐体、多元素气体容器（MEGCs）及槽罐柜

第6.1章　包装（用于6.2类物质的包装除外）的构造和试验要求

第6.2章　压力容器、气雾剂容器、盛装气体的小容器（储气筒）和含液化可燃气体的燃料电池弹药筒

第6.3章　6.2类A类别易感染物质容器的制造和试验要求
第6.4章　第7类物质和包件的结构、测试和认可的要求
第6.5章　中型散装货物集装箱（中型散货箱IBC）的构造和测试规定
第6.6章　大包装的组成与试验要求
第6.7章　便携式罐体的设计、制造、检查和试验要求
第6.8章　公路罐车的规定
第6.9章　散装容器的设计、构造、检查和试验规定
第7部分　运输作业的相关规定
第7.1章　积载
第7.2章　隔离

第7.3章　涉及危险货物的事故和火灾警报的特殊条款
第7.4章　船舶运输货运单元
第7.5章　货运单元的盛装
第7.6章　载驳船上船载驳危险货物的运输
第7.7章　温度控制规定
第7.8章　废弃物的运输
第7.9章　豁免、批准和证书

(二)查阅方法

(1)《国际危规》有两个索引，即中文名称索引（按汉语拼音字母顺序排列）、英文名称索引（按英文字母顺序排列）。

(2)《国际危规》中的“危险货物一览表”是以联合国编号（UN NO.）的顺序排列的，在该表中列出了三千多种危险货物的联合国编号、正确运输名称、类别和小类、副危险、包装类、特殊规定、限量、包装、中型散装容器、罐柜导则、EMS（应急措施表）、积载和隔离、特性与注意事项等栏目的内容。

(3) 使用《国际危规》，首先要知道该需要查找物质的正确运输名称，是在《建议书》中规定的名称，不应使用商业名称或其他非规范性的名称。

(4) 知道了危险货物的正确运输名称，可在中文名称索引或英文名称索引找出该物质对应的联合国编号，从而在“危险货物一览表”中查找到该物质对应的相关资料。

(5) 危险货物中文名称索引中有“正确运输名称”和“联合国编号”两个栏目的内容；危险货物英文名称索引中除了正确运输名称（PSN）和联合国编号外，还有是否是海洋污染物（MP）和类别（CLASS）两项。

(6) 使用《国际危规》，要根据具体情况和已经掌握的资料，通过相应的索引，查阅相关有用的资料，如图1-4-1所示。

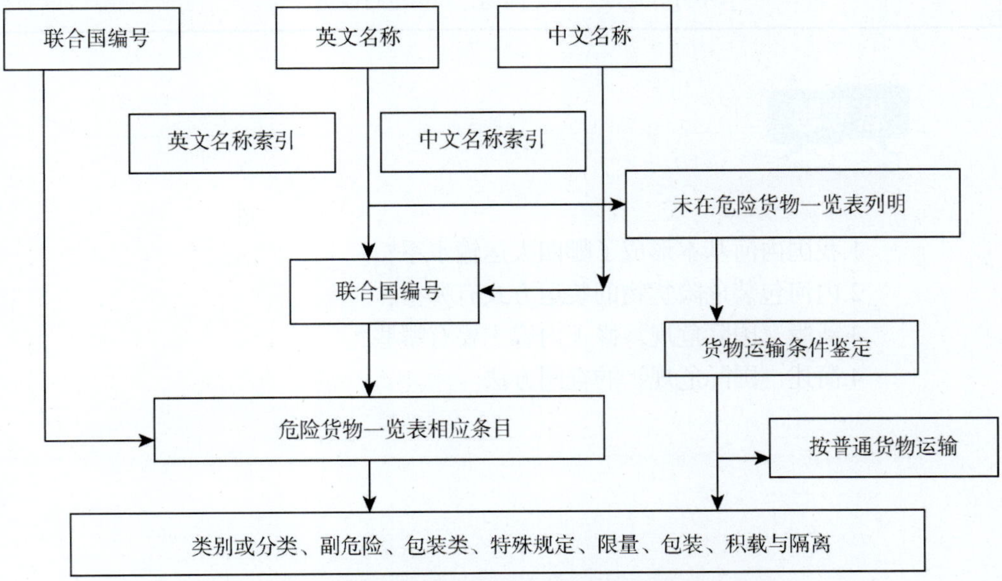

图1-4-1 《国际危规》确定危险货物的类别和包装类示意图

表 1-4-1 《国际危规》查询实操训练教案

教学项目		《国际危规》查阅	教学形式	实操训练	教学学时	2学时
教学目标		掌握《国际危规》查阅方法				
教学内容		使用《国际危规》通过相应的索引，查阅相关有用的资料				
教学重点和难点		重点："联合国编号"。 难点：联合国编号对应的危险货物一览表条目				
教具准备		最新版的《国际危规》 常见的包装危险货物名称数种				
教学场所		教室				
时间(min)	教学过程	教学内容				教学方法
5	引言	1.本实训课的教学目标、内容等				讲授
10	示范讲解	1.《国际危规》查阅方法 2.《国际危规》查阅示范				示范
30	学员练习，教练员督促指导	1.学员进行实操练习 2.教练员通过观察和指导，纠正学员存在的不足				练习
40	反复练习	学员根据实操教师的指导，反复练习，直至能够独立掌握操作要领				训练与复习
5	总结讲评	对学员的训练情况进行讲评，包括：学员哪些做得好，哪些做得不好，应注意什么问题，如何进行改进				讲授

思考题

1.我国内河基本形成了哪四大运输水系？
2.内河包装危险货物的装运方式有哪些？
3.新版《国际危规》修正内容主要有哪些？
4.简述《国际危规》的查阅方法。

附件 1.1

内河禁运危险化学品目录(2019版)

内河全面禁运危险化学品

(228种)

序号	危险化学品目录序号	品名	别名	UN编号	正确运输中文名称	CAS号
1	4	5-氨基-3-苯基-1-[双(N,N-二甲基氨基氧膦基)]-1,2,4-三唑(含量＞20%)	威菌磷	3018 2783	/	1031-47-6
2	20	3-氨基丙烯	烯丙胺	2334	烯丙胺	107-11-9
3	40	八氟异丁烯	全氟异丁烯；1,1,3,3,3-五氟-2-(三氟甲基)-1-丙烯	3162	/	382-21-8
4	41	八甲基焦磷酰胺	八甲磷	3018	/	152-16-9
5	42	1,3,4,5,6,7,8,8-八氯-1,3,3a,4,7,7a-六氢-4,7-甲撑异苯并呋喃(含量＞1%)	八氯六氢亚甲基苯并呋喃；碳氯灵	2761	/	297-78-9
6	71	苯基硫醇	苯硫酚；巯基苯；硫代苯酚	2337	苯硫酚	108-98-5
7	88	苯胂化二氯	二氯化苯胂；二氯苯胂	1556	/	696-28-6
8	99	1-(3-吡啶甲基)-3-(4-硝基苯基)脲	1-(4-硝基苯基)-3-(3-吡啶基甲基)脲；灭鼠优	2588	/	53558-25-1
9	121	丙腈	乙基氰	2404	丙腈	107-12-0
10	123	2-丙炔-1-醇	丙炔醇；炔丙醇	2929	/	107-19-7
11	138	丙酮氰醇	丙酮合氰化氢；2-羟基异丁腈；氰丙醇	1541	丙酮合氰化氢，稳定的	75-86-5
12	141	2-丙烯-1-醇	烯丙醇；蒜醇；乙烯甲醇	1098	烯丙醇	107-18-6
13	155	丙烯亚胺	2-甲基氮丙啶；2-甲基乙撑亚胺；丙撑亚胺	1921	丙烯亚胺，稳定的	75-55-8
14	217	叠氮化钠	三氮化钠	1687	叠氮化钠	26628-22-8

（续表）

序号	危险化学品目录序号	品名	别名	UN编号	正确运输中文名称	CAS号
15	241	3-丁烯-2-酮	甲基乙烯基酮；丁烯酮	1251	甲基乙烯基甲酮，稳定的	78-94-4
16	258	1-(对氯苯基)-2,8,9-三氧-5-氮-1-硅双环(3,3,3)十二烷	毒鼠硅；氯硅宁；硅灭鼠	/	/	29025-67-0
17	321	2-(二苯基乙酰基)-2,3-二氢-1,3-茚二酮	2-(2,2-二苯基乙酰基)-1,3-茚满二酮；敌鼠	2588	/	82-66-6
18	339	1,3-二氟丙-2-醇(Ⅰ)与1-氯-3-氟丙-2-醇(Ⅱ)的混合物	鼠甘伏；甘氟	2588	/	8065-71-2
19	340	二氟化氧	一氧化二氟	2190	二氟化氧，压缩的	7783-41-7
20	367	O,O-二甲基-O-(2-甲氧甲酰基-1-甲基)乙烯基磷酸酯(含量＞5%)	甲基-3-[(二甲氧基磷酰基)氧代]-2-丁烯酸酯；速灭磷	3018	/	7786-34-7
21	385	二甲基-4-(甲基硫代)苯基磷酸酯	甲硫磷	3018	/	3254-63-5
22	393	(E)-O,O-二甲基-O-[1-甲基-2-(二甲基氨基甲酰)乙烯基]磷酸酯(含量＞25%)	3-二甲氧基磷氧基-N,N-二甲基异丁烯酰胺；百治磷	3018	/	141-66-2
23	394	O,O-二甲基-O-[1-甲基-2-(甲基氨基甲酰)乙烯基]磷酸酯(含量＞0.5%)	久效磷	2783	/	6923-22-4
24	410	N,N-二甲基氨基乙腈	2-(二甲氨基)乙腈	2378	2-二甲氨基乙腈	926-64-7
25	434	O,O-二甲基-对硝基苯基磷酸酯	甲基对氧磷	3018	/	950-35-6
26	461	1,1-二甲基肼	二甲基肼(不对称)；N,N-二甲基肼	1163	二甲肼，不对称	57-14-7
27	462	1,2-二甲基肼	二甲基肼(对称)	2382	二甲基肼，对称的	540-73-8
28	463	O,O'-二甲基硫代磷酰氯	二甲基硫代磷酰氯	2267	二甲基硫代磷酰氯	2524-03-0

（续表）

序号	危险化学品目录序号	品名	别名	UN编号	正确运输中文名称	CAS号
29	481	二甲双胍	双甲胍；马钱子碱	1692	/	57-24-9
30	486	二甲氧基马钱子碱	番木鳖碱	1570	番木鳖碱(二甲氧基马钱子碱)	357-57-3
31	568	2,3-二氢-2,2-二甲基苯并呋喃-7-基-N-甲基氨基甲酸酯	克百威	2757	/	1563-66-2
32	572	2,6-二噻-1,3,5,7-四氮三环-[3,3,1,1,3,7]癸烷-2,2,6,6-四氧化物	毒鼠强	2588	/	80-12-6
33	648	S-[2-(二乙氨基)乙基]-O,O-二乙基硫赶磷酸酯	胺吸磷	3018	/	78-53-5
34	649	N-二乙氨基乙基氯	2-氯乙基二乙胺	2810	/	100-35-6
35	654	O,O-二乙基-N-(1,3-二硫戊环-2-亚基)磷酰胺(含量＞15%)	2-(二乙氧基磷酰亚氨基)-1,3-二硫戊环；硫环磷	3018 2783	/	947-02-4
36	655	O,O-二乙基-N-(4-甲基-1,3-二硫戊环-2-亚基)磷酰胺(含量＞5%)	二乙基(4-甲基-1,3-二硫戊环-2-叉氨基)磷酸酯；地胺磷	3018	/	950-10-7
37	656	O,O-二乙基-N-1,3-二噻丁环-2-亚基磷酰胺	丁硫环磷	3018	/	21548-32-3
38	658	O,O-二乙基-O-(2-乙硫基乙基)硫代磷酸酯与O,O-二乙基-S-(2-乙硫基乙基)硫代磷酸酯的混合物(含量＞3%)	内吸磷	3018	/	8065-48-3
39	660	O,O-二乙基-O-(4-甲基香豆素基-7)硫代磷酸酯	扑杀磷	2811	/	299-45-6
40	661	O,O-二乙基-O-(4-硝基苯基)磷酸酯	对氧磷	3018 2783	/	311-45-5
41	662	O,O-二乙基-O-(4-硝基苯基)硫代磷酸酯(含量＞4%)	对硫磷	3018	/	56-38-2

（续表）

序号	危险化学品目录序号	品名	别名	UN编号	正确运输中文名称	CAS号
42	665	O,O-二乙基-O-[2-氯-1-(2,4-二氯苯基)乙烯基]磷酸酯(含量＞20%)	2-氯-1-(2,4-二氯苯基)乙烯基二乙基磷酸酯；毒虫畏	3018	/	470-90-6
43	667	O,O-二乙基-O-2-吡嗪基硫代磷酸酯(含量＞5%)	虫线磷	3018	/	297-97-2
44	672	O,O-二乙基-S-(2-乙硫基乙基)二硫代磷酸酯(含量＞15%)	乙拌磷	3018	/	298-04-4
45	673	O,O-二乙基-S-(4-甲基亚磺酰基苯基)硫代磷酸酯(含量＞4%)	丰索磷	3018	/	115-90-2
46	675	O,O-二乙基-S-(对硝基苯基)硫代磷酸	硫代磷酸-O,O-二乙基-S-(4-硝基苯基)酯	3018	/	3270-86-8
47	676	O,O-二乙基-S-(乙硫基甲基)二硫代磷酸酯	甲拌磷	3018	/	298-02-2
48	677	O,O-二乙基-S-(异丙基氨基甲酰甲基)二硫代磷酸酯(含量＞15%)	发硫磷	3018	/	2275-18-5
49	679	O,O-二乙基-S-氯甲基二硫代磷酸酯(含量＞15%)	氯甲硫磷	3018	/	24934-91-6
50	680	O,O-二乙基-S-叔丁基硫甲基二硫代磷酸酯	特丁硫磷	3018	/	13071-79-9
51	692	二乙基汞	二乙汞	2929	/	627-44-1
52	732	氟		1045	氟，压缩的	7782-41-4
53	780	氟乙酸	氟醋酸	2642	氟乙酸	144-49-0
54	783	氟乙酸甲酯		3272	/	453-18-9
55	784	氟乙酸钠	氟醋酸钠	2629	氟乙酸钠	62-74-8
56	788	氟乙酰胺		2811	/	640-19-7
57	849	癸硼烷	十硼烷；十硼氢	1868	癸硼烷	17702-41-9
58	1008	4-己烯-1-炔-3-醇		2810	/	10138-60-0
59	1041	3-(1-甲基-2-四氢吡咯基)吡啶硫酸盐	硫酸化烟碱	1658	硫酸烟碱溶液	65-30-5
60	1071	2-甲基-4,6-二硝基酚	4,6-二硝基邻甲苯酚；二硝酚	1598	二硝基邻甲酚	534-52-1
61	1079	O-甲基-S-甲基-硫代磷酰胺	甲胺磷	2783	/	10265-92-6

（续表）

序号	危险化学品目录序号	品名	别名	UN编号	正确运输中文名称	CAS号
62	1081	O-甲基氨基甲酰基-2-甲基-2-(甲硫基)丙醛肟	涕灭威	2771	/	116-06-3
63	1082	O-甲基氨基甲酰基-3,3-二甲基-1-(甲硫基)丁醛肟	O-甲基氨基甲酰基-3,3-二甲基-1-(甲硫基)丁醛肟；久效威	2771	/	39196-18-4
64	1097	(S)-3-(1-甲基吡咯烷-2-基)吡啶	烟碱；尼古丁；1-甲基-2-(3-吡啶基)吡咯烷	1654	烟碱(尼古丁)	54-11-5
65	1126	甲基磺酰氯	氯化硫酰甲烷；甲烷磺酰氯	3246	甲磺酰氯	124-63-0
66	1128	甲基肼	一甲肼；甲基联氨	1244	甲基肼	60-34-4
67	1189	甲烷磺酰氟	甲磺氟酰；甲基磺酰氟	2927	/	558-25-8
68	1202	甲藻毒素(二盐酸盐)	石房蛤毒素(盐酸盐)	3462	/	35523-89-8
69	1236	抗霉素A		3172	/	1397-94-0
70	1248	镰刀菌酮X		3172	/	23255-69-8
71	1266	磷化氢	磷化三氢；膦	2199	磷化氢	7803-51-2
72	1278	硫代磷酰氯	硫代氯化磷酰；三氯化硫磷；三氯硫磷	1837	硫代磷酰氯	3982-91-0
73	1327	硫酸三乙基锡		3146	/	57-52-3
74	1328	硫酸铊	硫酸亚铊	1707	/	7446-18-6
75	1332	六氟-2,3-二氯-2-丁烯	2,3-二氯六氟-2-丁烯	2927	/	303-04-8
76	1351	(1R,4S,4aS,5R,6R,7S,8S,8aR)-1,2,3,4,10,10-六氯-1,4,4a,5,6,7,8,8a-八氢-6,7-环氧-1,4,5,8-二亚甲基萘(含量2%～90%)	狄氏剂	2761	/	60-57-1
77	1352	(1R,4S,5R,8S)-1,2,3,4,10,10-六氯-1,4,4a,5,6,7,8,8a-八氢-6,7-环氧-1,4,5,8-二亚甲基萘(含量＞5%)	异狄氏剂	2761	/	72-20-8

（续表）

序号	危险化学品目录序号	品名	别名	UN编号	正确运输中文名称	CAS号
78	1353	1,2,3,4,10,10-六氯-1,4,4a,5,8,8a-六氢-1,4-挂-5,8-挂二亚甲基萘(含量＞10%)	异艾氏剂	2761	/	465-73-6
79	1354	1,2,3,4,10,10-六氯-1,4,4a,5,8,8a-六氢-1,4：5,8-桥,挂-二甲撑萘(含量＞75%)	六氯-六氢-二甲撑萘；艾氏剂	2761	/	309-00-2
80	1358	六氯环戊二烯	全氯环戊二烯	2646	六氯环戊二烯	77-47-4
81	1381	氯	液氯；氯气	1017	氯气	7782-50-5
82	1422	2-[(RS)-2-(4-氯苯基)-2-苯基乙酰基]-2,3-二氢-1,3-茚二酮(含量＞4%)	2-(苯基对氯苯基乙酰)茚满-1,3-二酮；氯鼠酮	2761	/	3691-35-8
83	1442	氯代膦酸二乙酯	氯化磷酸二乙酯	2927	/	814-49-3
84	1464	氯化汞	氯化汞；氯化汞；升汞	1624	氯化汞	7487-94-7
85	1476	氯化氰	氰化氯；氯甲腈	1589	氯化氰，稳定的	506-77-4
86	1502	氯甲基甲醚	甲基氯甲醚；氯二甲醚	1239	甲基氯甲基醚	107-30-2
87	1509	氯甲酸甲酯	氯碳酸甲酯	1238	氯甲酸甲酯	79-22-1
88	1513	氯甲酸乙酯	氯碳酸乙酯	1182	氯甲酸乙酯	541-41-3
89	1549	2-氯乙醇	乙撑氯醇；氯乙醇	1135	氯乙醇	107-07-3
90	1637	2-羟基丙腈	乳腈	2810	/	78-97-7
91	1642	羟基乙腈	乙醇腈	2810	/	107-16-4
92	1646	羟甲唑啉(盐酸盐)		3249	/	2315-02-8
93	1677	氰胍甲汞	氰甲汞胍	2025	/	502-39-6
94	1681	氰化镉		2570	/	542-83-6
95	1686	氰化钾	山柰钾	1680	氰化钾，固体的	151-50-8
96	1688	氰化钠	山柰	1689	氰化钠，固体的	143-33-9

（续表）

序号	危险化学品目录序号	品名	别名	UN编号	正确运输中文名称	CAS号
97	1693	氰化氢	无水氢氰酸	1051	氰化氢，稳定的，含水小于3%	74-90-8
98	1704	氰化银钾	银氰化钾	1588	/	506-61-6
99	1723	全氯甲硫醇	三氯硫氯甲烷；过氯甲硫醇；四氯硫代碳酰	1670	全氯甲硫醇	594-42-3
100	1735	乳酸苯汞三乙醇胺		2026	/	23319-66-6
101	1854	三氯硝基甲烷	氯化苦；硝基三氯甲烷	1580	三氯硝基甲烷(氯化苦)	76-06-2
102	1912	三氧化二砷	白砒；砒霜；亚砷酸酐	1561	三氧化二砷	1327-53-3
103	1923	三正丁胺	三丁胺	2542	三丁胺	102-82-9
104	1927	砷化氢	砷化三氢；胂	2188	胂	7784-42-1
105	1998	双(1-甲基乙基)氟磷酸酯	二异丙基氟磷酸酯；丙氟磷	3018	/	55-91-4
106	1999	双(2-氯乙基)甲胺	氮芥；双(氯乙基)甲胺	2810	/	51-75-2
107	2000	5-[双(2-氯乙基)氨基]-2,4-(1H,3H)嘧啶二酮	嘧啶苯芥	3249	/	66-75-1
108	2003	O,O-双(4-氯苯基)N-(1-亚氨基)乙基硫代磷酸胺	毒鼠磷	2783	/	4104-14-7
109	2005	双(二甲氨)磷酰氟(含量＞2%)	甲氟磷	3018	/	115-26-4
110	2047	2,3,7,8-四氯二苯并对二噁英	二噁英；2,3,7,8-TCDD；四氯二苯二恶英	2811	/	1746-01-6
111	2067	3-(1,2,3,4-四氢-1-萘基)-4-羟基香豆素	杀鼠醚	3027	/	5836-29-3
112	2078	四硝基甲烷		1510	四硝基甲烷	509-14-8
113	2087	四氧化锇	锇酸酐	2471	四氧化锇	20816-12-0
114	2091	O,O,O′,O′-四乙基二硫代焦磷酸酯	治螟磷	1704	二硫代焦磷酸四乙酯	3689-24-5
115	2092	四乙基焦磷酸酯	特普	3018	/	107-49-3

（续表）

序号	危险化学品目录序号	品名	别名	UN编号	正确运输中文名称	CAS号
116	2093	四乙基铅	发动机燃料抗爆混合物	1649	发动机燃料抗爆混合物	78-00-2
117	2115	碳酰氯	光气	1076	光气	75-44-5
118	2118	羰基镍	四羰基镍；四碳酰镍	1259	羰基镍	13463-39-3
119	2133	乌头碱	附子精	1544	/	302-27-2
120	2138	五氟化氯		2548	五氟化氯	13637-63-3
121	2144	五氯苯酚	五氯酚	3155	五氯酚	87-86-5
122	2147	2,3,4,7,8-五氯二苯并呋喃	2,3,4,7,8-PCDF	2811	/	57117-31-4
123	2153	五氯化锑	过氯化锑；氯化锑	1730	五氯化锑，液体的	7647-18-9
124	2157	五羰基铁	羰基铁	1994	五羰基铁	13463-40-6
125	2163	五氧化二砷	砷酸酐；五氧化砷；氧化砷	1559	五氧化二砷	1303-28-2
126	2177	戊硼烷	五硼烷	1380	戊硼烷	19624-22-7
127	2198	硒酸钠		2630	/	13410-01-0
128	2222	2-硝基-4-甲氧基苯胺	枣红色基GP	2811	/	96-96-8
129	2413	3-[3-(4′-溴联苯-4-基)-1,2,3,4-四氢-1-萘基]-4-羟基香豆素	溴鼠灵	3027	/	56073-10-0
130	2414	3-[3-(4-溴联苯-4-基)-3-羟基-1-苯丙基]-4-羟基香豆素	溴敌隆	3027	/	28772-56-7
131	2460	亚砷酸钙	亚砒酸钙	1574	/	27152-57-4
132	2477	亚硒酸氢钠	重亚硒酸钠	2630	/	7782-82-3
133	2527	盐酸吐根碱	盐酸依米丁	1544	/	316-42-7
134	2533	氧化汞	一氧化汞；黄降汞；红降汞	1641	氧化汞	21908-53-2
135	2549	一氟乙酸对溴苯胺		/	/	351-05-3
136	2567	乙撑亚胺 乙撑亚胺(稳定的)	吖丙啶；1-氮杂环丙烷；氮丙啶	1185	乙撑亚胺，稳定的	151-56-4
137	2588	O-乙基-O-(4-硝基苯基)苯基硫代磷酸酯(含量＞15%)	苯硫膦	3018 2783	/	2104-64-5

（续表）

序号	危险化学品目录序号	品名	别名	UN编号	正确运输中文名称	CAS号
138	2593	O-乙基-S-苯基乙基二硫代磷酸酯(含量>6%)	地虫硫膦	3018	/	944-22-9
139	2626	乙硼烷	二硼烷	1911	乙硼烷	19287-45-7
140	2635	乙酸汞	乙酸高汞；醋酸汞	1629	乙酸汞	1600-27-7
141	2637	乙酸甲氧基乙基汞	醋酸甲氧基乙基汞	2025	/	151-38-2
142	2642	乙酸三甲基锡	醋酸三甲基锡	2788	/	1118-14-5
143	2643	乙酸三乙基锡	三乙基乙酸锡	2788	/	1907-13-7
144	2665	乙烯砜	二乙烯砜	2927	/	77-77-0
145	2671	N-乙烯基乙撑亚胺	N-乙烯基氮丙环	2810	/	5628-99-9
146	2685	1-异丙基-3-甲基吡唑-5-基N,N-二甲基氨基甲酸酯(含量>20%)	异索威	2992	/	119-38-0
147	2718	异氰酸苯酯	苯基异氰酸酯	2487	异氰酸苯酯	103-71-9
148	2723	异氰酸甲酯	甲基异氰酸酯	2480	异氰酸甲脂	624-83-9
149	44	八氯莰烯	毒杀芬	2761	/	8001-35-2
150	46	白磷	黄磷	2447	白磷，熔融的	12185-10-3
151	144	丙烯醛(稳定的)	烯丙醛；败脂醛	1092	丙烯醛，稳定的	107-02-8
152	245	2-丁烯醛	巴豆醛；β-甲基丙烯醛	1143	巴豆醛或巴豆醛，稳定的	4170-30-3
153	313	二苯基胺氯胂	吩吡嗪化氯；亚当氏气	1698	二苯胺氯胂	578-94-9
154	328	二碘化汞	碘化汞；碘化高汞；红色碘化汞	1638	碘化汞	7774-29-0
155	333	二丁基氧化锡	氧化二丁基锡	3146	/	818-08-6
156	334	S,S′-(1,4-二噁烷2,3-二基)O,O,O′,O′-四乙基双(二硫代磷酸酯)	敌噁磷	3018	/	78-34-2
157	366	O,O-二甲基-O-(2,2-二氯乙烯基)磷酸酯	敌敌畏	3018	/	62-73-7
158	391	O,O-二甲基-O-(4-硝基苯基)硫代磷酸酯	甲基对硫磷	3018 2783	/	298-00-0

（续表）

序号	危险化学品目录序号	品名	别名	UN编号	正确运输中文名称	CAS号
159	395	O,O-二甲基-O-[1-甲基-2氯-2-(二乙基氨基甲酰)乙烯基]磷酸酯	2-氯-3-(二乙氨基)-1-甲基-3-氧代-1-丙烯二甲基磷酸酯；磷胺	3018	/	13171-21-6
160	396	O,O-二甲基-S-(2,3-二氢-5-甲氧基-2-氧代-1,3,4-噻二唑-3-基甲基)二硫代磷酸酯	杀扑磷	3018 2783	/	950-37-8
161	399	O,O-二甲基-S-(3,4-二氢-4-氧代苯并[d]-[1,2,3]-三氮苯-3-基甲基)二硫代磷酸酯	保棉磷	3018 2783	/	86-50-0
162	400	O,O-二甲基-S-(N-甲基氨基甲酰甲基)硫代磷酸酯	氧乐果	3018	/	1113-02-6
163	403	O,O-二甲基-S-(乙基氨基甲酰甲基)二硫代磷酸酯	益棉磷	3018 2783	/	2642-71-9
164	404	O-O-二甲基-S-[1,2-双(乙氧基甲酰)乙基]二硫代磷酸酯	马拉硫磷	3018	/	121-75-5
165	405	4-N,N-二甲基氨基-3,5-二甲基苯基N-甲基氨基甲酸酯	4-二甲氨基-3,5-二甲苯基-N-甲基氨基甲酸酯；兹克威	2757	/	315-18-4
166	406	4-N,N-二甲基氨基-3-甲基苯基N-甲基氨基甲酸酯	灭害威	2757	/	2032-59-9
167	409	3-二甲基氨基亚甲基亚氨基苯基-N-甲基氨基甲酸酯(或其盐酸盐)	伐虫脒	2757	/	22259-30-9； 23422-53-9
168	593	2,4-二硝基苯酚(含水≥15%)	1-羟基-2,4-二硝基苯	1320	二硝基苯酚，湿的，按质量计，含水不小于15%	51-28-5
169	613	4,6-二硝基邻甲苯酚钠		1348	二硝基邻甲酚钠，湿的，按质量计，含水不小于15%	2312-76-7

（续表）

序号	危险化学品目录序号	品名	别名	UN编号	正确运输中文名称	CAS号
170	659	O,O-二乙基-O-(3-氯-4-甲基香豆素-7-基)硫代磷酸酯	蝇毒磷	3018 2783	/	56-72-4
171	666	O,O-二乙基-O-2,5-二氯-4-甲硫基苯基硫代磷酸酯	O-[2,5-二氯-4-(甲硫基)苯基]-O,O-二乙基硫代磷酸酯；虫螨磷	3018	/	21923-23-9；60238-56-4
172	670	O,O-二乙基-S-(2-氯-1-酞酰亚氨基乙基)二硫代磷酸酯	氯亚胺硫磷	2783	/	10311-84-9
173	671	O,O-二乙基-S-(2-乙基亚磺酰基乙基)二硫代磷酸酯	砜拌磷	3018	/	2497-07-6
174	674	O,O-二乙基-S-(4-氯苯硫基甲基)二硫代磷酸酯	三硫磷	3018	/	786-19-6
175	934	花青甙	矢车菊甙	/	/	581-64-6
176	1075	S-甲基-N-[(甲基氨基甲酰基)-氧基]硫代乙酰胺酸酯	灭多威；O-甲基氨基甲酰酯-2-甲硫基乙醛肟	3018	/	16752-77-5
177	1077	O-甲基-O-(4-溴-2,5-二氯苯基)苯基硫代磷酸酯	溴苯膦	/	/	21609-90-5
178	1078	O-甲基-O-[(2-异丙氧基甲酰)苯基]-N-异丙基硫代磷酰胺	甲基异柳磷	3018	/	99675-03-3
179	1246	3-[(3-联苯-4-基)-1,2,3,4-四氢-1-萘基]-4-羟基香豆素	鼠得克	3027	/	56073-07-5
180	1269	磷化锌		1714	磷化锌	1314-84-7
181	1270	磷酸二乙基汞	谷乐生；谷仁乐生；乌斯普龙汞制剂	2025	/	2235-25-8
182	1296	硫氰酸汞		1646	硫氰酸汞	592-85-8
183	1355	(1,4,5,6,7,7-六氯-8,9,10-三降冰片-5-烯-2,3-亚基双亚甲基)亚硫酸酯	1,2,3,4,7,7-六氯双环[2,2,1]庚烯-(2)-双羟甲基-5,6-亚硫酸酯；硫丹	2761	/	115-29-7
184	1392	1-氯-2,4-二硝基苯	2,4-二硝基氯苯	1577	/	97-00-7

（续表）

序号	危险化学品目录序号	品名	别名	UN编号	正确运输中文名称	CAS号
185	1469	氯化甲氧基乙基汞		2025	/	123-88-6
186	1496	氯化乙基汞		2025	/	107-27-7
187	1551	氯乙酸	氯醋酸；一氯醋酸	1751	氯乙酸，固体的	79-11-8
188	1629	1,4,5,6,7,8,8-七氯-3a,4,7,7a-四氢-4,7-亚甲基茚	七氯	2761	/	76-44-8
189	1675	氰	氰气	1026	氰	460-19-5
190	1679	氰化碘	碘化氰	3290	/	506-78-5
191	1680	氰化钙		1575	氰化钙	592-01-8
192	1682	氰化汞	氰化高汞；二氰化汞	1636	氰化汞	592-04-1
193	1699	氰化亚金钾		1588	/	13967-50-5
194	1713	2-硫基乙醇	硫代乙二醇；2-羟基-1-乙硫醇	2966	硫甘醇	60-24-2
195	1745	三苯基氢氧化锡	三苯基羟基锡	2786	/	76-87-9
196	1847	三氯化砷	氯化亚砷	1560	三氯化砷	7784-34-1
197	1929	砷酸		1553 1554	砷酸，液体的 砷酸，固体的	7778-39-4
198	1934	砷酸钙	砷酸三钙	1573	砷酸钙	7778-44-1
199	1944	砷酸铜		3288	/	10103-61-4
200	2090	O,O,O′,O′-四乙基-S,S′-亚甲基双(二硫代磷酸酯)	碘依可酯	3018	/	563-12-2
201	2095	四乙基锡	四乙锡	2929	/	597-64-8
202	2119	2-特丁基-4,6-二硝基酚	2-(1,1-二甲基乙基)-4,6-二硝酚；特乐酚	2779	/	1420-07-1
203	2134	无水肼(含肼＞64%)	无水联胺	2029	肼，无水的	302-01-2
204	2148	五氯酚钠		2567	五氯苯酚钠	131-52-2
205	2298	硝酸汞	硝酸高汞	1625	硝酸汞	10045-94-0
206	2400	溴化汞	二溴化汞；溴化高汞	1634	/	7789-47-1
207	2461	亚砷酸钾	偏亚砷酸钾	1678	亚砷酸钾	10124-50-2
208	2462	亚砷酸钠 亚砷酸钠水溶液	偏亚砷酸钠	2027	亚砷酸钠，固体的	7784-46-5
209	2470	亚硒酸		/	/	7783-00-8

（续表）

序号	危险化学品目录序号	品名	别名	UN编号	正确运输中文名称	CAS号
210	2475	亚硒酸镁		2630	/	15593-61-0
211	2551	一氯丙酮	氯丙酮；氯化丙酮	1695	氯丙酮，稳定的	78-95-5
212	2557	一氯乙醛	氯乙醛；2-氯乙醛	2232	2-氯乙醛	107-20-0
213	2587	O-乙基-O-(3-甲基-4-甲硫基)苯基-N-异丙氨基磷酸酯	苯线磷	3018	/	22224-92-6
214	2589	O-乙基-O-[(2-异丙氧基酰基)苯基]-N-异丙基硫代磷酰胺	异柳磷	3018	/	25311-71-1
215	2590	O-乙基-O-2,4,5-三氯苯基-乙基硫代膦酸酯	O-乙基-O-2,4,5-三氯苯基-乙基硫代膦酸酯；毒壤膦	3018	/	327-98-0
216	2633	乙酸苯汞		1674	乙酸苯汞	62-38-4
217	2681	乙酰亚砷酸铜	巴黎绿；祖母绿；醋酸亚砷酸铜；翡翠绿；帝绿；苔绿；维也纳绿；草地绿；翠绿	1585	乙酰亚砷酸铜	12002-03-8
218	2689	3-异丙基苯基-N-氨基甲酸甲酯	间异丙威	2757	/	64-00-6
219	2715	异硫氰酸烯丙酯	人造芥子油；烯丙基异硫氰酸酯；烯丙基芥子油	1545	异硫氰酸烯丙脂，稳定的	57-06-7
220	2803	2-仲丁基-4,6-二硝基酚	二硝基仲丁基苯酚；4,6-二硝基-2-仲丁基苯酚；地乐酚	2779	/	88-85-7
221	2820	重铬酸钠	红矾钠	3086	/	10588-01-9
222	2495	亚硝酸乙酯		1194	亚硝酸乙酯溶液	109-95-5
223	293	二(氯甲基)醚	二氯二甲醚；对称二氯二甲醚；氧代二氯甲烷	2249	二氯二甲醚，对称的	542-88-1
224	1530	氯酸铵		1461	/	10192-29-7
225	798	高氯酸(浓度＞72%)	过氯酸	/	/	7601-90-3

（续表）

序号	危险化学品目录序号	品名	别名	UN编号	正确运输中文名称	CAS号
226	2490	亚硝酸甲酯		2455	亚硝酸甲酯	624-91-9
227	2494	亚硝酸锌铵		1512	亚硝酸铵锌	63885-01-8
228	2286	易于自热并足以引发其分解的硝酸铵(含可燃物≤0.2%)		1942	硝酸铵，含有不大于0.2%的可燃物质，包括以碳计算的任何有机物，但不包括任何其他添加物质	6484-52-2

说 明

《内河禁运危险化学品目录》各栏目的含义：

1.“序号”是指本目录中化学品的顺序号。

2.“危险化学品目录序号”是指《危险化学品目录》中化学品的顺序号。

3.“品名”是指根据《化学命名原则》标准确定的危险化学品品名。

4.“别名”是指除“品名”以外的其他名称，包括通用名、俗名等。

5.“UN编号”是指联合国危险货物运输专家委员会在《关于危险货物运输的建议书》中对危险货物指定的编号。在目录中标注2个UN号是指该化学品2种不同形态危险货物指定的编号。

6.“正确运输中文名称”是指国际海事组织在《国际海运危险货物规则》中明确的危险货物正确运输名称。

7.“CAS号”是指美国化学文摘社对化学品的唯一登记号。

第二章

包装危险货物的基本知识

第一节 包装危险货物的定义和分类

危险货物的包装，无论在装卸还是运输上都有较大的区别。本节详细描述了包装危险货物的定义和分类。准确理解本节知识，对进一步掌握危险货物的特性与促进安全生产都有重要的作用。

一、定义

具有爆炸、易燃、毒害、腐蚀、放射性等性质，在运输、装卸和储存过程中，容易造成人身伤亡、财产损毁或者环境污染，需要特别防护的货物，称为危险货物。但在某些具体的公约、规则、法律、法规中，危险货物的定义可能会有些不同，使用中应引起必要的关注。

包装危险货物是指，除通常所指的带包装的各类危险货物外，还包括装载于集装箱、可移动罐柜、公路或铁路车辆等运输单元内的无包装固体或液体的危险货物。危险货物采用正确有效的包装，保证了危险货物的质量，提高了储存、装卸和运输的安全保障。原油、成品油、散装化危品等物质虽是危险品，但直接装入货舱内则不属于包装危险货物。

二、分类

危险货物品种繁多，性质各异，且危险程度大小不一，多数兼有多种危险性质。为便于危险货物的安全运输和管理，有必要对其进行科学分类。我国内河包装危险货物运输接受《国际海运危险货物规则》（简称《国际危规》）对危险货物的分类方式（国家有明确规定国内运输不作为危险货物的除外），按危险货物所呈现的危险性或最主要的危险性，将危险货物分为九类：

第1类——爆炸品；

第2类——气体；

第3类——易燃液体；

第4类——易燃固体、易自燃物质、遇水放出易燃气体的物质；

第5类——氧化物质和有机过氧化物；

第6类——有毒和感染性物质；

第7类——放射性材料；

第8类——腐蚀性物质；

第9类——杂类危险物质和物品。

各类可分为若干项（即若干小类）。

对于具有一种以上危险性质的货物，要以占主导地位的危险性确定其归类，但在运输中还必须兼顾此类货物的其他危险性质（即副危险性）。包装危险货物的具体分类如下。

（一）第1类——爆炸品

1. 定义

爆炸品是指在外界作用下（如受热、撞击等），能发生剧烈的化学反应，瞬时产生大量的气体和热量，使周围压力急骤上升，引发爆炸的物质和物品，也包括仅产生热、光、声响或烟雾等一种或几种作用的烟火物品。具体包括：

（1）爆炸性物质：指能通过本身的化学反应产生气体，其温度、压力和爆速会对周围环境造成破坏的固体或液体物质或几种物质的混合物。

（2）烟火物质：指设计上为产生热、光、声、气体或所有这一切的结合达到一种效果的一种或几种物质的混合物，这些效果通过非爆炸性、持续放热等化学反应产生。

（3）爆炸性物品：指含有一种或多种爆炸性物质的物品。

所有具有或怀疑具有爆炸特性的物质或物品须考虑划分到第1类。

2. 爆炸品的分类

第1项——具有整体爆炸危险的物质和物品。

第2项——具有抛射的危险，但无整体爆炸危险的物质和物品。

第3项——具有燃烧危险和较小爆炸或较小抛射危险，或同时兼有此两者危险，但无整体爆炸危险的物质或物品。

第4项——无重大危险的物质和物品。本项货物危险性较小，万一被点燃或引爆，其危险仅限于包装件内部，而对包装件外部无重大危险。

第5项——有整体爆炸的危险但极不敏感的物质或物品。

第6项——无整体爆炸的危险且极不敏感的物品。

（二）第2类——气体

1. 定义

气体是指在50 ℃时其蒸汽压力大于300 kPa，或在温度为20 ℃标准大气压（101.3 kPa）时完全呈气态的物质。经压缩或降温加压后，贮存于耐压容器或特制的高绝热耐压容器或装有特殊溶剂的耐压容器中的物质。根据气体在运输中的物理状态，可分为压缩气体、液化气体、冷冻液化气体、溶解气体和吸附性气体五种。

压缩气体：气体在压力下包装载运时，处于−50 ℃时，完全呈气态；本类包括临界温度低于或等于−50 ℃的所有气体。

液化气体：气体在压力下包装载运时，当温度高于−50 ℃，部分呈气态。按其特性可分为高压液化气体（临界温度在−50~65 ℃的气体）和低压液化气体（临界温度在65 ℃以上的气体）。

冷冻液化气体：当包装运输时，因低温使部分气体处于液态的气体。

溶解气体：当包装运输时，溶解在液相溶剂中的气体。

吸附性气体：以包装形式运输吸附到固体多孔材料上的气体，其内容器压力在20 ℃时不超过标准大气压（101.3 kPa），在50 ℃时其蒸汽压力不超过300 kPa。

2. 气体的分类

根据气体在运输中的危险性，可细分为三项。

第1项——易燃气体，该气体在温度为20 ℃、标准气压为101.3 kPa时，在空气混合物中所占体积为13%或更低时可点燃；或该气体在温度为20 ℃、标准气压为101.3 kPa时，不管最低燃烧极限是多少，与空气混合形成的燃烧范围至少有12个百分点。此类气体泄漏时，遇明火、高温或光照，会发生燃烧或爆炸，如氢气、甲烷、乙炔等。

第2项——非易燃、无毒气体，该项气体包括会稀释或替代氧气的气体；或以提供氧气的方式，比空气更容易造成或导致其他材料燃烧的气体；或在其他类别里没有列入的气体。此类气体泄漏时，遇明火不会燃烧，没有腐蚀性，吸入人体内无毒、无刺激，但多数在高浓度时有窒息作用，如氧气、氮气、二氧化碳等。

第3项——有毒气体，该项气体包括对人类有毒或者有腐蚀性以至于危害健康的气体，或被推定对人类有毒或者有腐蚀性的气体，其LC_{50}的值等于或低于5 000 mL/m^3(ppm)，如氯气、氨、硫化氢等。

(三) 第3类——易燃液体

1. 定义

根据《国际海运危险货物规则》的规定，该类包括易燃液体和液体退敏爆炸品两类物质。

易燃液体是指在闭杯闪点低于60 ℃（相当于开杯试验闪点为65.6 ℃）及以下时放出易燃蒸汽的液体或液体混合物，或含有处于溶液中或悬浮状态的固体或液体；还包括交付运输时温度等于或高于其闪点温度的液体（简称“高温运输液体”），以及在加温条件下运输或交付运输时其温度等于或低于最高运输温度时会放出易燃的蒸汽的液体（简称“加温运输液体”）；本类不包括闪点在35 ℃以上的不助燃液体，也不包括由于其危险性已列入其他类别的液体。

液体退敏爆炸品是指溶于或悬浮于水或其他液体物质，形成均质的液体混合物以抑制其爆炸特性的爆炸性物质。

2. 易燃液体的危险特性

（1）挥发性

液体物质在任何温度下都会蒸发，在沸点温度时，液体开始沸腾，此时液体的蒸汽压与外界气压达到了平衡，所有的液体都趋于变成气体。沸点是衡量液体挥发性的指标之一。一般来说，沸点低的液体挥发性大；另外，对于同一液体来说，表面积越大、外界温度越高、与液体表面接触的空气流动速度越快，挥发就越快。如果液体处于密闭容器中，挥发的结果使液体上方的空间充满蒸汽，经过一段时间，液体和蒸汽处于平衡状态，如果温度不发生变化，这一平衡将一直维持下去。在这样的密闭容器中，一定的温度下处于平衡状态时液体蒸汽所具有的压力称作饱和蒸汽压。饱和蒸汽压是衡量液体挥发性的指标之一。易燃液体沸点低，饱和蒸汽压高，其危险性就大。不同的液体，饱和蒸汽压不同；同一液体在不同的温度下，饱和蒸汽压也不同，温度升高，饱和蒸汽压也随之升高。

（2）易燃性

易燃液体挥发出的蒸汽及易燃液体自身，遇明火极易燃烧。易燃液体的易燃性以闪点衡量。闪点是指在给定的条件下，可燃气体或易燃液体的蒸汽与空气的混合物接触火焰时产生瞬间闪火的最低温度。液体的闪点越低，其易燃性及危险性越大。当可燃液体温度高于闪点时，接触火源有被点燃的危险。闪点依据其测试仪器是在密闭容器还是在开敞容器中加热液体而分为闭杯试验闪点和开杯试验闪点。一般同一物质的闭杯试验闪点要低于开杯试验闪点3~ 6 ℃。可燃液体的闪点，因其物理重现性较差，所以其测试的结果应当指明测试仪器的名称及试验条件。

燃点是指在给定的条件下，可燃气体或易燃液体的蒸汽与空气的混合物接触火焰时能产生持续燃烧时的最低温度。对可燃液体，在相同条件下，其燃点常比闪点高出5℃左右。

（3）爆炸性

易燃液体挥发出来的蒸汽与空气混合后一旦接触火种就容易着火燃烧。易燃液体的燃爆性质也用爆炸极限表示，它是指易燃液体的蒸汽与空气的混合物，能被点燃而引起燃烧爆炸的浓度范围，通常是用蒸汽在混合物中所占体积的百分比浓度来表示。浓度范围的最低值称作爆炸下限，最高值称作爆炸上限。爆炸下限越小、爆炸极限浓度范围越大的液体，其易燃易爆性也越强。如汽油的爆炸极限为1.2%~7.2%，乙醇为3.3%~18%。

（4）毒性

大多数易燃液体及其蒸汽都有不同程度的毒性或麻醉性。另外，易燃液体的密度和水溶性，对发生火灾时能否用水扑救至关重要。若液体溶于水，则不论其密度大小，都可用水扑救。若液体不溶于水且密度大于1 g/cm³，也能用水扑救。若液体不溶于水且密度小于1 g/cm³，则禁止用水扑救，因为浮于水面的燃烧液体会随水的流动而使火灾蔓延。

3. 易燃液体的包装分级

易燃液体按其易燃性确定的包装类是：

包装类Ⅰ：初沸点≤35 ℃。如乙醛、二硫化碳、乙醚等。

包装类Ⅱ：初沸点>35 ℃，且闭杯闪点<23 ℃。如汽油、酒精、苯、丙酮等。

包装类Ⅲ：初沸点>35 ℃，且23 ℃≤闭杯闪点≤60 ℃。包括高温运输液体和加温运输液体。如松节油、酒精饮料（满足酒精含量超过24%但不超过70%，且容器容积大于250 L的条件）等。

（四）第4类——易燃固体、易自燃物质、遇水放出易燃气体的物质

除上述第1类、第2.1类（即第2类第1项）和第3类外，其余多数易燃物质都归入这一类。属于该类货物的绝大多数是固体，只有4.2类和4.3类中有少量的液体货物。这类

物质和物品可分为三个小类：

1. 第1项——易燃固体

易燃固体是在运输条件下，易于燃烧或易于通过摩擦起火的固体，易于发生强烈热反应的自反应物质（固体和液体）和聚合性物质，以及在没有充分稀释的情况下有可能爆炸的固体退敏爆炸品。

易燃固体是指易于燃烧和经摩擦可能起火的纤维状、粉末状、颗粒状和糊状的物质。这些物质与火源短暂接触时易于点燃且火焰蔓延迅速，如赤磷、硫黄、萘、铝粉、棉花（干的）、黄麻等。此外，本类的大部分物质加热或卷入火灾会产生有毒的气体产物。

自反应物质是一些含有特殊物品的化合物，它们对热不稳定，即使没有氧气（空气）的参与也易产生强烈的放热分解，分解的温度因物质的不同而不同，分解速度随温度的升高而升高。物质的分解可能产生有毒气体或蒸汽，还有些自反应物质在限定条件下有爆炸分解的特性。《国际危规》给出了已确定的自反应物质清单，如苯磺酰肼等。

固体退敏爆炸品是指被水或酒精浸湿或被其他物质稀释后，形成均一的固体混合物来抑制其爆炸性的爆炸物质。如苦味酸铵（湿的，含水量不少于10%）、三硝基苯（湿的，含水量不少于30%）等。本类物质燃点低，对热、撞击、摩擦较为敏感，易被外部火源点燃，燃烧迅速，并可能散发有毒烟雾或有毒气体。应引起注意的是，这些物质在干燥的状态下，仍应被视为第1类爆炸品。

聚合性物质及其混合物（稳定的）是指在不加稳定剂且正常运输条件下，易发生强烈的放热反应，形成大分子或聚合物的物质。该类物质是指在有或没有化学稳定剂的运输条件下，使用包装、中型散装容器或移动式罐柜，自加速聚合物温度小于等于75 ℃；和该物质表现出的反应热大于300 J/g；和不满足其他任何1到8类的分类标准。

上述有些物质，在其危险货物一览表中，有控制温度（能安全运输的最高温度）和危急温度（必须采取如抛弃等应急措施的温度）的要求。如自行加速分解温度小于或等于55 ℃的自反应物质应在控制温度下进行运输。

2. 第2项——易自燃物质

易自燃物质是指在运输条件下易于自发升温或遇空气易于升温，然后易于起火的液体或固体物质，包括引火性物质和自热物质。

引火性物质是指即使数量很少，与空气接触5 min内即可着火的物质。包括混合物和溶液。这些物质最容易自燃，这类物质的包装应使用包装类Ⅰ。

自热物质是指除引火性物质外，在不提供能量的情况下与空气接触易于自行发热的物质，这些物质只有在数量大（若干千克）、时间长（若干小时或若干天）的情况下才会着火。物质自热导致自燃，是由于物质与空气中的氧反应所产生的热量不能迅速散失所引起的。有些物质甚至在无氧条件下也能自燃，如黄磷、鱼粉（未经抗氧剂处理）、铁屑、油浸棉麻纸制品等。

自燃点是指在常温常压下，某一物质不需外界点燃，即能自行释放出使其气体或蒸汽燃烧所需的最低能量时的温度。

3. 第3项——遇水易放出易燃气体的物质

遇水易放出易燃气体的物质是指与水反应易自发地成为易燃气体或放出达到危险数量的易燃气体的液体或固体物质，如碳化钙（电石）、磷化氢、钠、钾等。

金属有机物应根据其特性，参照《国际危规》中的流程图，将其划分到第2项或第3

项中。第4类危险品除具有易燃的共性外，许多物品还具有腐蚀性、毒害性和爆炸性等。

（五）第5类——氧化物质和有机过氧化物

1. 分类

本类所涉及的物质因在运输过程中会放出氧气并产生大量的热，从而引起其他物质燃烧。这类物质可细分为两个小项。

第1项——氧化物质

氧化物质指虽然其本身未必可燃，但可释放出氧气增加或促使其他物质着火的物质，如溴酸钾、硝酸钠、高锰酸钾、过氧化氢、次氯酸钙（漂白粉）等。

第2项——有机过氧化物

有机过氧化物指其分子组成中含有过氧基的有机物，本身易燃易爆，极易分解，对热、振动或摩擦极为敏感并易与其他物质起危险性反应。这类物质比氧化物质具有更大的危险性。其中许多物质在“危险货物一览表”中有控制温度和应急温度的要求。《国际危规》给出了已确定的有机过氧化物清单。

2. 危险特性

（1）氧化物质的危险性

①分子组成中含有高价态的原子或过氧基，显示出强氧化性。

②不稳定，易于受热分解，放出氧气，促使易燃物燃烧。

③大多数氧化物质和液体酸类会发生剧烈反应，可能放出助燃或剧毒气体。

（2）有机过氧化物的危险性

①比无机氧化物更容易分解，有些甚至在常温下即能分解；会迅速燃烧，对碰撞、摩擦或杂质很敏感。

②其分解产物是活泼的自由基，由自由基参与的反应属于链式反应，很难用常规的抑制方法扑救，而且许多分解产物是气体或易挥发物质，容易发生爆炸。

③有机过氧化物中的许多物质如与眼睛接触，即使是短暂的，也会对眼角膜造成严重的伤害。

（六）第6类——有毒和感染性物质

1. 第1项——有毒物质

有毒物质是指少量吞咽、吸入或与皮肤接触，能破坏机体的正常生理机能，严重伤害或损害人体健康，甚至危及生命的物质。归入这一小类的均为常温、常压下呈液态或固态的物质。如氰化钠、苯胺、四乙基铅（四乙铅）、砷及其化合物等。

这类物质的毒性主要用半数致死量LD_{50}（分口服和皮肤接触）或半数致死浓度LC_{50}来度量。

急性口服毒性LD_{50}：是指通过口服毒物，在14天内，使刚成熟的天竺鼠半数死亡所施用的物质剂量，其结果以平均每千克动物体重所用毒物的剂量（mg/kg）表示。

急性皮肤接触毒性LD_{50}：是指使白兔裸露皮肤连续接触毒物24 h，在14天内使试验动物半数死亡所施用的物质剂量，其结果以mg/kg身体质量表示。

急性吸入毒性LC_{50}：是指使雄性和雌性刚成熟的天竺鼠连续吸入1 h，在14天内使其死亡半数所施用的蒸汽、烟雾或粉尘的浓度，其结果，如为粉尘和烟雾以每升空气中的毫克数表示，蒸汽以每立方米空气中的毫升数表示。

显然，毒物的LD_{50}或LC_{50}越小，其毒性越大。《国际危规》列入本类物质的标准见表2-1-1。

表2-1-1 由有毒物质LD_{50}或LC_{50}确定的包装类

包装类	经口吞咽毒性LD_{50}（mg/kg）	皮肤接触毒性LD_{50}（mg/kg）	粉尘、烟雾吸入毒性LC_{50}（mg/L）
Ⅰ	$LD_{50} \leqslant 5.0$	$LD_{50} \leqslant 50$	$LC_{50} \leqslant 0.2$
Ⅱ	$5.0 < LD_{50} \leqslant 50$	$50 < LD_{50} \leqslant 200$	$0.2 < LC_{50} \leqslant 2.0$
Ⅲ	$50 < LD_{50} \leqslant 300$	$200 < LD_{50} \leqslant 1\,000$	$2.0 < LC_{50} \leqslant 4.0$

注：催泪气体尽管其毒性数据与包装类Ⅲ的数值相对应，它们仍应当被分类为包装类Ⅱ。

符合第8类标准，并且其吸入粉尘或烟雾的毒性达到包装类Ⅰ的物质，如果其口服或皮肤接触毒性至少属于包装类Ⅰ或包装类Ⅱ的范围，只能被确定为第6.1类。

本项物质不少还具有易燃、腐蚀等特性。

有毒物质的状态，如固体毒物的颗粒越小，其毒性就越大；有毒物质的水解性与脂溶性越大，其毒性也越大；毒性沸点越低，越易引起中毒；液体毒物挥发性越大，毒害性也越大。

2. 第2项——感染性物质

感染性物质指已知或有理由认为含有病原体的物质。病原体是会使动物或人感染疾病的生物体（包括细菌、病毒、寄生虫、真菌等）和其他媒介（如病毒蛋白）。感染性物质主要包括含有感染性物质的生物制剂、医学标本，如排泄物、分泌物、血液、细胞组织和体液等。

感染性物质可划分为A和B两类。A类指当接触到该物质时，可造成人或动物的永久性致残、生命危险或致命疾病。A类又可细分为能引起人或动物疾病（UN 2814）的（如埃博拉病毒、狂犬病毒等）和仅能引起动物疾病（UN 2900）的（如口蹄疫病毒、牛瘟病毒等）两种。B类指不符合A类标准的其他感染性物质。

运输这类物质使人畜中毒的主要途径是，有毒物质经呼吸道或皮肤侵入体内，而经消化道侵入的较少。因此，应当采取正确的防护措施，杜绝这些可能的中毒途径，以确保运输安全。

(七) 第7类——放射性材料

放射性材料是指能自原子核内部自行放出人的感觉器官不能察觉的射线物质。列入《国际危规》的放射性物质，是指所托运的货物中任何含有放射性活度和总活度都超过规则规定数值的任何含有放射性核素的物质。

(八) 第8类——腐蚀性物质

1. 定义及分类

腐蚀性物质系指通过化学反应能严重地伤害与之接触的生物组织的物质，或该类物质从其包装中撒漏亦能导致对其他货物或船舶的损坏。大多由酸性、碱性和对皮肤、眼睛、粘膜等会造成严重灼伤的物质或物品组成，如硝酸、硫酸、冰醋酸、氢氧化钠。

腐蚀品按危险程度由下列标准确定其包装类：

包装类Ⅰ：在3 min或少于3 min的暴露期开始直到60 min的观察期内，能使完好的皮肤出现坏死现象的物质。该类腐蚀品具有严重危险性。

包装类Ⅱ：在3 min或3 min以上60 min以内的暴露期开始直到14天的观察期内，能使完好的皮肤出现坏死现象的物质。该类腐蚀品具有中等危险性。

包装类Ⅲ：在60 min以上、4 h以内的暴露期开始直到14天的观察期内，能使完好的皮肤组织出现坏死现象的物质。或者，不会引起完好动物皮肤出现可见坏死现象，但在试验温度为55 ℃时对规定型号的钢或铝的表面年腐蚀率超过6.25 mm。该类腐蚀品具有一般的危险性。

2. 危险特性

不同的腐蚀性物质，腐蚀物的含量不同，被腐蚀材料不同，其腐蚀作用会有明显的差别。如过氧化氢溶液，当浓度为3%时，可用作伤口的消毒剂；而当浓度超过20%时，则对人体有强烈的腐蚀作用。又如浓硝酸对铝、浓硫酸对铁都无腐蚀作用；若两者交换，则铝和铁都会被严重腐蚀。因此，针对不同腐蚀性物质的特性，采取截然不同的防护措施是非常重要的。

这类物质和物品中不少还具有易燃、氧化、毒害等一种或多种危险性质。

（1）腐蚀性

人体皮肤接触腐蚀性物质后会使皮肤、组织或器官的表面发生化学灼伤，如氢氧化钠会使皮肤脱水。许多腐蚀品都能与金属和非金属、无机和有机物发生反应，对其他货物或船舶结构和设备造成破坏。

（2）毒性

许多腐蚀性物质具有不同程度的毒性，特别是具有挥发性的腐蚀性物质，能挥发出有毒的气体和蒸汽，在腐蚀人体的同时还能引起中毒。

（3）遇水反应性

腐蚀性物质中很多物品能与水发生反应生成烟雾，对眼睛和呼吸道有强烈的刺激，且在反应的同时放出大量的热。

（4）氧化性

腐蚀性物质中含氧酸大多是强氧化剂，本身会释放出氧气，或与其他物质发生反应时，夺取电子使其氧化。

（九）第9类——杂类危险物质和物品

杂类危险物质和物品系指在运输中呈现的危险性质不包括在上述八类危险品中的物质和物品。

《国际危规》定义的第九类主要包括：

（1）危险特性符合SOLAS 1974第Ⅶ章A部分的规定，但未列入其他类别的物质和物品。

（2）不适用于上述公约第Ⅶ章A部分规定，但危险特性符合修订的《MARPOL 73/78公约》附则Ⅲ规定的物质。

（3）在等于或高于100 ℃条件下运输或交付运输的液态物质，以及在等于或高于240 ℃条件下运输或交付运输的固体。

（4）未经相关国家主管机关批准，能够改变动物、植物或微生物使其不同于正常的自然繁殖结果且不符合第6.1类有毒物质和第6.2类感染性物质定义的转基因微生物和转基因生物体。如得到相关国家主管机关批准，则无须满足《国际危规》的规定。

《国际危规》第九类包括的具体物质或物品：以细微粉尘吸入可危害健康的物质，如铁石棉；会放出易燃气体的材料，如聚苯乙烯珠粒料；锂电池组，如锂金属电池组和装载设备中的锂金属电池组等；救生设备，如气囊；一旦发生火灾可生成二噁英的物质和物品，如多氯联苯；运输过程中存在危险但不能满足其他类别定义的物质和物品，如固态二氧化碳、鱼粉（稳定的）、机器中的危险货物和内燃发动机等。

第9类中的环境有害物质（水环境）主要指对水环境造成污染的液体或固体物质，以及此类物质的溶液和混合物（如制剂和废弃物）。

三、危险性优先顺序

《国际危规》对于未列明含有多种危险性的物质、混合物和溶液，规定了确定其主危险性顺序（即危险性优先顺序）的方法。规定下列物质、材料和物品具有最高的优先级：

（1）第1类物质和物品；

（2）第2类气体；

（3）第3类液体退敏爆炸品；

（4）第4.1类自反应物质和固体退敏爆炸品；

（5）第4.2类引火性物质；

（6）第5.2类物质；

（7）第6.1类中具有包装类Ⅰ的蒸汽吸入有毒的物质；

（8）第6.2类物质；

（9）第7类物质。

表2-1-2的危险性优先顺序表应用于确定含有多种危险的未明确列出名称的物质、混合物或溶液的类别。对于具有多种危险并且未明确列出名称的物质、混合物或溶液，划分到各自危险种类的货物中最严格的包装类优先于其他包装类，不用考虑表2-1-2的危险性优先顺序表。

危险性优先顺序表列明了哪些危险应被视为主要危险。出现在横行与纵行交叉点处的类别是主要危险，其他类为副危险。有关物质、混合物和溶液的每个危险种类的包装类应按适当的标准来确定。

除了例外放射性物质（其他危险性优先）以外，具有其他危险性的放射性物质应划分到第7类，同时标识出最具危险性的物质。

危险性优先顺序表是依据《国际危规》编制的，并在不断进行局部修改。

表2-1-2　危险性优先顺序表

	4.2	4.3	5.1 Ⅰ	5.1 Ⅱ	5.1 Ⅲ	6.1，Ⅰ 皮部	6.1，Ⅰ 口服	6.1 Ⅱ	6.1 Ⅲ	8，Ⅰ 液体	8，Ⅰ 固体	8，Ⅱ 液体	8，Ⅱ 固体	8，Ⅲ 液体	8，Ⅲ 固体
3Ⅰ*		4.3				3	3	3	3	3	—	3	—	3	—
3Ⅱ*		4.3				3	3	3	3	8	—	3	—	3	—
3Ⅲ*		4.3				6.1	6.1	6.1	3**	8	—	8	—	3	—
4.1Ⅱ*	4.2	4.3	5.1	4.1	4.1	6.1	6.1	4.1	4.1	—	8	—	4.1	—	4.1
4.1Ⅲ*	4.2	4.3	5.1	4.1	4.1	6.1	6.1	4.1	4.1	—	8	—	8	—	4.1

（续表）

	4.2	4.3	5.1 Ⅰ	5.1 Ⅱ	5.1 Ⅲ	6.1, Ⅰ 皮部	6.1, Ⅰ 口服	6.1 Ⅱ	6.1 Ⅲ	8, Ⅰ 液体	8, Ⅰ 固体	8, Ⅱ 液体	8, Ⅱ 固体	8, Ⅲ 液体	8, Ⅲ 固体
4.2 Ⅱ		4.3	5.1	4.2	4.2	6.1	6.1	4.2	4.2	8	8	4.2	4.2	4.2	4.2
4.2 Ⅲ		4.3	5.1	5.1	4.2	6.1	6.1	6.1	4.2	8	8	8	8	4.2	4.2
4.3 Ⅰ			5.1	4.3	4.3	6.1	4.3	4.3	4.3	4.3	4.3	4.3	4.3	4.3	4.3
4.3 Ⅱ			5.1	4.3	4.3	6.1	4.3	4.3	4.3	8	8	4.3	4.3	4.3	4.3
4.3 Ⅲ			5.1	5.1	4.3	6.1	6.1	6.1	4.3	8	8	8	8	4.3	4.3
5.1 Ⅰ						5.1	5.1	5.1	5.1	5.1	5.1	5.1	5.1	5.1	5.1
5.1 Ⅱ						6.1	5.1	5.1	5.1	8	8	5.1	5.1	5.1	5.1
5.1 Ⅲ						6.1	6.1	6.1	5.1	8	8	8	8	5.1	5.1
6.1 Ⅰ，皮肤										8	6.1	6.1	6.1	6.1	6.1
6.1 Ⅰ，口服										8	6.1	6.1	6.1	6.1	6.1
6.1 Ⅰ，吸入										8	6.1	6.1	6.1	6.1	6.1
6.1 Ⅲ，皮肤										8	6.1	8	6.1	6.1	6.1
6.1 Ⅲ，口服										8	8	8	6.1	6.1	6.1
6.1 Ⅲ										8	8	8	8	8	8

* 除自反应物质和固体低敏感性爆炸品以外的第4.1类物质和除低敏感性液体爆炸品以外的第3类物质。

** 6.1指农药。

— 指不可能的组合。

第二节 危险货物的特性

危险货物具有燃烧、爆炸、腐蚀、毒害与放射等危险特性，在水路运输过程中可能造成人身伤亡、财产毁损或环境污染。正确认识危险货物，并在运输过程、装卸作业中采取相应的安全措施，具有十分重要的意义。一种危险货物可能具有一种或多种危险特性。具有多种危险特性的货物，应根据危险货物优先顺序表，确定其中一种危险特性为主危险性，其他的为副危险性。

一、危险货物的特性

(一)燃烧性

燃烧是指物质相互作用而产生光和热的过程；是指可燃物质在空气中遇明火、高温、氧化剂或电火花等发生的放热、发光的化学反应。许多危险货物都具有燃烧性，如第1类中的一些物质，第2.1类、第3类、第4类、第9类中的某些危险货物等。火灾风险是危险货物的一个主要危险特性。通常可将这些物质分为易燃物质、可燃物质、不燃物质和助燃物质。

用于定性描述火灾危险性的参数主要有闪点、燃点、自燃点等。闪点是衡量易燃液体燃烧危险的一个最重要的参数。易燃液体的温度只要保持在闪点以下，燃烧就不可能发生。

由燃烧的定义可知，要使燃烧得以进行，必须同时具备以下三个条件：

（1）可燃物，例如煤炭、木材、汽油。

（2）助燃物，一般是空气中的氧气。

（3）引燃能源，例如明火、摩擦、撞击、电火花、静电火花、化学能、射线等。

可燃物、助燃物、引燃能源是燃烧的三要素，只有当它们同时存在并且相互发生作用时，燃烧才有可能发生；缺少其中任一要素燃烧便不能进行。可燃物、助燃物、引燃能源是燃烧的必要条件，但不是充分条件；也就是说，可燃物、助燃物、引燃能源三要素同时存在不一定会发生燃烧。空气中的氧气含量通常为21%，一般情况下氧气含量低于13%时，物质不能发生燃烧；当氧气含量低于11.8%时，燃烧将完全不能进行。

有些物质在常温下也可能会发生燃烧。这些物质主要有两类：一是化学性质比较活泼的物质，如白磷等，因其燃点低，在常温下与空气相遇即可发生燃烧反应；二是自热型物质，如鱼粉、自热型煤或沾油的布等，在常温下与空气接触能进行迟缓的氧化反应并放出一定的热量，在通风不良的环境中，热量会积聚导致温度逐步升高，最后发生自燃。

(二)爆炸性

爆炸是一种极为迅速的能量释放过程，因为大量的能量在极短的时间内释放出来，产生强烈的冲击波，从而形成极大的破坏，对生命、财产造成巨大的损失。根据爆炸产生的原理，爆炸可分为物理爆炸、化学爆炸、核爆炸三类。最常见的物理爆炸是高压气瓶和蒸汽锅炉的爆炸；核爆炸是核物质发生核反应而引起的爆炸。水路运输过程中最常见的是化学爆炸。化学爆炸是指货物在外界高温、高压或机械冲击等外因作用下所产生的剧烈化学反应。船员通常所说的爆炸，是指爆炸品在受到摩擦、撞击、振动、高热或其他因素的激发，发生激烈的化学反应，并在极短时间内释放出大量的热和气体，同时伴有光、声等效应。大多数爆炸品本身具有不同程度的毒性，而爆炸过程中会产生毒性气体（如一氧化碳）或窒息性气体（如二氧化碳、氮气）。在这类物品中，敏感度及爆炸能力过强的物品，若未经处理，则禁止运输。

爆炸具有以下三个特点：

（1）爆炸过程高速进行，瞬间完成，反应速度极快；

（2）释放出大量的热；

（3）产生大量的气体。

爆炸和燃烧的主要区别在于反应速度。爆炸完成的时间越短，产生的破坏力就越大。爆炸产生的大量热量和气体会使爆炸中心附近的气压骤然升高，如TNT炸药爆炸，可达到10万个大气压，这个压力会在极短的时间内形成具有极大破坏作用的冲击波。表2-2-1是常见的爆炸种类。

表 2-2-1 常见的爆炸种类

类 别	爆 炸 原 因	举 例
分解爆炸	性质活跃的爆炸物在外界激发能量的作用下引起的爆炸	如TNT炸药、硝酸铵炸药产生的爆炸
气体爆炸	可燃气体和助燃气体（氧气）以适当的比例混合，由合适的能量引发的爆炸	如煤气爆炸、油气爆炸等
粉尘爆炸	分散在空气中的可燃粉尘，由于快速燃烧引起的爆炸	空气中飘浮的煤尘、面粉等引起的爆炸
喷雾爆炸	可燃液体被喷成雾状分散在空气中，在剧烈燃烧时引起的爆炸	喷漆作业引起的爆炸

爆炸有极大的破坏力，也会给经济带来重大的损失。影响爆炸品爆炸的因素很多，主要有内因——由其本身的组成和性质决定的爆炸敏感度，还有外因——外界的必要条件。能影响爆炸的外界因素主要有：

（1）机械作用，包括摩擦、撞击、剧烈振动等；

（2）明火，包括一切形式的火花，如电火花、静电火花、金属拷铲产生的火花等；

（3）热的作用；

（4）射线的作用，如日光中的紫外线能促进化学反应；

（5）化学作用，如强氧化剂能与硝化甘油、苦味酸等发生剧烈反应，引起爆炸。

衡量爆炸品危险性的指标包括：

（1）爆发点：将爆炸品加热规定时间（5 s）能发生爆炸时的最低温度。用于反映其受热发生爆炸的敏感程度。在5 s延滞期下，爆发点低于350 ℃是确认爆炸品的参考标准。

（2）爆轰速度：是爆炸品爆炸时其爆轰波沿爆炸品内部传播的速度。以每秒传播的长度（m/s）来表示。爆轰速度大于3 000 m/s是确认爆炸品的参考标准。

（3）冲击感度（撞击感度）：用于表示爆炸品在机械冲击的外力作用下对冲击能量的敏感程度。常采用立式落锤试验仪来测试。即取0.05 g试样，以10 kg落锤从25 cm高度处落下撞击爆炸品，进行50~100次测试，记录试样发生爆炸的百分比。该项爆炸的百分比大于2%是确认爆炸品的参考标准。当爆炸品混入坚硬物质（如金属屑、碎玻璃、沙石等）时，其冲击硬度增加；混入惰性物质（石蜡、硬脂酸、机油等）时，其冲击感度降低。

（4）威力和猛度：这两个参数是用来衡量爆炸品对周围环境的破坏程度。威力是指爆炸品爆炸时对周围介质的破坏能力。这种能力取决于爆热的大小，同时还与爆炸后的气体生成物的性质有关。猛度是指爆炸品爆炸后对周围介质破坏的猛烈程度，其大小取决于爆轰压力以及压力作用的时间。

(三)腐蚀性

腐蚀性是指某些货物能对其他物质发生破坏作用的化学性质。引起腐蚀的原因是由于货物的酸性、碱性、氧化性和吸水性。危险货物中有部分货物具有腐蚀性，这是因为这一类货物的化学性质比较活泼，能和与之接触的金属等物质或人及其他生物组织发生作用，产生不同程度的腐蚀破坏作用，导致其发生损坏或伤害。

用于衡量腐蚀性大小的指标主要有两个：一个是在规定时间的暴露期、观察期里，看其与完好的皮肤组织接触后是否出现可见的坏死现象；另一个是让其与规定类型的钢或铝的表面接触，由其腐蚀率来判断。

具有腐蚀性的物质如果发生泄漏会对船舶及其设备、其他货物、人员造成伤害。因此，这类物质在运输过程中，要针对货物的性质选用适当的包装材料并采取一定的防护措施。如果发生包装破损或泄漏事故，有关作业人员必须佩戴必要的防护用品。

尤其要指出的是：

（1）某些腐蚀品会对皮肤组织造成长期甚至是永久性的伤害，如液溴、氢溴酸等。

（2）一部分腐蚀性液体易挥发，对人体的眼、鼻、呼吸道、肺等产生损害，如盐酸等；有些物质虽然不易挥发，但在高温（如火灾）下分解，易产生有毒气体。

（3）有些腐蚀品还有毒害性，吞咽或吸入能导致中毒，有些物质甚至能渗入完好的皮肤。

（4）有些腐蚀品还具有可燃性，如冰醋酸等。

(四)氧化性

氧化反应是一种广泛存在的化学反应，如易燃物质的燃烧就是氧化反应的一类。氧化反应中都有氧化剂参与，氧气是常见的氧化剂。货物如发生氧化反应会导致其使用质量下降，产生的热量还可能引起燃烧、爆炸的危险。容易发生氧化反应的物质在运输过程中必须采取相应的防护措施。

一般情况下，氧化过程是十分缓慢的。如果氧化产生的热量不易散发而积聚，就会导致货物内部温度升高而产生自热现象。当温度超过其自燃点时，如果有足够的氧气便会在无外界火源条件下发生自燃现象，如煤炭、鱼粉、金属粉末等。对一些发热量较大、燃点较低的货物，如黄磷、赛璐珞制品等，应特别注意防止自燃事故。

例如，第4.2类联合国编号为1856的“破布，沾渍油的”，其容易与空气中的氧气发生氧化反应，释放出热量。这些热量如果不能及时充分散去，就可能升温引起燃烧。容易与空气中的氧气发生氧化反应是第4.2类的共性。容易发生氧化反应的货物应尽量与空气（氧气）隔绝。

金属锈蚀也是一种氧化现象。金属及其制品表面在接触水、空气或酸、碱、盐时发生氧化反应而生成氧化物。

橡胶的老化、茶叶的陈化也是在氧化作用下产生的现象。

(五)聚合反应性

聚合反应一般指不饱和有机化合物单体聚合成高分子物质的过程。例如苯乙烯单体，容易聚合为聚苯乙烯。聚合反应除了影响货物的使用价值，还可能由于释放出的热量，使物质密度和状态发生变化，进而产生压力积累而使包装破裂，造成危险。一般容易发生聚合反应的危险货物，在水路运输中必须添加抑制剂。

(六)分解反应性

分解反应是指一种物质在外界条件的作用下自身产生反应，形成新的物质。例如过氧化氢遇热分解，生成有强氧化作用的氧原子：$H_2O_2 \rightarrow H_2O+O$。

一些爆炸品，如硝酸铵爆炸实际就是发生了分解反应，进而导致爆炸。自反应物质和有机过氧化物在常温时易发生放热分解反应，在封闭的情况下，可能引起爆炸性分解。温度升高，会加速反应的进行，使危险性增加。在运输过程中，可以通过温度控制的方法来降低爆炸品、自反应物质、有机过氧化物的起爆危险，确保水上运输安全。

除了以上常见的化学反应外，危险货物还会与水和包装材料发生化学反应。

1.与水反应

与水反应的情况有以下几种：

（1）某些货物能与水发生反应，如苯乙烯能与水发生化合反应，从而损害货物的质量并改变其流动性能（黏度）。

（2）某些物质，如第4.3类“遇水放出易燃气体的物质”，与水接触放出易燃气体和热量，如与空气混合将形成爆炸性混合物。这类物质主要有活泼的金属、金属氢化物、金属碳化物等。

（3）遇水放出有毒气体的物质。如硅铁合金、磷铁合金等，与水接触除了产生可燃气体外，还会产生剧毒气体磷化氢等，极大地威胁人身安全。

这些货物在运输过程中应采取措施防止其与水接触，尤其是在第二种和第三种情况下，在产生泄漏等事故时应尽量不用水进行处理。

2. 与包装材料的反应

部分危险品能与某些包装材料发生化学反应，例如大部分腐蚀品能与金属发生反应，氢氟酸能与玻璃、陶瓷等发生反应。所以运输过程中要根据货物的性质选用合适的包装材料。

（七）毒害性

毒害性是指物质少量进入人、畜机体后，能与机体组织发生作用，破坏正常的生理机能，引起机体暂时的或永久的病理变化甚至死亡的危险特性。

毒害品侵害人体的途径主要有以下三种：消化道中毒、皮肤接触中毒、呼吸道中毒。

1. 消化道中毒

在进行毒害品装卸作业后，作业人员如未经清洗，就进食、吸烟，毒害品容易通过消化系统进入肝脏、血液从而引起中毒。虽然这种方式每次进入体内的毒害品数量相对较少，并不一定每次都呈现中毒反应，但长时间的不良卫生习惯会使毒害品对身体的部分器官造成积累性伤害，形成慢性中毒。

2. 皮肤接触中毒

很多毒害品能通过皮肤破裂的地方侵入人体，有的甚至能渗入完好的皮肤或黏膜（如呼吸道黏膜、消化道黏膜），并随着血液循环而扩散，从而产生人体中毒。部分毒害品还能造成皮肤组织坏死。另外，眼睛是人体最脆弱的一部分，一旦眼睛受到毒害品的侵害，应立刻采取应急措施（如用大量的水冲洗），并送医院诊治。

3. 呼吸道中毒

毒害品中，液体物质挥发出的蒸汽和固体的粉尘，容易通过呼吸道进入血液循环引起中毒。因此，有关人员在毒害品作业中必须采取必要的防毒措施，并养成良好的卫生习惯。万一包装破损产生泄漏，必须由配戴专业防毒装备的人员处理。

衡量毒害品毒性大小的指标主要有：急性口服半数致死量、急性皮肤接触半数致死量、急性吸入半数致死浓度。

为了保证作业人员健康，一些国家规定了职业接触限值。职业接触限值通常指为了保护作业人员而规定的工作场所空气中有毒有害物质的最高允许接触水平。我国目前采用的主要有最高容许浓度、阈限值，这些数值可以通过查找相关资料获得。水路运输中，船方也可要求托运人提供有毒货物的详细资料。

(八)生物感染性

生物感染性系指某些物质含有已知的或有理由认为可能引起动物或人类疾病的活的微生物物质或物品，例如含有细菌、病毒、寄生虫、真菌或其他微生物的物品，这些物质所具有的危害性称为生物感染性。这些物质一旦感染人类或其他生物，可能会形成连锁反应。所以生物感染性物品运输过程中应采用牢固可靠的包装，确保包件在完好的状态下被运到目的地，同时应根据货物的特性制定相应的预防和应急措施。

(九)放射性

放射性一般指某些物质具有自发地、不断地释放出某种无形射线（高能粒子流）的特性。放射性物质主要通过射线损害人体的细胞或组织，从而引起对人身的伤害。这些射线是人体感觉器官不能察觉到或不能及时察觉到的，这也是放射性危害和其他物质危害性的一个显著不同。放射性射线主要有α射线、β射线、γ射线和中子流等。列入《国际危规》的放射性物质，是指所托运的货物中任何含有放射性活度和总活度都超过规则规定数值的任何含有放射性核素的物质。

在各种放射性物质中，有些只能放出一种射线，有些能同时放出几种射线，如钴的同位素在其核衰变中就能同时放出三种射线，这类物质的危险在于辐射污染。不同射线的性质和对人体造成的辐射危害是不相同的。

1. α射线

α射线是带正电的粒子流，具有很强的电离作用。但射程很短，穿透能力很弱，因而α射线对人体不存在外照射，仅用一层衣服、纸张等即能完全屏蔽。α射线源不能穿透人体，一旦进入人体，会使人体器官和组织因电离作用而受到严重损伤。

2. β射线

β射线是带负电的粒子流，电离作用比α射线弱（约为其千分之一）， 但其有很快的速度，穿透能力比α射线强。因此，这类射线对人体照射危害较α射线大。

3. γ射线

γ射线是一种波长很短的电磁波，即光子流。不带电，以光速运动，能量大，穿透能力很强，约为α射线的一万倍，为β射线的 50 ~ 100倍，不易被其他物质吸收。要完全阻挡或吸收 γ射线是非常困难的。因此，这类射线对人体的主要危害是外照射。

4. 中子流

中子流不带电，穿透能力很强。一般认为，中子流引起对人体损伤的有效性是γ射线的2.5~10倍。因此，这类射线对人体的危害比γ射线要大。

对放射性物质外辐射的防护主要有屏蔽、控制接近的时间和距离。运输中要确保其包装完整无损，近距离作业人员必须穿戴防护用品，如铅手套、铅围裙、防护目镜等，有关人员应尽量减少受强照射伤害的时间并增大与辐射源的距离（如选配货位远离生活居住处所）。这是因为放射线的强度与距放射源距离的平方呈反比。内辐射的防护是防止放射源由消化道、呼吸和皮肤三个途径进入体内。

放射性物质的辐照能损坏人体的细胞和组织，短期内的大剂量辐射能引起大面积烧伤及其他全身疾病，甚至会导致死亡。长期受到超容许剂量辐射会引起慢性放射病，如头发变色、白内障、内分泌失调、癌变等。

随着科技的发展，放射性物品的应用范围和数量不断扩大。为了确保可能接触放射性物质的人员（例如装卸和运输人员）的安全，我国和国际社会都制定了放射性物品的最大容许剂量。所谓最大容许剂量，是当前人们通过大量的实践认为，在人们一生中任何时候，都不应引起人体的显著损伤，也就是每人每天所受射线照射对身体健康没有危害的最大容许剂量标准。在实际工作中，即使没有达到最大容许剂量，也应争取将受辐射照射的可能和水平降至最低程度。

(十)环境污染危害性

包装危险货物的环境污染危害性主要体现在对水环境污染危害。水污染危害，是指水体因某种物质的介入，而导致化学、物理、生物或者放射性等方面特性的改变，从而影响水的有效和合理利用，危害人体健康或者破坏生态平衡，造成水质恶化的现象。

绝大部分货物进入水体都会对水域环境造成或多或少的影响。相对于海洋，内河水域的生态环境脆弱，水体自净能力差，沿岸还有大量取水口（包括城市生活用水和工业用水）。一旦发生毒害品等的污染事故，将造成重大的经济损失和产生不良社会影响。

另外，水上运输的货物除了纯净的物质外，货物还可能含有其他杂质，或是多种物质的混合物，即物品。物质的纯净度对其危险特性也有影响。例如硝酸铵，其含可燃杂质超过0.2%时，主要危险性是爆炸，故归为第1类爆炸品；其含可燃杂质不大于0.2%时，归为第5.1类氧化性物质。又如三硝基甲苯，含水<30%时，其主要危险性是爆炸，归为第1类爆炸品；如果含水≥30%，其主要危险性是燃烧，归为第4.1类。物质的纯度除了可能影响物质的主要危险性之外，还可能影响其危险程度。例如，过氧化氢的水上运输，如果其含量>60%，由于其性质过于活泼，必须添加稳定剂并得到主管机关的批准之后才可运输；含量为20%~60%的过氧化氢，为一级危险品；含量为8%~20%的双氧水，为二级危险品；含量<8%的过氧化氧，可不作为危险品进行运输。

由于危险货物的成分、物理化学性质各不相同，其在水路运输过程中的危害性也各不相同。因此，托运人必须向船方提供货物的详细技术资料，船方根据货物的技术资料，进行合理的积载与隔离，并制定相应的预防和应急措施。

二、危险货物特性的常用查阅方法

船舶运输危险货物，船员应当了解、熟悉货物的特性，以便在运输途中充分保障货物质量；而且，一旦发生事故，以便有针对性地采取有效措施。

(一)《国际危规》

查阅方法在本书的第一章已做了介绍。

(二)危险化学品安全技术说明书

船员可以很方便地在“危险化学品安全技术说明书”上查到所装危险货物的特性。

(三)相关网站

比如："安全文化网""大连危险货物运输研究中心"网等，输入中文名称或国际编号均可查询到该危险货物的相关信息。

第三节 危险货物的包装和标志

包装是指具有盛装功能的容器及其附属构件或材料。危险货物的标志主要是让有关人员直接了解货物的危险程度，是查找详细资料的线索。掌握危险货物的包装与标志，将有利于水路运输的安全。

包装和标志是保证危险货物安全运输的根本条件（图2-3-1）。合格的危险货物包装是危险货物运输安全的根本保证，它除了能起到普通货物包装的作用外，还要确保危险货物在运输、装卸、储存过程中的安全以及能承受正常的风险。《国际危规》明确规定，危险货物交付运输时，必须粘贴正确的标志、标记或标牌，以便于从事货物运输的各类人员能对所接触的货物迅速加以识别，正确认识其危害性，并采取相应的安全措施和应急行动。

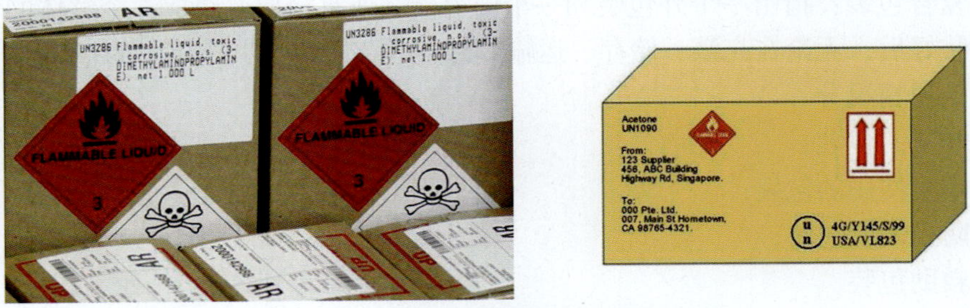

图2-3-1 危险货物的包装和标志

一、危险货物的包装

危险货物的包装形式多种多样，有常规包装、中型散装容器、大宗包装、可移动罐柜、公路罐车、集装箱、滚装运输组件和船载驳船等。《国际危规》在"第4部分——包装和罐柜规定"与"第6部分——包装、中型散装容器、大宗包装、可移动罐柜、多单元气体容器和公路罐车的构造和试验"中，对包装的使用、设计、构造和试验进行了明确的说明。

(一)包装的作用

（1）防止因接触雨雾、氧气或阳光发生剧烈的化学变化而造成事故；防止潮湿空气和海水及其杂质使物品变质，从而保证货物运输质量。

（2）可减少货物在运输过程中所受的碰撞、震动、摩擦和挤压，使其在包装的保护下处于完整和稳定状态，从而保证安全运输。

（3）防止因货物撒漏、挥发以及与性质相抵触的货物直接接触，从而发生货损货差事故或污染运输设备、其他货物和外部环境。

（4）保证货物装卸、搬运操作便利，并便于堆存、计数。

（5）有利于船舶舱容的利用。

(二)包装的分类

1. 按封口形式分

(1)严密封口：容器经过封口后，封口处不外漏固体的封闭形式。这是对任何封口的最低要求。《国际危规》称之为牢固封口。

(2)气密封口：容器经过封口后，封口处不外泄气体的封闭形式。

(3)液密封口：容器经过封口后，封口处不渗漏液体的封闭形式。《国际危规》称之为有效封口。

2. 按盛装危险货物的重量大小分

(1)普通包装，一般最大盛装重量为400 kg，或最大容积为250 L；

(2)中型散装容器，指刚性和柔性的可移动包装，一般最大盛装容积为3 m^3；

(3)可移动罐柜，是指除了中型散装容器外，容积在450 L以上的罐柜（包括罐式集装箱和公路罐车）。

3. 按包装的构造分

(1)单一包装：指直接将货物盛装在包装容器中，如钢桶、铝桶等。

(2)组合包装：指将一个或多个内包装装于一个外包装内组成的包装组合。

(3)复合包装：指由一个外包装和一个内容器（或复合层）组成一个整体的包装。包装一旦组装好后，无论在充灌、储存、运输或卸空时，始终是一个单一的整体。

4. 按使用情况分

(1)修复的包装；

(2)重复使用的包装；

(3)防撒漏的包装；

(4)救助包装。

5. 按适用范围分

(1)通用包装——适用于第3、4、5、6.1类中的大部分货物和第1、8类中的部分货物。

(2)专用包装——上述类别外的其余货物，由于其各自特殊危险性质，只能采用专用包装。

(三)包装的等级

根据盛装内装物的危险程度，将危险品运输通用包装分为三个等级。

Ⅰ类包装：适用内装危险性较大的货物；

Ⅱ类包装：适用内装危险性中等的货物；

Ⅲ类包装：适用内装危险性较小的货物。

(四)包装的要求

根据危险货物的性质和水路运输的特点，包装应满足以下基本要求：

(1)运输包装应结构合理，并具有足够强度，防护性能好。材质、型式、规格、方法和内装货物重量应与所装危险货物的性质和用途相适应，便于装卸、运输和储存。

(2)运输包装应质量良好，其构造和封闭形式应能承受正常运输条件下的各种作业风险，不应因温度、湿度或压力的变化而发生任何渗（撒）漏，表面应清洁，不允许黏附有害的危险物质。

（3）运输包装与内装物的直接接触部分，必要时应有内涂层或进行防护处理，运输包装材质不应与内装物发生化学反应而形成危险产物或导致削弱包装强度。

（4）内容器应予固定。如内容器易碎且盛装易撒漏货物，应使用与内装物性质相适应的衬垫材料或吸附材料衬垫妥实。

（5）盛装液体的容器，应能经受在正常运输条件下产生的内部压力。灌装时应留有足够的膨胀余量（预留容积），除另有规定外，并应保证在温度55 ℃时，内装液体不致完全充满容器。

（6）运输包装封口应根据内装物性质采用严密封口、液密封口或气密封口。

（7）盛装需浸湿或加有稳定剂的物质时，其容器封闭形式应能有效地保证内装液体（水、溶剂和稳定剂）的百分比，在贮运期间保持在规定的范围以内。

（8）运输包装有降压装置时，其排气孔设计和安装应能防止内装物泄漏和外界杂质进入，排出的气体量不应造成危险和污染环境。

（9）复合包装的内容器和外包装应紧密贴合，外包装不应有擦伤内容器的凸出物。

（10）盛装爆炸品包装的附加要求：

①盛装液体爆炸品容器的封闭形式，应具有防止渗漏的双重保护。

②除内包装能充分防止爆炸品与金属物接触外，铁钉和其他没有防护涂料的金属部件不应穿透外包装。

③双重卷边接合的钢桶、金属桶或以金属做衬里的运输包装，应能防止爆炸物进入缝隙。钢桶或铝桶的封闭装置应配有合适的垫圈。

④包装内的爆炸物质和物品，包括内容器，应衬垫妥实，在运输中不允许发生危险性移动。

⑤盛装有对外部电磁辐射敏感的电引发装置的爆炸物品，包装应具备防止所装物品受外部电磁辐射源影响的功能。

（11）包装容器基本结构应符合“GB/T 9174”的规定。

根据危险货物的特性，有些危险货物的包装还应符合《国际危规》《关于危险货物运输的建议书》等规则的特殊要求。

（五）包装标志及标记代号

1. 包装标志

根据危险货物的特性，选用《GB 190》及《GB/T 191》中规定的标志及其尺寸、颜色和使用方法。

2. 标记代号

通用包装的类型可用2~4位代码和英文字母表示。第一部分是一位阿拉伯数字，表示包装形式。第二部分由一个或两个英文字母组成，表示包装材料。第三部分是一位阿拉伯数字，表示包装的特殊结构。

（1）包装容器的标记代号

下列数字表示包装形式：

“1”表示“桶”；

“2”表示“木琵琶桶”；

“3”表示“罐”；

"4"表示"箱、盒";

"5"表示"袋、软管";

"6"表示"复合包装";

"7"表示"压力容器";

"8"表示"筐、篓";

"9"表示"瓶、坛"。

(2)包装容器的材质标记代号

下列大写英文字母表示包装容器的材质标记代号:

A——钢;

B——铝;

C——天然木;

D——胶合板;

F——再生木板(锯末板);

G——硬质纤维板、硬纸板、瓦楞纸板、钙塑板;

H——塑料材料;

L——编织材料;

M——多层纸;

N——金属(钢、铝除外);

P——玻璃、陶瓷;

K——柳条、荆条、藤条及竹篾。

(3)包装类别的标记代号

用下列小写英文字母表示:

"x"表示符合Ⅰ、Ⅱ、Ⅲ类包装要求;

"y"表示符合Ⅱ、Ⅲ类包装要求;

"z"表示符合Ⅲ类包装要求。

(4)包装件组合类型标记代号的表示方法

我国《危险货物运输包装通用技术条件》对包装件组合类型标记代号的表示方法做出了详细的规定。单一包装型号由一个阿拉伯数字和一个英文字母组成,英文字母表示包装容器的材质,其左边平行的阿拉伯数字代表包装容器的类型(即包装形式)。英文字母右下方的阿拉伯数字,代表同一类型包装容器不同开口的型号。比如:

1A——钢桶;

$1A_1$——闭口钢桶;

$1A_2$——中开口钢桶;

$1A_3$——全开口钢桶;

其他包装容器开口型号的表示方法,参见《危险货物运输包装通用技术条件》的附录A。表2-3-1是常见包装组合的代号表。

表2-3-1 常见包装组合代号表

序号	包装名称	代号	序号	包装名称	代号
1	闭口钢桶	$1A_1$	16	瓦楞纸箱	$4G_1$
2	中开口钢桶	$1A_2$	17	硬纸板箱	$4G_2$
3	全开口钢桶	$1A_3$	18	钙塑板箱	$4G_3$
4	闭口金属桶	$1N_1$	19	普通型编织袋	$5L_1$
5	全开口金属罐	$3N_3$	20	复合塑料编织袋	$6HL_5$
6	闭口铝桶	$1B_1$	21	普通型塑料编织袋	$5H_1$
7	中开口铝罐	$3B_2$	22	防撒漏型塑料编织袋	$5H_2$
8	闭口塑料桶	$1H_1$	23	防水型塑料编织袋	$5H_3$
9	全开口塑料桶	$1H_3$	24	塑料袋	$5H_4$
10	闭口塑料罐	$3H_1$	25	普通型纸袋	$5M_1$
11	全开口塑料罐	$3H_3$	26	防水型纸袋	$5M_3$
12	满板木箱	$4C_1$	27	玻璃瓶	$9P_1$
13	满底板花格木箱	$4C_2$	28	陶瓷坛	$9P_2$
14	半花格型木箱	$4C_3$	29	安瓿瓶	$9P_3$
15	花格型木箱	$4C_4$			

《国际危规》对危险品的包装也有规范要求，见表2-3-2。

表2-3-2 《国际危规》包装类型及代码表

形式	材质	类型	代码
圆桶	钢	不可拆装桶顶	1A1
		可拆装桶顶	1A2
	铝	不可拆装桶顶	1B1
		可拆装桶顶	1B2
	胶合板		1D
	纤维		1G
	塑料	不可拆装桶顶	1H1
		可拆装桶顶	1H2
	金属（不包括钢和铝）	不可拆装桶顶	1N1
		可拆装桶顶	1N2
木琵琶桶（保留）			
罐	钢	不可拆装罐顶	3A1
		可拆装罐顶	3A2
	铝	不可拆装罐顶	3B1

（续表）

形式	材质	类型	代码
罐	塑料	可拆装罐顶	3B2
		不可拆装罐顶	3H1
		可拆装罐顶	3H2
箱	钢		4A
	铝		4B
	天然木	普通的	4C1
		箱壁防撒漏的	4C2
	胶合板		4D
	再生木		4F
	纤维板		4G
	塑料	膨胀的	4H1
		硬质的	4H2
	金属（不包括钢和铝）		4N
袋	编织塑料	无内衬或涂层的	5H1
		防撒漏的	5H2
		防水的	5H3
	塑料薄膜		5H4
	纺织品	无内衬或涂层的	5L1
		防撒漏的	5L2
		防水的	5L3
	纸	多层的	5M1
		多层的、防水的	5M2
复合包装	塑料容器	在钢桶内	6HA1
		在钢条箱或钢箱内	6HA2
		在铝桶内	6HB1
		在铝条箱或铝箱内	6HB2
		在木箱内	6HC
		在胶合板桶内	6HD1
		在胶合板箱内	6HD2
		在纤维桶内	6HG1
		在纤维板箱内	6HG2
复合包装	塑料容器	在塑料桶内	6HH1
		在硬塑料箱内	6HH2
	玻璃、陶瓷、粗陶瓷	在钢桶内	6PA1
		在钢条箱或钢箱内	6PA2

（续表）

形式	材质	类型	代码
		在铝桶内	6PB1
		在铝条箱或铝箱内	6PB2
		在木箱内	6PC
		在胶合板桶内	6PD1
		在柳条筐内	6PD2
		在纤维桶内	6PG1
		在纤维板箱内	6PG2
		在膨胀塑料包装内	6PH1
		在硬塑料包装内	6PH2

复合包装型号由一个表示复合包装的阿拉伯数字“6”和一组表示包装材质和包装形式的字符组成。这组字符为两个大写英文字母和一个阿拉伯数字。第一个字母表示内包装的材质，第二个字母表示外包装的材质，右边的阿拉伯数字表示包装型式。比如，6HA1表示内包装为塑料容器，外包装为钢桶的复合包装。

我国还采用下列英文字母表示其他标记代号：

S——拟装固体的包装标记；

L——拟装液体的包装标记；

R——修复后的包装标记；

(GB)——符合国家标准要求；

(un)——符合联合国规定的要求。

例：钢桶修复后的标记代号（图2-3-2）

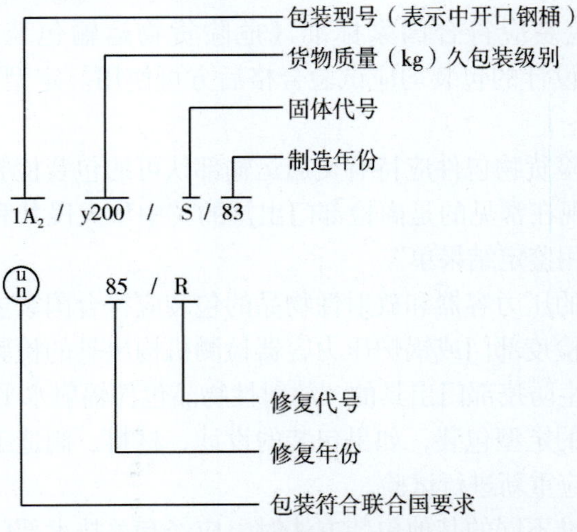

图2-3-2　钢桶修复后的标记代号

（5）标记采用白底（或采用包装容器底色）黑字，字体要清楚、醒目。标记的制作方法可以印刷、粘贴、涂打和钉附。钢制品容器可以打钢印。

（6）包装标记的顺序与实例

经过试验合格的包装，都应在包装的明显部位标注清晰、持久的包装试验合格标记，依次表明下列内容：

①包装符号 ⒼⒷ(国标)或 $\binom{u}{n}$(联合国包装)，也可用大写字母“GB”或“UN”来表示。

②包装型号。

③包装类别。

④拟盛装液体的包装应标明该包装所能盛装液体的最大相对密度（保留一位小数），若相对密度不超过1.2可免除此项。拟盛装固体的包装或组合包装则应标明其允许最大总重量。

⑤字母“S”表明该包装用于盛装固体，或使用精确到十位数的以kPa表示的试验压力来表示其所通过的液压试验。

⑥包装制造的年份，除袋以外的其他塑料包装，还应在适当部位用合适的方法标明生产月份。

⑦包装生产国识别符号（如中国为CN）。

⑧包装生产厂识别标记及其他识别标记，如包装检验标记。

⑨经修复的包装，应在⑦、⑧两项标记的位置上标明包装修复国家的识别符号、修复厂识别符号、修复的年份和字母“R”，修复后通过密封试验的包装还应加上字母“L”。

实例1：GB 4G / y145 / S / 92 / CN / 11001

上述八组符号、数字分别表示：国家标准包装；纤维板箱；符合包装类Ⅱ、Ⅲ的要求，最大总重量145公斤；盛装固体；1992年制造；包装生产国为中国；制造厂代码。

实例2：GB 1A1 / y1.4 / 160 / 92 / CN / 11001 / 94 RL

上述八组符号、数字分别表示：国家标准包装；闭口钢桶；符合包装类Ⅱ、Ⅲ的要求，最大相对密度1.4；液压试验压力160 kPa；1992年制造；包装修复国为中国；修复厂代码；修复时间1994年，已通过密封试验。

(六)包装的管理

（1）危险货物的包装应符合国家标准《危险货物运输包装通用技术条件》(GB 12463—2009)。各种新设计的包装均应试验合格后方可使用。定型包装应定期抽检复验，周期最长不应超过一年。

（2）申报和托运危险货物包件应持有交通运输部认可的包装检验机构出具的“危险货物包装检验证明书”，现在常见的是商检部门出具的“中华人民共和国出入境检验检疫出境危险货物运输包装使用鉴定结果单”。

（3）盛装危险货物的压力容器和放射性物品的包装应符合国家主管部门的规定，压力容器应持有进出口检验检疫部门或锅炉压力容器检测机构出具的检验合格证书，装有放射性物品的包件应持有卫生防疫部门出具的“放射性物品包件辐射水平检查证明书”。

（4）已经检验合格的定型包装，如果包装的设计、材料、制造工艺、表面处理或包装方法等发生改变，包装应重新进行试验。

（5）采用与国家标准不同的其他包装方法时，应经有关技术部门的鉴定并经交通运输部批准，方可作为等效包装使用。

（6）使用包装装运危险货物，不得超过包装允许装载的最大重量或最大容积。

二、危险货物的标志

危险货物通过水路运输时，应根据《危险货物包装标志》(GB 190—2009)、《国际危规》等的要求标示危险货物标志。危险货物的标志由危险货物的标记、图案标志和标牌（后两项亦可称之为标签）组成。正确的危险货物标志可使相关人员在任何时候、任何情况下都能对所涉及的货物迅速加以识别，引起警觉，采取相应的安全措施，遇到事故时，也能采取正确的行动。

(一)标记

危险货物的标记是指按规定在危险货物包件外表面标注的简单文字或符号。《国际危规》要求，除另有规定外，每个装有危险货物的包件都应标有所装货物的正确运输名称、联合国编号（如有）等内容。如：腐蚀性液体，酸性，有机的，未另列明的（辛酰氯），UN 3265。集装箱内使用固体二氧化碳（干冰）制冷时，装箱人应在集装箱门上显著标明“危险！内有二氧化碳（干冰），进入前需彻底通风”的字样。

对于1.4类、配装类S的货物，除非贴有“1.4S”的标记，应标示类别和配装类。救助包件和救助压力容器还须标有“SALVAGE”（救助）字样。

在含有盛有液态危险货物内包装的组合包装、装有通气孔的单一包装及拟装运冷冻液化气体的冷冻容器外张贴如图2-3-3所示的指示箭头。要求为两个黑色或红色的箭头，底色为白色或与箭头对比鲜明的其他颜色，长方形的边缘线可随意选择是否描画。

锂电池属于包装危险品的第九大类。装有锂电池或电池组的包件应张贴锂电池标记。该标记尺寸须满足最少120 mm×110 mm，如果包件尺寸有特殊要求，标记尺寸可以减到不少于105 mm×74 mm（图2-3-4）。

装有《国际危规》确定为海洋污染物的包件，应按规定标示“海洋污染物”标记。该标记尺寸至少为100 mm×100 mm，形成菱形图形的线最小宽度须是2 mm，由于包装的尺寸原因，标记尺寸和线宽可以缩小，只要可以清晰显示即可（图2-3-5）。

图2-3-3 指示箭头标记

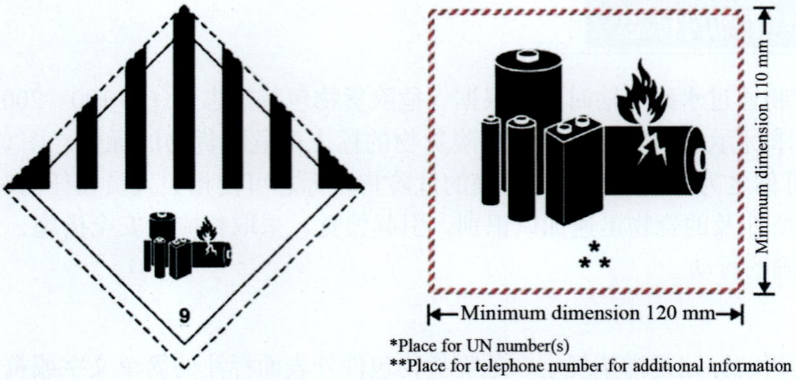

图 2-3-4　锂电池图案标志与标记

图 2-3-5　海洋污染物标记

货物运输组件内的物质，如果液体物质运输或交付运输时温度等于或超过 100 ℃，或固态物质运输或交付运输时的温度等于或超过 240 ℃，那么这样的运输组件须在其每一侧和每一端面上粘贴加温标记（见图 2-3-6）。这个三角形标记边长须不小于 250 mm 且为红色。

图 2-3-6　加温标记

在《国际危规》中，还规定有熏蒸标记、限量内危险货物标记等危险货物标记。

(二)图案标志

图案标志是指以规定的色彩、图案和符号绘成的菱形标志，用以醒目明了地标示出货物的危险特性。除包件尺度或形状受限外，图案标志应不小于100 mm×100 mm。在包件上可标示在搬运和储存时，应加以注意的附加标记或符号；例如表示须保持包件干燥的雨伞符号。

具有副危险性的货物，除在包件上带有表明其主要危险性的图案标志外，还应同时带有表明副危险特性的图案标志。对于第1类危险货物爆炸品，在图案标志中不标注分类号或配装类号，其他8类副危险性图案标志同主危险性图案标志。

应当特别注意的是，在最新版《国际危规》中新增了锂电池的图案标志。

(三)标牌

标牌是指放大的图案标志（不小于250 mm×250 mm），适用于如集装箱、货车、可移动罐柜等较大的运输单元。

《国际危规》规定，危险货物所有包件标志须清晰可见且易识别；须做到在海水中浸泡3个月以上时，标记内容仍清晰可辨；在考虑适当的标记方法时，还须考虑所用包装材料及包件表面的耐久性；须和包件外表面的背景形成鲜明的颜色对比；不应与可能大大降低其效果的其他包件标志放在一起。容量超过450 L的中型散装容器和大宗包装应在相对的两侧标记。集装箱等货物运输组件或可移动罐柜应在两侧和两端加以标记。

(四)标志图例

图2-3-7是《国际危规》规定的危险货物标志。

第1类——爆炸品

(NO.1)
第1.1、1.2和1.3类
符号(爆炸的炸弹)：黑色。底色：橙黄色。数字“1”写在底角。

(No.1.4)
第1.4类

(No.1.5)
第1.5类

(No.1.6)
第1.6类

底色：橙黄色。数字：黑色。数字须高约30 mm，字体笔画的宽度约5 mm。
(对于100mm × 100mm的标志)。数字‘1’写在底角。
**属于危险小类的位置—如果爆炸性属于副危险性则留空。
*属于配装类的位置—如果爆炸性属于副危险性则留空。

图2-3-7　危险货物标志

第2类——气体（图2-3-8）。

(No.2.1)
第2.1类
易燃气体
符号(火焰)：黑色或白色。
(除按5.2.2.2.1.6.4中规定外)。
底色：红色。数字“2”写在底角。

(No.2.2)
第2.2类
非易燃，无毒气体
符号(气瓶)：黑色或白色。
底色：绿色。数字“2”写在底角。

(No.2.3)
第2.3类
有毒气体
符号(骷髅和交叉的骨头棒)：黑色。
底色：白色。数字“2”写在底角。

图2-3-8　气体标志

第3类——易燃液体（图2-3-9）。

(No.3)
符号(火焰)：黑色或白色。
底色：红色。数字“3”写在底角。

图2-3-9　易燃液体标志

第4类——易燃固体、易自燃物质和遇水放出易燃气体的物质（图2-3-10）。

(No.4.1)
第4.1类
易燃固体
符号(火焰)：黑色。
底色：白色加上七条
竖直红色条带。
数字“4”写在底角。

(No.4.2)
第4.2类
易自燃物质
符号(火焰)：黑色。
底色：上半部为白色，
下半部为红色。
数字“4”写在底角。

(No.4.3)
第4.3类
遇水放出易燃气体的物质
符号(火焰)：黑色或白色。
底色：蓝色。
数字“4”写在底角。

图2-3-10　其他易燃物标志

第5类——氧化物质和有机过氧化物（图2-3-11）。

(No.5.1)
第5.1类
氧化性物质
符号(圆圈上带有火焰)：黑色。
底色：黄色。
数字“5.1”写在底角。

(No.5.2)
第5.2类
有机过氧化物
符号(火焰)：黑色或白色。
底色：上半部分红色，
下半部分黄色。
数字“5.2”写在底角。

图2-3-11　氧化物质和有机过氧化物标志

第6类——有毒和感染性物质（图2-3-12）。

(No.6.1)
第6.1类有毒物质
符号(骷髅和交叉的骨头棒)：黑色。
底色：白色。
数字“6”写在底角。

(No.6.2)
第6.2类感染性物质
标志的下半部可以标上感染性物质以及
一旦发生破损或泄漏立即通知公共卫生机关的字样。
符号(三个新月形符号沿一个圆圈重叠在一起)和文字：黑色。
底色：白色。
数字“6”写在底角。

图2-3-12　有毒和感染性物质标志

第7类——放射性材料（图2-3-13）。

(No.7A)
Ⅰ级—白色
符号(三叶型)：黑色。
底色：白色。
文字(强制性要求)：在标志的下半部
用黑体标出
RADIOACTIVE(放射性)
Contents(内装物)……
Activity(活度)……
紧跟“放射性”字样的后面须标上一条
垂直的红色短杠。
数字“7”写在底角。

(No.7B)
Ⅱ级—黄色

(No.7C)
Ⅲ级—黄色

符号(三叶型)：黑色。
底色：上半部黄色加上白边，下半部白色。
文字(强制性要求)：在标志的下半部用黑体标出
RADIOACTIVE(放射性)
Contents(内装物)……
Activity(活度)……
在一个黑框内标出：Transport index(运输指数）……
紧跟“放射性”字样的后面须标上二条/紧跟“放射性”字样的后面须标上三条
垂直的红色短杠。　　垂直的红色短杠。
数字“7”写在底角。

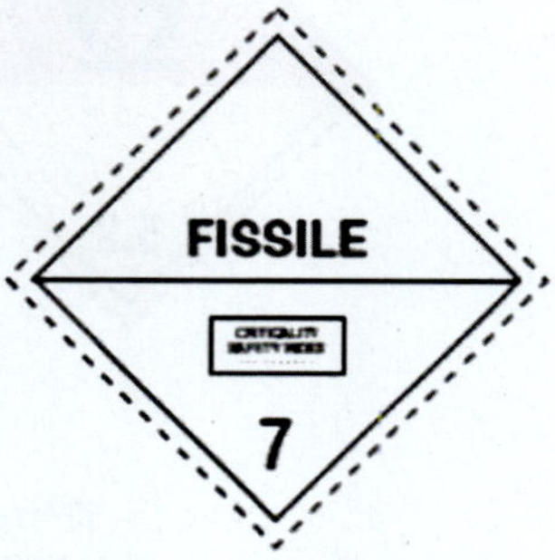

(No.7.E)
第7类裂变性物质
底色：白色。
文字(强制性要求)：在标志的上半部用黑体标出：FISSILE(裂变性)。
在标志的下半部在一个黑框内标出：Criticality Safety index(临界安全指数)……
数字“7”写在底角。

图2-3-13　放射性材料标志

第8类——腐蚀性物质（图2-3-14）。

图2-3-14　腐蚀性物质标志

第9类——杂类危险物质和物品（图2-3-15）。

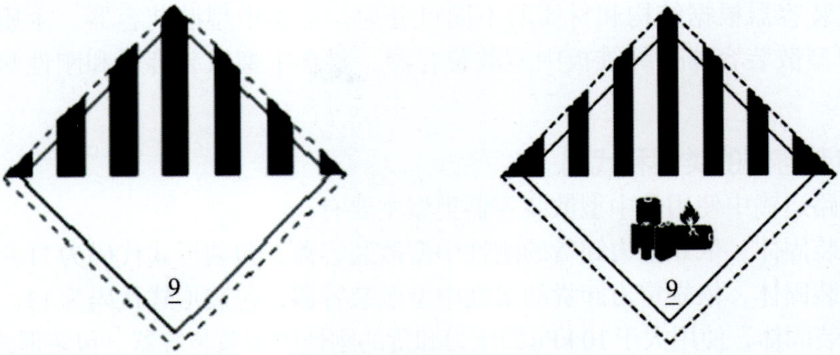

图2-3-15 杂类危险物质和物品标志

第四节 中型散装容器和可移动罐柜

要点：中型散装容器和可移动罐柜是内河船舶载运危险品时常采用的包装形式。在水路运输中，正确地识别中型散装容器的型号和标记以及可移动罐柜的类型和标记，对航运安全有着重要的意义。

一、中型散装容器

(一)中型散装容器的定义和分类

中型散装容器是指用于盛装固体或液体危险货物的，能进行机械装卸并能承受装卸和运输中产生的应力的刚性或柔性可移动容器，其最大盛装容积不大于3.0 m^3，如图2-4-1所示。

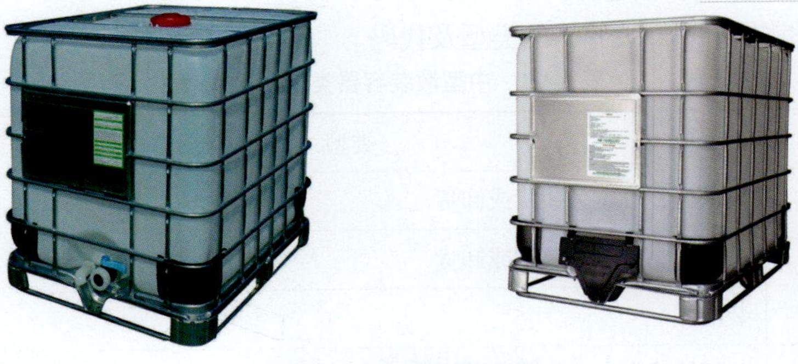

图2-4-1 中型散装容器

中型散装容器在装载危险品时的容量规定如下：

（1）装Ⅱ类包装和Ⅲ类包装的固体和液体时不大于3.0 m^3；

（2）Ⅰ类包装的固体如装在软性、硬塑料、复合、纤维板和木制中型散装容器时不大于1.5 m^3；

（3）Ⅰ类包装的固体如装在金属中型散装容器时不大于3.0 m^3。

中型散装容器能承受装卸和运输中产生的应力由试验确定。

中型散装容器根据结构和材质的不同可分为：金属中型散装容器、木质中型散装容器、柔性中型散装容器、纤维板中型散装容器、复合中型散装容器和刚性塑料中型散装容器。

(二)中型散装容器的类型和代码

我国水路运输中使用的中型散装容器类型主要有：

（1）盛装固体，依靠重力卸货的刚性中型散装容器，包装形式代码为11。

（2）盛装固体，依靠重力卸货的柔性中型散装容器，包装形式代码为13。

（3）盛装固体，使用大于10 kPa的压力卸货的刚性中型散装容器，包装形式代码为21。

（4）盛装液体的刚性中型散装容器，包装形式代码为31。

中型散装容器的代码由三部分组成。第一部分是两位阿拉伯数字表示的中型散装容器形式；第二部分用一个或多个大写英文字母表示材质；第三部分用一位阿拉伯数字表示中型散装容器所属型式以内的类型。

对于复合中型散装容器，应在编码的第二部分依次标上两个大写英文字母。第一个字母表示中型散装容器的内容器材料，第二个字母表示中型散装容器的外包装材料。

中型散装容器代码第二部分采用的英文字母，其含义是：

A——钢（所有类型及表面处理）；

B——铝；

C——天然木材；

D——胶合板；

F——再生木材；

G——纤维板；

H——塑料材料；

L——编织物；

M——多层纸；

N——金属（除钢和铝之外）。

表2-4-1是常见中型散装容器的类型及代码。

表2-4-1　中型散装容器类型和代码表

材质	类型	代码
A. 钢	装固体，靠重力装货或卸货	11A
	装固体，靠压力装货或卸货	21A
	装液体	31A
B. 铝	装固体，靠重力装货或卸货	11B
	装固体，靠压力装货或卸货	21B
N. 金属（钢、铝除外）	装固体，靠重力装货或卸货	11N
	装固体，靠压力装货或卸货	21N
	装液体	31N

（续表）

材质	类型	代码
H. 塑料（柔性）	编织塑料，无涂层亦无衬里	13H1
	编织塑料，有涂层	13H2
	编织塑料，有衬里	13H3
	编织塑料，既有涂层又有衬里	13H4
	塑料薄膜	13H5
L. 纺织品	无涂层亦无衬里	13L1
	有涂层	13L2
	有衬里	13L3
	既有涂层又有衬里	13L4
M. 纸	多层纸	13M1
	多层纸防水	13M2
H. 刚性塑料	装固体，靠重力装卸货，装有结构装置	11H1
	装固体，靠重力装卸货，独立式的	11H2
	装固体，靠压力装卸货，装有结构装置	21H1
	装固体，靠压力装卸货，独立式的	21H2
	装液体，装有结构装置	31H1
	装液体，独立式的	31H2
HZ. 带有塑料内容器的复合中型散装容器[a]	带有硬塑料内容器的复合中型散装容器，用于装靠重力装卸的固体	11HZ1
	带有软塑料内容器的复合中型散装容器，用于装靠重力装卸的固体	11HZ2
	带有硬塑料内容器的复合中型散装容器，用于装靠加压装卸的固体	21HZ1
	带有软塑料内容器的复合中型散装容器，用于装靠加压装卸的固体	21HZ2
	带有硬塑料内容器的复合中型散装容器，用于装液体	31HZ1
G. 纤维板	装固体，靠重力装货卸货	11G
C. 天然木	装固体，靠重力装货卸货并带有内衬	11C
D. 胶合板	装固体，靠重力装货卸货并带有内衬	11D
F. 再生木	装固体，靠重力装货卸货并带有内衬	11F

[a]代码中的字母Z应根据规定由一个大写字母取代，以表示外壳所使用材料的性质

(三)中型散装容器的标记

中型散装容器应具备清晰、耐久的标记。其内容包括：

（1）包装符号㊋（国标）或 $\binom{u}{n}$（联合国），也可用大写字母“GB”或“UN”。

（2）中型散装容器代码。

（3）表示包装级别的字母：

“X”表示Ⅰ级包装；

“Y”表示Ⅱ级包装；

“Z”表示Ⅲ级包装。

（4）制造月份和年份（最后两个数字）。

（5）批准该标记的国家，中国的代号为大写英文字母CN。

（6）中型散装容器的生产地和制造厂的代号，上述代号由有关国家主管机关确定。

（7）有关国家主管机关确定的其他标记。

（8）以千克（kg）表示的堆码试验负荷。对设计上不能堆码的中型散装容器，应写上数字“0”。

（9）最大许可总质量，对于柔性中型散装容器，应标明以千克（kg）表示的最大允许负荷。

（10）如有必要，可根据《危险货物中型散装容器检验安全规范》的规定增加附加标记。

（11）柔性中型散装容器可贴有表示起吊方式的图形。

（12）复合中型散装容器的内容器还应具有包含下列信息的标记：①生产商名称或符号，以及主管部门规定的中型散装容器的其他标记；②生产日期；③国家代号。

（13）复合中型散装容器的外壳如是可拆卸的，每一可拆开部分应标出生产年月和生产商名称符号以及有关国家主管机关规定的其他标记。

中型散装容器标记示例（图2-4-2）：

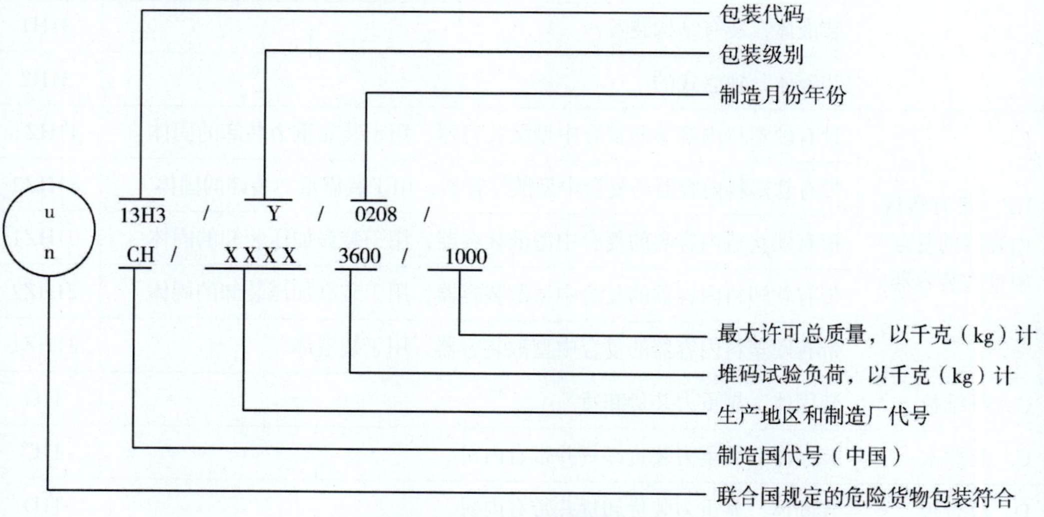

图2-4-2　中型散装容器标记

实例1：GB 11A / Y / 0292 / CN / 110001007PI01 / 5 500 kg / 1 500

上述八组符号、数字分别表示：国家标准包装；适装固体的钢质中型散装容器，采用重力方式装卸；符合包装类Ⅱ、Ⅲ的要求；1992年2月制造；中型散装容器生产国为中国；制造厂代码和中型散装容器批准号；堆码试验负荷5 500 kg；最大许可总质量1 500 kg。

实例2：GB 13H3 / Z / 0292 / CN / 110001008PI02 / 0 / 1000

上述八组符号、数字分别表示：国家标准包装；适装固体的有衬里的柔性中型散装容器，制造材料为编织塑料；符合包装类Ⅲ的要求；1992年2月制造；中型散装容器生产国为中国；制造厂代码和中型散装容器批准号；设计上不能堆码；最大允许负荷1 000 kg。

(四)中型散装容器的管理

(1) 中型散装容器上铸印、印刷或粘贴的标记、标志和危险货物彩色标签应准确清晰，符合有关规定的要求。

(2) 中型散装容器外表应清洁，不允许有残留物、污染或渗漏。

(3) 凡采用铅封的中型散装容器应在危险货物运输现场查验后进行封识。

(4) 使用单位选用的中型散装容器应与内装危险货物的性质相适应。

(5) 中型散装容器的包装等级应等于或高于盛装货物要求的包装级别。

(6) 在下列情况下，应提供由国家质量监督检验检疫部门认可的检验机构出具的危险品分类、定级和危险特性检验报告：

①首次运输或生产的；

②首次出口的；

③国家质检部门认为有必要时。

(7) 中型散装容器底部有卸货阀的，应具有关闭紧固特性，卸货装置始终完好，并能防止任何意外开启。

(8) 首次使用的塑料 、带内（镀）层的中型散装容器应提供6个月以上的化学相容性试验合格的报告。

(9) 用于装运闪点≤60 ℃的液体，或用于装运易发生粉尘爆炸的粉末时，应采取相应的防静电措施。

(10) 一般液体危险货物灌装至中型散装容器总容积的98%以下，膨胀系数较大的液体货物，应根据其膨胀系数确定容器的预留容积。固体危险货物盛装至中型散装容器容积的95%以下，剩余空间按规定填充或者衬垫。

(11) 采用液体或惰性气体保护危险货物时，该液体或惰性气体应能有效保证危险货物的安全。

(12) 危险货物不得撒漏在中型散装容器外表和内外容器之间。

(13) 危险货物和与之相接触的中型散装容器不得发生任何影响容器强度及发生危险的化学反应。

(14) 吸附材料不得与所装危险货物发生有危险的化学反应，并确保内容器破裂时能完全吸附滞留全部危险货物。

(15) 防振及衬垫材料不得与所装危险货物发生化学反应，而降低其防振性能。应有足够的衬垫填充材料，防止内容器移动。

(16) 中型散装容器的封闭器应紧密配合，并配以适当的密封圈，保证危险货物在运输过程中无泄漏。

(17) 木质中型散装容器和纤维板中型散装容器用钉紧固时，应钉实，不得突出钉帽，穿透容器的钉尖应盘倒，并加封盖，以防与内装物发生任何化学反应或物理变化。其封口应平整牢固。

(18) 中型散装容器的袋类内容器封口要求：不论采用绳扎、黏合还是其他型式的封口，都应保证内容物无撒漏。

①绳扎封口：袋内应无气体、袋口用绳紧绕两道，扎紧打结，再将袋口朝下折转、用绳紧绕二道，扎紧打结。如果是双层袋应按此法分层扎紧。

②黏合封口：袋内应无气体、黏合牢固不允许有孔隙存在。如果是双层袋应分层黏合。

（19）下列危险货物不允许使用中型散装容器装运：

①第2类、第6类和第7类危险货物；

②副危险性为第2类、第6类和第7类的危险货物；

③蒸汽压力在50 ℃时超过110 kPa或55 ℃时超过130 kPa的液体危险货物。

（20）拟装运危险货物的中型散装容器应符合国家标准“GB 12463—2009《危险货物运输包装通用技术条件》”和“GB 19434—2009《危险货物中型散装容器检验安全规范》”，并按有关规定进行性能试验。

二、可移动罐柜

（一）可移动罐柜的定义

可移动罐柜（图2-4-3）是指容积在450 L以上的罐柜（包括罐式集装箱和公路罐车，但不包括中型散装容器），罐体上装有运输温度50 ℃时，其蒸汽绝对压力不超过3×10^5 Pa的液体危险货物或运输气体所需的辅助设备和结构设备。可移动罐柜的设计、构造、检验、试验和使用，应符合“GB/T 16563—2017”“ISO6346”、《国际危规》等的规定。可移动罐柜在船期间，不得进行充灌或卸载。

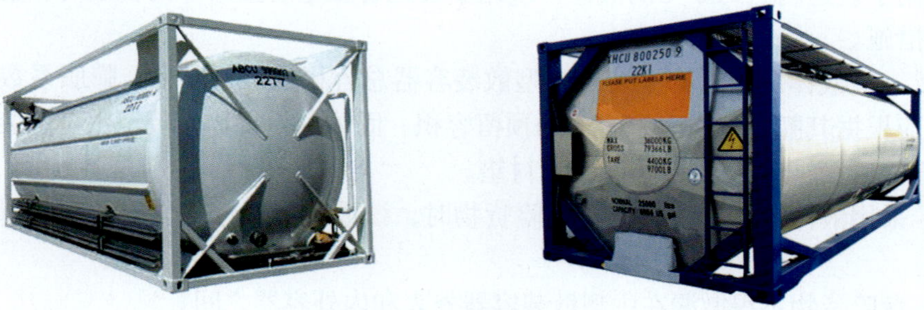

图2-4-3　可移动罐柜

（二）可移动罐柜的类型

可移动罐柜按其结构和适用范围，可分为以下八种类型：

1型罐柜是指装有减压装置，最大允许工作压力等于或高于1.75×10^5 Pa，可以用于第3类到第9类物质运输的可移动罐柜。

2型罐柜是指装有减压装置，最大允许工作压力等于或高于1.0×10^5 Pa，但低于1.75×10^5 Pa，用来装运某些危险性较小的液体危险货物或固体危险货物。

3型罐柜，目前已经停止使用。

4型罐柜是指用于第3类到第9类危险物质运输的公路罐车，并包括带永久性配装罐柜或罐柜加附在带有至少四个铰链的底盘上的半挂车。

5型罐柜是指装有减压装置，用于第2类非冷冻液化气运输的可移动罐柜。

6型罐柜是指用于第2类非冷冻液化气体运输的公路罐车，并包括带永久性配装罐柜或罐柜加附在底盘上的半挂车，该底盘配有装运气体所必需的各项附属和结构设备。

7型罐柜是指配有装运冷冻液化气体所必需的各项附属和结构设备的隔热型可移动罐柜。可移动罐柜须在不拆移其结构设备情况下运输及装卸，装满货后能吊移，罐柜不是永久地固定在船上。

8型罐柜是指用于第2类冷冻液化气体运输的公路罐车，并包括永久性配装隔热罐柜的半挂车，且配有装运冷冻液化气体所必须的各项附属和结构设备。

(三)可移动罐柜的标记

《国际危规》规定，每一个可移动罐柜都须在易于检查的明显的地方以永久的方式贴有防腐蚀的标牌。如果可移动罐柜因设置等原因不能将标牌永久地贴在罐壳上，罐壳上须至少标明压力容器规则中所要求的内容。标牌上须至少以印戳或其他类似的方式标明下列内容：

（1）所有人信息（所有人注册编号）。

（2）生产商信息（生产国、生产年份、生产商名称和标记、生产商系列号）。

（3）批准信息（联合国包装符号、批准国、设计批准授权机构、设计批准号等）。

（4）压力（试验压力、初始压力试验日期、初始压力试验证明识别标注、外部设计压力等）。

（5） 温度（设计温度范围、设计参考温度）。

（6）材料（罐壳材料和材料参照标准、标准钢的等效厚度）。

（7）容量（20 ℃时水容量）。

（8）定期检查和试验（最近定期试验的类型、最近定期试验的日期、最近定期试验的试验压力、证明近期试验的授权机构的识别标记）。

经营人名称、最大允许总重、皮重应标注于罐壳上或紧固于其上的金属标牌上。如果可移动罐柜设计获准在海上作业，须在标识标牌上标注“海上可移动罐柜”字样。

我国标准“GB/T 16563—2017”规定，供识别用的下列永久性标记应设于易于接近的部位，体现方式可用钢印、拷印或其他耐久的方法，而不能用油漆写，以免脱落。

（1）首次水压试验日期：年/月。

（2）试验压力，单位为kPa和bar。

（3）最大允许工作压力，单位为kPa和bar。

（4）总容积，单位为升（L）。

（5）再次进行水压试验日期：年/月。

（6）箱型代码（可选择性标记）。

标记牌应尽可能包括主管部门所要求的内容，但为减少标记牌数量，应尽可能集中在一起，如果在其他标记上已包括了上述内容，则可在达到本标准要求的前提下避免重复。

(四)可移动罐柜的管理(第1类、第3类至第9类)

（1）用于运输第1、3、4、5、6、7、8、9类物质的可移动罐柜须符合危险货物一览表对每一物质指定的可移动罐柜导则和特殊现定。

（2）可移动罐柜在运输期间须采取足够的防护措施防止因受到横向、纵向的碰撞及翻倒导致罐壳及其装卸设备的损坏。如果罐壳及其操作系统本身的结构可以经受碰撞和翻倒，则不必采取防护措施。

（3）某些物质的化学性质不稳定，只有在采取了必要的措施，防止运输途中发生危险性的分解、化学变化或聚合反应，方可接收运输。为此，还须特别注意保证罐内不含有任何能促使上述变化的物质。

（4）运输期间罐壳（不包括开口及其封闭装置）或隔热层外表面的温度不应超过70 ℃。必要时，罐壳须是绝热的。

（5）未进行清洁、残留有气体的空罐柜须按先前装有货物时罐柜的相同要求处理。

（6）可相互发生危险反应并造成以下情况的物质不得装在罐壳毗连的分隔舱内运输：

①可燃和/或大量放热；

②散发出易燃、有毒或窒息性气体；

③形成腐蚀性物质；

④形成不稳定性物质；

⑤产生危险的升压。

（7）主管机关或其授权单位与所有人须分别保留该机关或该单位为每一个可移动罐柜颁发的设计批准证书、试验报告以及列明首次检验和试验结果的证书。所有人在任何主管机关要求时须能提供上述文件。

（8）除非装运的物质名称写在可移动罐柜标记的金属牌上，否则在主管机关或其授权单位提出要求时，视情况发货人、收货人或代理商须立即提供可移动罐柜设计批准证书的副本。

（9）充灌前，托运人须确保使用适用的可移动罐柜，而且可移动罐柜未装载与罐壳材料、垫圈、装卸设备及任何防护衬料接触时可能与之发生危险反应从而形成危险产物或明显减损材料强度的货物。托运人可能需要就货物与罐体材料是否相容征询货物生产商及主管机关的意见。

（10）可移动罐柜的装载不得超过《国际危规》规定的限度。

（11）所有准备用来装运易燃液体的可移动罐柜都须是封闭型的，并且按照有关要求装有减压装置。

（12）下列罐柜不得交付运输：

①对于在20 ℃时或加温物质在运输中的最大温度时其黏度小于2 680 mm^2/s的液体，其充灌度大于20%且小于80%，除非罐壳是被隔板或波纹板隔开，且每一舱容量不大于7 500 L；

②罐体或其附属设备外部明显附着有所装物的残留物；

③如果罐柜渗漏或损坏程度使罐柜的完整性或其起吊及加固附件受到影响；

④除非罐柜的附属设备已经过检验并证明处于正常的工作状态。

对于某些危险物质可能需要使用较低的充灌度。

运输第2类物质的可移动罐柜，其一般要求可从《国际危规》和《关于危险货物运输的建议书》等资料中获得。

思考题

1. 危险货物的定义是什么?
2. 包装危险货物分成哪几个大类?每一大类又细分为哪几个小类?
3. 衡量爆炸品危险性的指标有哪些?试给出其具体含义。
4. 衡量有毒物质毒性的指标是什么?试给出其具体含义。
5. 危险货物的包装有哪些作用?
6. 危险货物的包装分为几级?各级包装有何意义?
7. 包装类别“y”表示什么意思?
8. 危险货物包装标记代号的构成及含义是什么?
9. 简述危险货物图案标志的含义。
10. 什么是中型散装容器?
11. 我国水路运输中使用的中型散装容器类型主要有哪些?
12. 简述可移动罐柜的2型罐柜的定义。

第三章

包装危险货物的运输

第一节 内河包装危险货物的装运方式

本节主要介绍长江载运包装危险货物的装运方式：一是将危险货物进行包装后，放入集装箱内进行运输；二是将危险货物置于中型散装容器内后，再放入集装箱进行运输；三是用可移动罐柜进行装运。

一、集装箱(图3-1-1)

图3-1-1 集装箱

（1）将危险货物进行包装后，放入集装箱内进行运输。包装的形式：有桶（图3-1-2）、箱（图3-1-3）和袋（图3-1-4）。

（1）根据桶的材质分为：①钢（铁）桶，最大容积为250 L，最大净质量为400 kg。②铝桶，最大容积为250 L，最大净质量为400 kg。③钢罐，最大容积为60 L，最大净质量为120 kg。④胶合板桶，最大容积为250 L，最大净质量为400 kg。⑤木琵琶桶，最大容积为250 L，最大净质量为400 kg。⑥硬质纤维板桶，最大容积为250 L，最大净质量为400 kg。⑦硬纸板桶，最大容积为250 L，最大净质量为400 kg。⑧塑料桶、塑料罐，最大容积：塑料桶为250 L，塑料罐为60 L；最大净质量：塑料桶为400 kg；塑料罐为120 kg。

（2）根据箱的材质分为：①木箱；②胶合板箱；③再生木板箱；④硬纸板箱、瓦楞纸箱、钙塑板箱；⑤钢箱。钙塑板箱的最大净质量为60 kg，其余均为400 kg。

（3）根据袋的材质分为：①塑料编织袋；②纸袋。最大净质量均为50 kg。

另外，坛类的最大容积为32 L，最大净质量为50 kg；筐、篓、袋的最大净质量均为50 kg。

图3-1-2　塑料桶危险货物包装

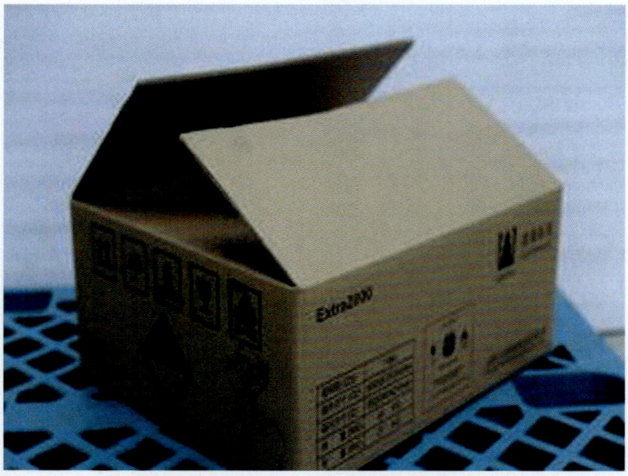

图3-1-3　纸箱危险货物包装

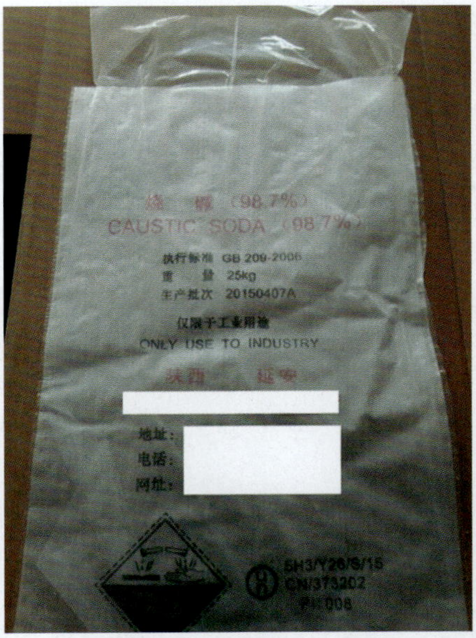

图3-1-4 聚丙烯塑料编织袋危险货物包装

包装危险货物装于集装箱内，要注意两点：一是货物与箱内防护材料要相容，二是当一箱多票时货物与货物之间要相容。

（2）将危险货物置于中型散装容器（图3-1-5）内后，再放入集装箱进行运输。中型散装容器实质上是特制的可以反复使用的用于盛装危险货物的一种新型包装形式。我国水路运输中使用的中型散装容器类型主要有：

①盛装固体，内装物以重力方式装卸的刚性中型散装容器，代码11。

②柔性中型散装容器，代码13。

③盛装固体，内装物在大于10 kPa压力下装卸的刚性中型散装容器，代码21。

④盛装液体的刚性中型散装容器，代码31。

第1类、第2类、第6.2类、第7类危险货物不得使用中型散装容器运输。

其盛装容积不大于3 m^3。

图3-1-5 盛装包装危险货物的中型散装容器

二、可移动罐柜

将液体危险货物置于可移动罐柜内进行运输。可移动罐柜（图3-1-6）是指容积在450 L以上的罐柜（包括罐式集装箱和公路槽车，但不包括中型散装容器），罐体上装有运输温度50 ℃时，其蒸汽绝对压力不超过3×10^5 Pa的液体危险货物或运输气体所需的辅助设备和结构设备。罐柜在船上期间，所装货物不能装入或卸出。按规定，可移动罐柜可装运第3类至第9类危险货物。

可移动罐柜大多数情况下可以像标准集装箱那样无须拆除或增加任何结构设备就可以作为一个整体，在灌装货物后，直接装上船舶进行运输。

集装箱和可移动罐都是装在满足载运危险货物要求的集装箱船舶上运输。

图3-1-6　可移动罐柜

三、干货船的货舱

干货船的货舱在满足《内河船舶法定检验技术规则》包装危险货物运输的相关技术要求，船公司又满足《船舶载运危险货物安全监督管理规定》管理要求的情况下，可以装运包装危险货物。

四、滚装船货舱

滚装船货舱在满足《内河船舶法定检验技术规则》包装危险货物运输的相关技术要求，船公司又满足《船舶载运危险货物安全监督管理规定》管理要求的情况下，可以装运包装危险货物。

在实际工作中，由于载运包装危险货物的技术和管理要求高，船舶建造和管理成本较大，干货船和滚装船货舱一般都不用来装运包装危险货物，通常用集装箱船舶载运包装危险货物。

第二节　包装危险货物的运输申报

要点：本节主要介绍了危险货物运输需要满足哪些条件，申报的相关要求及注意事项，对船公司载运包装危险货物申报具有指导作用。

一、运输前的注意事项

承接危险品运输前，一定要弄清楚该危险品是否适运、码头是否适装卸、船舶是否适装以及申报手续相关方面的要求。

(一)货物适运

确保该危险货物不是内河及其封闭水域禁运货物。《船舶载运危险货物安全监督管理规定》中第八条："禁止通过内河封闭水域运输剧毒化学品以及国家规定禁止通过内河运输的其他危险化学品。其他内河水域禁止运输国家规定禁止通过内河运输的剧毒化学品以及其他危险化学品。"详见《内河禁运危险化学品目录（2019版）》。

(二)码头适装卸

每个码头作业的危险货物种类或品名不一样，所以在装运前要了解清楚码头是否具有拟运危险货物的作业资质。

(三)船舶适装

每个船舶的适装种类不一样，拟承接危险货物时，应了解清楚该船是否有该种危险货物的适装资质。《内河船舶法定检验技术规则（2019）》第六编第一章1.1.4有关于禁运的明确规定：

（1）禁止利用内河水域载运第6.2类感染性物质。

（2）禁止利用内河水域载运第7类放射性材料。

（3）禁止利用内河水域载运《国际海运危险货物规则》3.3章第900条中规定禁运的物质。

（4）禁止利用内河水域载运《国际海运危险货物规则》3.2章所列以外的爆炸物质。

(四)申报通过后方能运输

装运前，申报人员填写相关单证向海事部门申请，经审核批准同意后，方能装卸和运输。

二、申报员管理

（1）"申报员"和"集装箱装箱检查员"应当熟悉相关法规、技术规范、申报程序和集装箱装载危险货物的相关要求，且经海事主管部门考核合格后取得相应资质证书。

（2）申报员分为"危险货物申报员"和"船舶申报员"。申报员办理危险货物申报手续时，应持有申报员证书。"危险货物申报员"只能从事出口危险货物的托运申报，"船舶申报员"代表船舶进行申报，当船舶直接办理申报时，由船长签字即可，无须持证。

（3）集装箱装箱检查员：对集装箱所装运的危险货物积载、隔离及相应安全措施进行监督负责，装箱完毕后签发《集装箱装运危险货物装箱证明书》。

（4）申报员只限于负责其所在单位的危险货物申报工作，不得代其他单位和个人办理危险货物申报手续。

（5）申报员在办理危险货物申报时，应严格执行《船舶载运外贸危险货物申报规定》及国家其他有关危险品规定的要求，如实正确填写申报内容，不得谎报、瞒报。

（6）已经取得"申报员"和"装箱检查员"证书的人员应按规定进行年审或知识更新。

三、申报单证

(一)申报单证的分类

根据相关要求，进行危险货物申报时，需填制的单证有两种：

(1)《船舶载运危险货物申报单》(包装/固体散装危险货物)，简称“船报”。该申报单是船舶载运出口、进口或过境危险货物时，由船舶或其代理人向海事行政主管部门申报的单证。空白样本如下：

船舶载运危险货物申报单

Declaration Form Dangerous Goods Carried By Ship

(包装/固体散装危险货物)

(Packaged / Solid in Bulk)

船 名： Ship's name:	航 次： Voyage No:	进港 Arrival	始发港： Port of Departure:	抵港时间： Time of Arrival:
国 籍： Nationality:	经营人： Manager:	出港 Departure	作业泊位： Berth:	装货时间： Time of Loading:

货物正确运输名称 Proper Shipping Name of the Goods	类别/性质 Class/ Property	危规编号 UN No.	装运形式 Means of Transport	件 数 Number of Packages	总重量 Weight in Total	卸货港 Port of Discharging	装载位置 Location of Stowage	备注 Remar-ks

兹声明根据《船舶装载危险货物安全和防污染规定》，本轮具备装载上述货物的适装条件，货物配装符合要求，货物资料齐全。申报内容正确无误。

I hereby declare that , in accordance with the provisions of the safe transportation of dangerous goods by ships and pollution prevention , the ship has met the requirements of fitness for carrying the above declared goods; Cargo stowage is properly planned according to the requirements; The documentation of the cargo is complete and the contents of the declaration are true and correct.

附送以下单证、资料：

The following documents and information are submitted in addition:

船长/申报人员：

Master/declarer: ______

船长证书编号/申报人员培训备案编号：

Certificate No.:______

船舶/代理人（盖章）：

Ship / Agent (Seal):

日期：

Date:______

主管机关签证栏

Remarks by the Administration

紧急联系人姓名、电话、传真、电子邮箱：

Emergency Contact Person's Name, Tel, Fax and E-mail :

此申报单一式三份，其中两份申报人留持和分送港口作业部门，一份留主管机关存查。

This declaration should be made in tripartite, one is kept by the Administration for file,and two for the declarer and port operator respectively.

（2）《危险货物安全适运申报单》（包装/固体散装危险货物），简称“货报”。该申报单是在出口危险货物时，由托运人或其代理人向海事行政主管部门申报的单证。空白样本如下：

危险货物安全适运申报单

Declaration on Safety and Fitness of Dangerous Goods

（包装/固体散装危险货物）

（Packaged /Solid in Bulk）

<table>
<tr><td colspan="2">发货人：
Shipper:</td><td>收货人：
Consignee:</td><td>承运人：
Carrier:</td></tr>
<tr><td colspan="2">船名和航次：
Ship’s name & Voyage NO. :</td><td>装货港：
Port of Loading:</td><td>卸货港：
Port of Discharging :</td></tr>
<tr><td>货物标记和编号，如适合，组件的识别符号或登记号
Marks & Nos, of the Goods, if applicable, identification or registration number(s) of the unit</td><td>正确运输名称*、危险类别、危规编号；包装类**、包件的种类和数量、闪点℃（闪杯）**、控制及应急温度**、货物为海洋污染物证明**、应急措施编号和医疗急救指南表号***
Proper shipping name*, IMO hazard class/ division, UN number, packaging group**, number and kind of packages, flash point (℃)**, control and emergency temperature**, identification of the goods as MARINE POLLUTANT**, Ems No. and MFAG Table No.***</td><td>总重（kg）
净重/净量
Total weight (kg)</td><td rowspan="2">交付装运货物的形式：
Goods delived as :
□杂货
Break bulk cargo
□成组件
Unitized cargo
□ 散货包装
Bulk packages
□散装固体
Solid in bulk
组件类型：
Type of unit :
□集装箱
Container
□车辆
Vehicle
□罐柜
Portable tank
□开敞式
Open
□封闭式
Close
如适合，在方框内划“×”
Inset “×” in appropriate box</td></tr>
<tr><td colspan="3">*仅使用专利商标/商品名称是不够的，如适合：（1）应在品名前加“废弃物”；（2）“空的未经清洁的”或“含有残余物－上一次盛装物”；（3）“限量”**如需要，见《国际危规》第2卷第3.4.6款 ***需要时
*Proprietary/trade names alone are not sufficient. If applicable : (1)the word “WASTE” should proceed the name; (2) “EMPTY/UNCLEANED” or “RESIDUE-LAST CONTAINED”; (3) “LIMITED QUANTITY” should be added.**When required in item 3.4.6,volume 2 of the IMDG Code; ***When required</td></tr>
</table>

<table>
<tr><td colspan="2">附送以下单证、资料：
The following documents and information are submitted:
在某种情况下，需提供特殊资料证书，详见《国际危规》第1卷第5.4.4节。
In certain circumstances special information certificates are required, see paragraph 5.4.4, Volume 1 of IMDG Code.</td></tr>
<tr><td>兹声明：
上述拟交付船舶装运的危险货物已按规定全部并准确地填写了正确运输名称、危规编号、分类、危险性和应急措施，需附单证齐全。包装危险货物，包装正确、质量完好；标记、标志/标牌正确、耐久。以上申报准确无误。
Declaration:
I hereby declare that the contents of this declaration are fully and accurately described above by the proper shipping name, UN No., Class and EmS No. The goods are properly packaged, marked, labeled/placarded and are in all respects in good condition for transport by sea.
申报人员姓名： 申报单位签章
Declarer(signature): __________ Seal of Declaration Unit
申报人员培训备案编号： 年 月 日
No.: ______________ Year Month Date</td><td>主管机关签注栏：
Remarks by the Administration:</td></tr>
<tr><td colspan="2">紧急联系人姓名、电话、传真、电子邮箱：
Emergency Contact Person’s Name, Tel, Fax and E-mail :</td></tr>
</table>

此申报单一式三份，其中两份申报人留持和分送承运船舶，一份留主管机关存查。

This declaration should be made in tripartite, one is kept by the Administration for file, and two for the declarer and the ship respectively.

(二)申报单证的填写要求

危险货物的申报单证作为随船单证，填写必须规范化，外贸危险货物申报单证的填制内容要求中英文对照，内贸危险货物申报单证的填制内容只需用中文填写，字迹清楚。

1. 危险货物安全适运申报单（包装/固体散装危险货物）

申报时，填写应注意以下事项：

（1）使用危险货物的“正确技术名称”，不能使用简称或别称。

（2）如果是待处理或待加工的废弃物，且正确运输名称中未有“废弃物”字样，应在正确运输名称前注明“废弃物”一词。

（3）含有残余危险货物的空包装，如可移动罐柜、中型散装容器等，应在正确运输名称前或后注明“空的，未清洁”或“残余上次内装物”字样。

（4）如果以温度等于或高于100 ℃时仍为液态的方式运输或以温度等于或高于240 ℃时仍为固态的方式运输，该物质的正确运输名称不能表示出加温条件含义的（例如：使用“熔融”或“加温”作为正确运输名称的一部分），应在运输单证上紧接正确运输名称之前加上“热”一词。

（5）运输限量危险货物时应在正确运输名称前注明“限量”一词，也可以用“第……类限量运输危险货物”代替危险货物的正确运输名称，但应注明联合国编号和包装类。

（6）除限量危险货物运输外，都要注明联合国编号。

（7）包装类是指Ⅰ、Ⅱ或Ⅲ类包装。

（8）包件的种类是包装的材质，例如：防筛漏编织塑料袋（5H2）。

（9）货物正确的运输名称、危险类别、危规编号以及包装类应按顺序标明，并且期间不能插入文字，如：烯丙醛，稳定的，第6.1类，联合国编号1092，包装类Ⅰ。

2. 船舶载运危险货物申报单（包装/固体散装危险货物）

申报时，应根据所运输的货物对相应的内容进行正确填写。

（1）始发港：是指该轮该票危险货物的装运港。

（2）作业泊位：该轮将作业的港口的泊位。

（3）抵港时间：是指船舶将抵达作业码头的时间。

（4）货物正确的运输名称、类别/性质、联合国编号的填写与前述《危险货物安全适运申报单》（包装/固体散装危险货物）的填写要求相同。

（5）装运形式：是指在杂货、成组件（集装箱、车辆、罐柜）、散货包装、散装固体中选择其一。若是包装形式，应注明包装种类。

（6）装载位置：注明危险货物在船舱中的具体积载位置。

（7）备注：如果船舶载运危险货物途中发生事故应在备注中注明，并附报告。

(三)其他有关单证

办理危险货物申报时，除了向海事部门提交《船舶载运危险货物申报单》（包装/固体散装危险货物）和《危险货物安全适运申报单》（包装/固体散装危险货物）外，还应提供其他相关单证。

1. 包装检验合格证

（1） 运输包装危险货物时应向海事部门提交由商检部门出具的包装检验合格证的正本，即《中华人民共和国出入境检验检疫出境危险货物运输包装使用鉴定结果单》。包装检验合格证必须在有效期内使用，否则需重新申请检验，无包装检验合格证的包装危险货物，一律不得出运。

（2） 运输中型散装容器装运的危险货物，应提交该容器的检验证书。柔性的中型散装容器由商检部门检验；刚性的中型散装容器由船舶检验部门检验，即《中国船级社检验证书》。

（3） 对于压力容器的检验，根据规定，商检部门负责对小型气体容器［是指充灌有易燃气体的打火机、点火器，气体充灌容器容量不超过1 000 m^3、工作压力大于0.1 MPa（100 kPa）的气体喷雾器及其他充灌有气体的容器］包装进行检验。使用钢瓶等压力容器承装的货物，应提交锅炉压力容器安全监察机构出具的《压力容器安全性能检验证书》。

（4） 使用可移动罐柜运输的危险货物，应提交船检部门出具的罐柜检验合格证明书。

2. 集装箱装运危险货物装箱证明书

使用集装箱装运危险货物时，应提交经集装箱装箱检查员签发的《集装箱装运危险货物装箱证明书》。样本如下：

集装箱装运危险货物
装箱证明书
CONTAINER PACKING CERTIFICATE

船名 Ship Name		航次 Voyage		目的港 Destination		
集装箱编号 Container Serial No.						
箱内所装危险货物 Dangerous Goods Packed Therein						
品名 Proper Shipping Name	联合国编号 UN No.	危险货物类别 IMDG Code Class	包装 Packing	件数 Package Quantity	箱数 Total of Container	总重 Total Weight(kg)

兹证明：装箱现场检查员根据《国际海上危险货物运输规则》的要求，对上述集装箱和箱内所装危险物，以及货物在箱内的积载情况进行了检查。并声明如下：

1. 集装箱清洁、干燥，外观上适合装货；
2. 集装箱内未装有不相容物质；
3. 所有的包件都已经过外观破损检查，装入箱内的包件均系完好；
4. 所有包件装箱正确，衬垫、加固合理；
5. 集装箱及所装入的包件外表均已正确地进行了标记和标志、标牌；
6. 对集装箱内所装的每票危险货物，已经收到其根据《国际海上危险货物运输规则》总论第9.4段所要求的危险。

货物申报单。

以上准确无讹。

This is to certify that the above mentioned container , dangerous goods packed therein and stowage condition have been inspected by the under signed packing inspector according to the provisions of *International Maritime Dangerous Goods Code* and to declare that:

1. The container was clean , dry and apparently fit to receive the goods;
2. No incompatible goods have been packed into the container;
3. All packages have been externally inspected for damage，and only sound packages have been packed;
4. All packages have been properly packed in the container，Dunnaged and secured;
5. The container and packages are properly marked and labelled and placarded;
6. The dangerous goods declaration required in subsection 9.4 of the *General Introduction to the IMDG Code* has been received for each dangerous goods consignment packed in the container；and

That all stated above are correct.

装箱现场检查员签字
Signature of packing inspector

检查地点
Place of inspection

装箱现场检查员证书编号
No. of certificate of packing inspector

装箱单位（签章）
Packing unit (stamp)

装箱日期　　年　月　日
Date of packing　　Year Month Date

签发日期　　年　月　日
Date of issue　　Year Month Date

此证明书应由装箱现场检查员填写，一式两份，正本应于集装箱装船三天前向港务监督提交，副本应在办理集装箱移交时交付给承运人。

Two copies of the certificate should be filled by the packing inspector; The original one should be submitted to Harbour Super intendency Administration three days prior to shipment and the copy should be given to the carrier on container delivery.

3. 装货清单或积载图

《国际危规》规定装运危险货物和海洋污染物的船舶应按《SOLAS公约》和《MARPOL73/78公约》规定，申报时向主管机关提交一份装货清单，记录所装危险货物或海洋污染物在船上的位置和数量。该清单可以被能够显示所有危险货物的类别和位置的详细积载图代替。

4. 危险化学品安全技术说明书

GB 16483—2008对《危险化学品安全技术说明书》（SDS）的编写做了详细规定。现就其相关内容摘要如下：

SDS将按照下面16部分提供化学品的信息，每部分的标题、编号和前后顺序不应随意变更。

（1）化学品及企业标识；
（2）危险性概述；
（3）成分/组成信息；
（4）急救措施；
（5）消防措施；
（6）泄漏应急处理；
（7）操作处置与储存；
（8）接触控制和个体防护；
（9）理化特性；
（10）稳定性和反应性；
（11）毒理学信息；
（12）生态学信息；
（13）废弃处置；
（14）运输信息；
（15）法规信息；
（16）其他信息。

在16部分下面填写相关的信息，该项如果无数据，应写明无数据原因。16部分中，除第16部分“其他信息”外，其余部分不能留下空项。

5.液态危险货物添加剂证明

托运需要稳定或抑制的散装液态危险化学品或液化气体货物，以及装运需要添加人能察觉到的添加剂的散装液态危险货物的，应提交《液态危险货物添加剂证明》，该证明由生产厂和托运人共同签章。

6.货物运输条件鉴定书

在托运《国际危规》中未列明的危险货物时，应提交海事部门认可的机构出具的《货物运输条件鉴定书》。

7. 危险货物罐柜充灌安全适运声明单

危险货物罐柜充灌安全适运声明单

充灌单位			
货物运输名称	中文		
	英文		
联合国编号（UN NO.）		货物类别	
		副性质	
罐柜相关状况	罐柜编号		
	罐柜罐型	IMO型	
		UN型	
	充灌数量	重量	千克（KG）
		体积	升（L）
	充灌温度		℃
	充灌率		
	运输货物状态		
	其他罐柜技术状况事项说明		

兹声明我司已按照《国际海运危险货物规则》的相关要求，对上述罐柜及危险货物装载情况进行了检查，上述罐柜符合船舶安全适运要求。

以上准确无讹。

充罐单位：

（签章）

日　期：

中华人民共和国海事局监制

8. 主管部门需要提供的其他有关单证

（略）

四、申报程序及要求

（一）申报程序及时限

船舶拟进行危险货物作业前，申报员应审核相关资料是否齐备，提前向海事主管部门申报，经审批后，方能进行作业。《船舶载运危险货物安全监督管理规定》中第二十条规定如下：

1. 船舶载运危险货物进出港口，应当在进出港口24 h前（航程不足24 h的，在驶离上一港口前），向海事管理机构办理船舶载运危险货物申报手续，提交申请书和交通运输部有关规章要求的证明材料，经海事管理机构批准后，方可进出港口。

2. 船舶在运输途中发生危险货物泄漏、燃烧或者爆炸等情况的，应当在办理船舶载运危险货物申报手续时说明原因、已采取的控制措施和目前状况等有关情况，并于抵港后送交详细报告。

3. 定船舶、定航线、定货种的船舶可以办理定期申报手续。定期申报期限不超过30天。

(二)申报分类及需提供的相应资料

1. 出港申报

定义：船舶在某港需装载危险货物而向当地海事部门所进行的申报。

（1）需办理的单证

①《船舶载运危险货物申报单》（包装/固体散装危险货物）（简称《船报》）；

②《危险货物安全适运申报单》（包装/固体散装危险货物）（简称《货报》）。

（2）需要提供与货物相关的资料

①《危险货物安全技术说明书》；②《包装检验合格证书》；③《装货清单或积载图》；④《集装箱装运危险货物装箱证明书》；⑤《危险货物罐柜充罐安全适运声明单》；⑥海事主管部门要求提供的其他相关资料。

（3）需要提供与船舶相关的资料或证书

①《内河船舶适航证书》；②《内河船舶装运危险货物适装证书》；③《内河船舶防止油污证书》；④船舶保险；⑤海事主管部门要求提供的其他相关证书。

2. 进港申报

定义：船舶需在某港进行危险品卸载作业而向当地海事部门所进行的申报。

（1）需办理的单证是：《船报》

（2）需要提供的相关资料：

①始发港的《船报》和《货报》的传真件或复印件；

②其他需提供的资料和证书与前述出港申报相同。

3. 过境申报

船舶已载有危险货物，但该危险货物不在拟作业港口进行卸载，针对该危险货物所进行的申报，叫过境申报。

（1）需办理的单证是：《船报》

（2）需要提供的相关资料

①始发港的《船报》和《货报》的传真件或复印件；

②其他需提供的资料和证书与前述出港申报相同。

载有危险货物的船舶途经某港作业时，所进行的危险品申报可能有以下几种情况：

（1） 如只进行普通货物作业，则只需办理 “过境申报”；

（2） 如要另装危险货物，则应进行 “过境申报” 和 “出港申报”；

（3） 如只是部分危险货物卸载，则应办理 “进港申报” 和 “过境申报”；

（4） 如既要进行部分危险货物卸载又要装运危险货物，则应办理 “进港申报”、“出港申报” 和 “过境申报”。

4. 中转出港申报

中转出港申报是出港申报的一种特殊情况，一票危险货物可能因种种原因（如：航道、气候、水位和海事等）需在中途某港卸载而由他船转运，在转运港针对该票危险货物所进行的装船申报我们将它定义为“中转出港申报”。

（1）需办理的单证是：《船报》

（2）需要提供的相关资料：

①该票危险物在始发港办理的《船报》和《货报》的传真件或复印件，上一程船舶在中转港办理进港申报时的《船报》的传真件或复印件；

②其他需提供的资料和证书与前述出港申报相同。

注：各海事部门要求办理的单证或需提供的资料略有差异，请以当地海事部门要求为准。

（三）其他要求

（1）申报单证一式三份，一份海事部门留存，一份交承运船舶，一份交港口作业部门。

（2）曾装运过危险货物的空容器或运输组件，在未彻底清洗或消除危害之前仍应作为危险货物办理申报。

（3）海事部门根据船舶或代理人呈交的书面报告，对载有危险货物的船舶进出港口和装卸作业进行审批，未得到主管部门的书面批准，船舶不得进出港口或装卸作业。

五、电子申报

目前中华人民共和国海事局已开发了网上申报系统（图3-2-1），可以代替此前的纸质申报，下面对如何进入该系统做介绍。

（1）网名：中华人民共和国海事局。

（2）网址：https://www.msa.gov.cn。

（3）打开“中华人民共和国海事局”网页，点击3-2-1中的“在线办事”，在出现的网页中点击如图3-2-2所示，进入“中国海事综合服务平台”登录/注册界面，如图3-2-3所示。

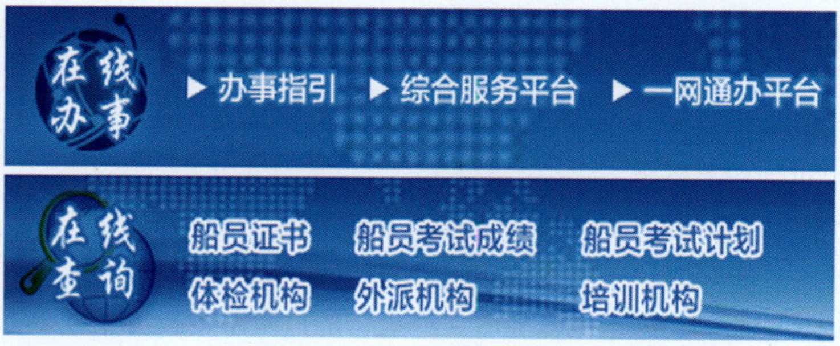

图3-2-1 中华人民共和国海事局主页部分

图3-2-2　拟进入综合服务平台界面

图3-2-3　中国海事综合服务平台登录/注册界面

（4）新用户需要先进行注册，申报员注册时选择“自然人用户”，根据界面显示内容和提示完善相应内容。

（5）网上申报操作步骤如下：

①登录进入“中国海事综合服务平台”，如图3-2-4所示：

图3-2-4　危防管理界面

②选择图3-2-4中“危防管理”下面的“海事危防申报系统”，进入后如图3-2-5所示：

图3-2-5　船载货物申报平台

③选择图3-2-5中左侧“船载货物申报平台”，其下有危险货物安全适运报告（货报）、船舶载运危险货物申报（船报）等六个分项，如图3-2-6所示：

图3-2-6　船载货物申报平台选项

④如果进行“货报”就选择图3-2-6中的“危险货物安全适运报告”——货报（包装货物）。进入后如图3-2-7所示：

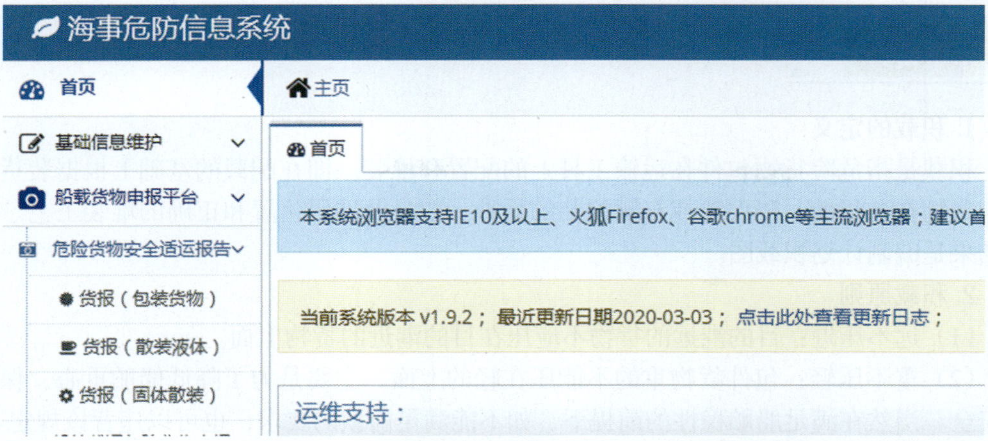

图 3-2-7 货报

⑤如果进行“船报”就选择图 3-2-6 中的“船舶载运危险货物申报”——船报（包装货物）。进入后如图 3-2-8 所示：

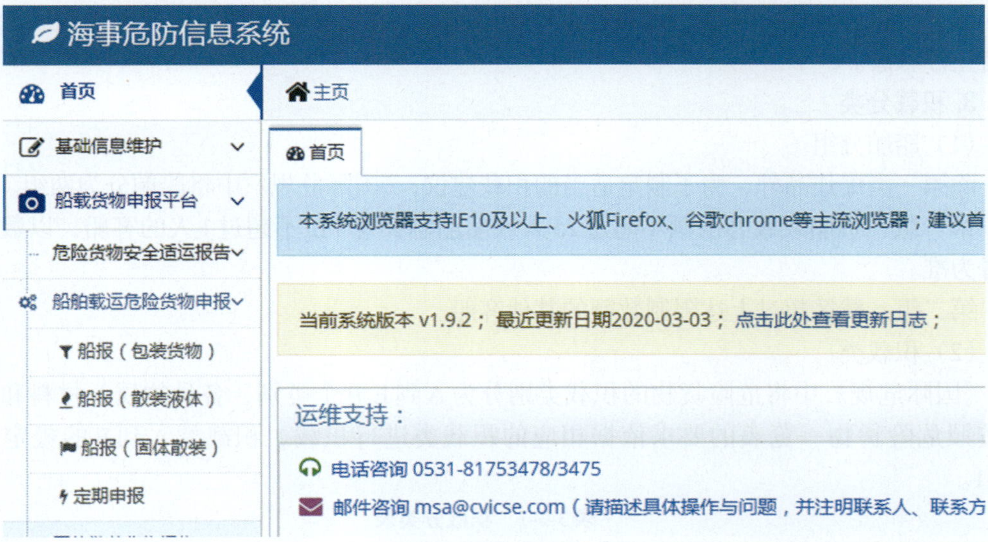

图 3-2-8 船报

⑥进入到相应的“船报”或“货报”界面后，根据其显示填写相应内容，附上相关资料和船舶证书扫描件后待海事部门审核。

⑦审核通过后，可以将申报单下载打印。

第三节 包装危险货物的积载与隔离

要点：明确积载和隔离的概念，科学合理的积载、隔离是保证船舶运输安全、货物安全的前提。危险货物虽然本身具有一定的危险性，但发生危险还需要有一定的外界条件影响，或两种性质不相容物质的混装等会引起燃烧爆炸；也可能由于通风不良、积热不散引起物质自行燃烧；也有可能来自包装破损引起货物撒漏造成中毒或腐蚀等。因此，在运输过程中需要采取良好的积载方案和隔离措施。

一、积载

1. 积载的定义

积载是指危险货物包件在运输工具上的配置和堆装。即在配载的基础上根据装货清单确定货物在各货舱、隔层舱或车辆配装的品种、数量及堆码位置和正确的堆装工艺。积载的结果是编制计划积载图。

2. 积载原则

（1）远不压近：目的港远的货物不应压在目的港近的货物上面。

（2）重不压轻：包件货物重的不能压在轻的上面，主要是为了降低船舶重心，保证操作安全。当然在满足船舶稳性的前提下，如不能满足前款的要求，也可以违背该规定。

（3）性质不相容的货物不能积载在一起。不相容是指两种物质或物品在一起时会发生化学反应而引起危险或事故，那么这两种物质或物品即被认为是不相容的。

（4）消防方法不同的货物不能积载在一起。

（5）根据各轮实际情况，做到轻重货物的前后、左右搭配合理，使船舶受载后能尽量保持正浮状态。

3. 积载分类

（1）船舶分组

除第一类爆炸品外，为了制定适当的积载建议，《国际危规》中将船舶分为两组。

第一组：货船或载客限额不超过25人或船舶总长每3 m不超过1人的客船，以数额较大者为准。

第二组：载客超过上述限制数额的其他客船。

（2）积载类

《国际危规》中将危险货物的积载类别分为A到E五个类别，各种物质、材料和物品应按照危险货物一览表的要求依据相应的积载类进行积载。积载类A到E的规定见表3-3-1。

表3-3-1　积载分类表

积载类	第一组船舶	第二组船舶
A	舱面或舱内	舱面或舱内
B	舱面或舱内	仅限舱面
C	仅限舱面	仅限舱面
D	仅限舱面	禁止装运
E	舱面或舱内	禁止装运

注：现在内河集装箱船货舱基本上没有舱盖，严格上来说不属于封闭货舱，所以都属于舱面积载。

4. 积载的一般要求

货物在船上配置、堆装，应保证船舶安全，货物完好，经济合理地使用船舶舱室，便于装卸，以及满足船舶航行所必需的技术性能。危险货物除按普通货物积载要求外，还有其特殊的要求，因此，《国际危规》提出了积载的一般要求：

（1）保证消火栓、测量管及其他类似设备和通道不受影响，并与之远离。

(2) 通常推荐的货物堆码高度为3 m。

(3) 除非得到主管机关的授权，圆桶应直立放置。

(4) 易燃易爆及受热易分解的货物，应远离热源，如机舱、加热管道、烟道等。

(5) 易挥发的有毒物质、腐蚀性物质，释放强烈麻醉性蒸汽的物质，第2类中的易燃、有毒或腐蚀性气体，积载时应远离船员生活区。

5. 各类危险品的积载要求

(1) 第1类 爆炸品

①尽可能地保持阴凉，远离一切热源、电源，包括蒸汽管道、加热盘管、配电板等，远离机舱和船员住处，且不得直接积载在这些处所的上面或下面。

②积载处所应保持干燥、清洁，不准有其他货物的粉尘和残留物。

③货物应正确地积载，绑扎牢固，防止运输中发生移动。

④船舶电气设备和电缆应具有良好的绝缘性和电缆芯线的连续性。装有本类货物的货舱内不应安装电器设备和电缆（金属铠装除外），如已安装，应切断电源。

⑤对电磁辐射源敏感的爆炸物品，其积载应与船舶报务室、收发报机、无线电天线或引入线及雷达保持一定的安全距离，其距离适当参照船舶的性质和物品的屏蔽程度而定。

⑥本类货物在舱面积载时，应具有适当防护条件，如装在货物集装箱或类似的容器中，积载位置应尽可能靠近船舶中心线，通道应保持畅通，离开船舶安全操作所必需的设备至少3 m。离开明火、机械排气口、通风烟道口、可燃物料库或其他火源至少6 m。离开驾驶台、居住处所和救生设备至少8 m。以上距离均为水平距离。

注：目前长江上的船舶基本上没有载运第1类危险品的资质。

(2) 第2类 气体（压缩气体和液化气体）

①容器应尽可能保持阴凉，其积载处所应远离一切热源和一切可能的火源，如：火花、火焰、蒸汽管道、加热盘管等。

②容器在舱面积载时，应保护容器不受热辐射的影响，包括强烈阳光照射。

③容器在舱内积载时，应积载在有机械通风的货舱内。积载易燃气体的货舱的机械通风装置应能防止产生火花。

④应采取适当措施，防止意外泄漏的气体渗入到船舶的其他地方。

⑤有的气体比空气重，有可能聚集在货舱的低处，故在积载有毒和窒息性气体时，应尽可能在舱面积载。

⑥有毒气体的积载应与食品隔离，除非这些物质与食品是分别装在不同的封闭式运输组件内。

⑦容器应平放积载，积载时应进行必要的垫隔，以防止其直接接触钢质甲板。钢瓶竖立积载时，必须成组积载并用坚实的木材制成箱或框将容器围蔽，不得倒置。

(3) 第3类 易燃液体

①本类货物在运输中应尽量保持阴凉，其积载处所应远离一切热源，包括蒸汽管道和加热盘管等。

②钢桶包装不得直接接触金属甲板或舱壁，层与层之间应用木板或相应材料加以衬垫。

③货舱应配备通风装置，并能有效地将货物处所中的易燃蒸汽排出。机械通风装置应防止产生火花。

④ 船舶电气设备和电缆应具有良好的绝缘性和电缆芯线的连续性。舱内照明应使用防爆型灯具。

⑤应采取适当措施，防止泄漏液体或蒸汽渗入到生活处所、机舱和其他工作区域。

（4）第4类 易燃固体、易自燃物质、遇水放出易燃气体的物质

①本类货物积载时应远离一切火源和热源，包括蒸汽管道、加热盘管等。

②本类易散发出与空气形成爆炸性混合物的蒸汽或粉尘的货物，应积载于通风良好的处所。

③遇湿易燃物品不能与水、酸性和碱性腐蚀品配装。

④对装有自反应物质或浸湿爆炸品的包装件应避开热辐射，包括阳光直射。

⑤载运该类危险货物的舱室，除了满足相应的隔离要求外，还应注意舱盖的密封，如加盖防水帆布等。

（5）第5类 氧化物质和有机过氧化物

①积载处所应干燥、清洁，远离一切火源、热源包括火花、火焰、蒸汽管道、加热盘管等。避免与酸类、粉末状可燃物接触。

②木质衬垫材料应清洁、干燥，并尽可能少用。

③在装运本类货物前，应注意将舱内打扫干净，清除一切可燃物。

④一切损坏或泄漏的包装件应拒绝装运。

⑤有机过氧化物只限舱面积载，并应处于阴凉和通风良好的处所使其不受阳光直射，并远离居住处所和通道。

（6）第6类 有毒和感染性物质

①对同属于易燃液体的有毒物质，应积载在机械通风处所，并尽可保持阴凉，一般情况下应“远离”一切火源、热源。

②本类货物不能与食品积载在一起。

③所有感染性物质的积载应与居住处所用一整个舱室或货舱隔离。

注：长江上绝大多数船舶没有载运6.2类的资质。

（7）第7类 放射性材料

①在正常运输条件下，运输工具外部表面任意一点的最大辐射水平不得超过2 mSv/h。在距表面2 m处不得超过0.1 mSv/h。

②本类物品不能与除毒害品外的其他危险货物配装。

③本类物品的积载应与食品“隔离”。

注：目前长江上的船舶没有运输该类危险品的资质。

（8）第8类 腐蚀性物质

①本类货物应积载在机械通风处所，保持阴凉、干燥，并远离一切火源、热源。

②积载本类货物的货舱内和甲板上不得留有氧化剂、易燃物品，以及稻草、油脂、木屑等有机物的残留物。

③同属于易燃液体的腐蚀品的积载应按易燃液体的要求进行积载。

（9）第9类 杂类危险物质或物品和环境有害物质

该类货物在积载时应根据其产品的不同特性，做出妥善安排，一般没有特别的要求。

6. 集装箱装运危险货物的积载要求

（1）充分利用集装箱船舶载货能力和船舶净载重量

在集装箱箱源充足的条件下，充分利用集装箱船的装箱容量和净载重量，提高集装箱船的箱位利用率，是提高集装箱船营运经济效益的重要途径。

当航次承运的集装箱总量较大或船舶吃水受航线水深限制时，校核航次订舱单所列的集装箱总重量与集装箱船的净载重量是否相适应，是编制集装箱船预配计划第一步中的重要内容。

（2）保证集装箱船舶具有适度的稳性

船舶稳性的在船上既看不见又摸不着，但稳性是客观存在的并且对整个船舶的安全起到至关重要的作用。集装箱船由于箱子的堆高以及箱子与箱子间可能的移动，将使船舶的初稳性高度下降。又由于集装箱船的受风面积大，在突然受风的作用下，船舶横倾将增大，其动稳性平衡容易受到破坏。因此，关注集装箱船的稳性，正确的积载是保证船舶安全很重要的一个方面。

对非国际航行海船，我国《法定规则》对集装箱船及甲板上载有集装箱的其他船舶提出两项特殊稳性要求：经自由液面修正后的初稳性高度 $GM \geq 0.30$ m；受横风作用，从静稳性曲线上求得的风压静倾角 $\theta_h \leq \min\{12°, 1/2$ 干舷甲板入水角$\}$。这就是说：集装箱船舶在横风的作用下，横倾角大于12°，船舶的（动）稳性将受到挑战，船舶将处在极端危险的局面，如图3-3-1所示。

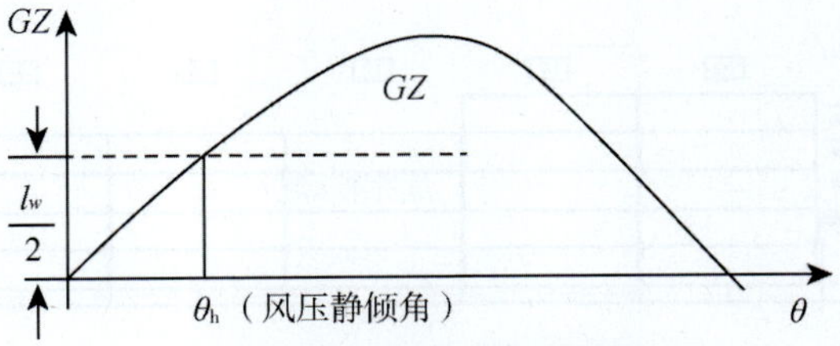

图3-3-1 集装箱船受到横风作用

掌握横风作用下静稳性曲线上的风压静倾角的实际意义。

①船舶装运集装箱，其重心高度是要升高的。因此，必须严格按照《装载手册》进行堆码，控制好装载的层数和重箱的分布并估算船舶的初稳性高度。

②为了抵消装运集装箱后，船舶重心高度升高，按规定，船舶必须进行压载，因此，开航前船长应检查船舶的压载情况。

③对船舶初稳性存在负面影响的情况不仅有自由液面还有重物的移动，因此，装载完毕后，船长应组织人员检查评估集装箱的系固情况。

（3）合理确定各类集装箱箱位

与杂货船配积载相似，集装箱船在编制配积载图时，首先应了解各停靠港的集装箱数量、平均箱重、特殊集装箱的数量以及运输要求等情况，总体上划定各停靠港集装箱在船上的装箱区域，随后按先末港后初港、先特殊后一般的原则，逐一为每一集装箱选择合适的箱位。

（4）满足集装箱装卸顺序和快速装卸的要求

集装箱船一个航次往往要挂靠多个港口，为确保船舶能按照船期准时离岸、缩减费用开支，就需要我们在集装箱的积载时考虑集装箱装卸顺序和快速装卸的因素。内河集装箱箱位分布装卸原则如图3-3-2所示。

根据船舶稳性规范的规定：集装箱船在横风作用下，从稳性曲线上求得静倾角，应不大于1/2上层连续甲板边缘入水角，且不超过12°。其实际意义是：集装箱船的受风面积大，抗风能力差，在大风中集装箱船的横倾角可能超过12°，给船舶的安全带来危胁。根据经验，长江集装箱船舶装载5层时，当风力达六级，应选择避风的安全水域扎风。

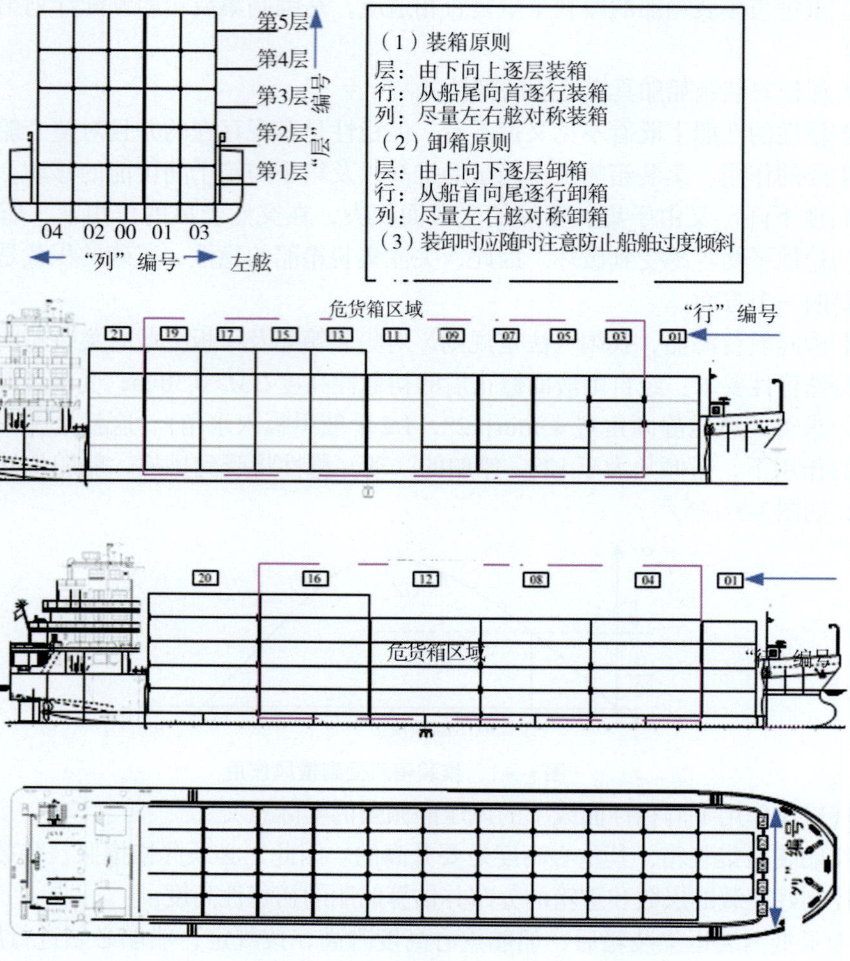

图3-3-2　内河集装箱箱位分布装卸原则

（5）集装箱配载与积载原则

①"不能超载"：不能超出全船总的载箱数量、层数和重量限制。如最大层数为5层；货箱212 TEU+空箱58 TEU（"TEU"为20 ft标准箱），或者货箱100 FEU+12 FEU；（"FEU"为40 ft标准箱）

②"下重上轻"：原则上重箱不能置于轻箱之上。

③"左右对称"：左右舷尽量按箱重对称布置。

④"隔离危货"：危货箱只能在"危货箱区域"积载，并注意隔离（详见中国船级社发布的《内河集装箱系固手册编制指南》2011版）。

⑤"编制积载图"：根据航次货运任务，编制配载计划，制作积载图。

二、隔离

1. 隔离的定义

危险货物的隔离是指根据不同危险货物的相容性或不相容性所规定的配装要求。在安排积载计划时应特别注意，严格按照《国际危规》的要求进行配装，防止与不相容的危险货物混装而造成危险。

2. 隔离的原则

（1）性质互不相容的物质应进行有效隔离。

（2）某些特殊物质与助长其危险性的物质应进行有效隔离。

（3）易燃物品与遇火可能发生爆炸的物品应进行有效隔离。

（4）性质相似，但消防方法不同的货物应进行有效隔离。

（5）性质相似，但危害性大，发生事故后不易扑救的货物应进行有效隔离。

危险货物成分复杂，种类繁多，由同一种物质构成，但含量不同而划分在不同类别的危险货物之间不需要隔离（硫化钠这种货物，因其含水量不同而分）。此外，当某种危险货物有副危险性时，如果其副危险的隔离要求比主危险要求更严，则应按照该货物的副危险进行隔离。

3. 隔离术语和隔离表

（1）《国际危规》中规定了四种隔离术语，分别用1、2、3、4这四个阿拉伯数字表示，其具体含义如下：

基准包件……………………………………………………

不相容货物包件………………………………………………

防火防液的甲板………………………………………………

注：垂直实线表示货物处所（舱室或货舱）之间的防火防液横向舱壁。

隔离1：远离。

有效地隔离从而使互不相容的物质在万一发生意外时不致相互起危险性反应，但只要水平垂直投影距离不少于3 m，仍可在同一舱室或货舱内或“舱面”上积载。

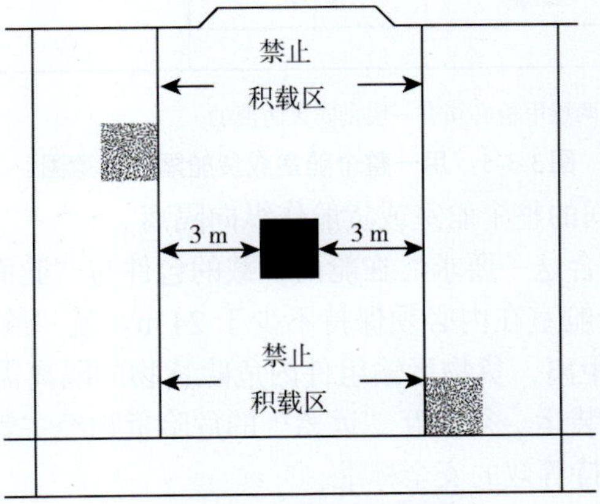

图3-3-3　远离示意图

隔离2：隔离。

在“舱内”积载时，装在不同的舱室或货舱。如中间甲板是防火防液的，垂向隔离，即在不的舱室积载，可以看成是同等效果的隔离。就舱面积载而言，这种隔离应不少 于6 m的水平距离。

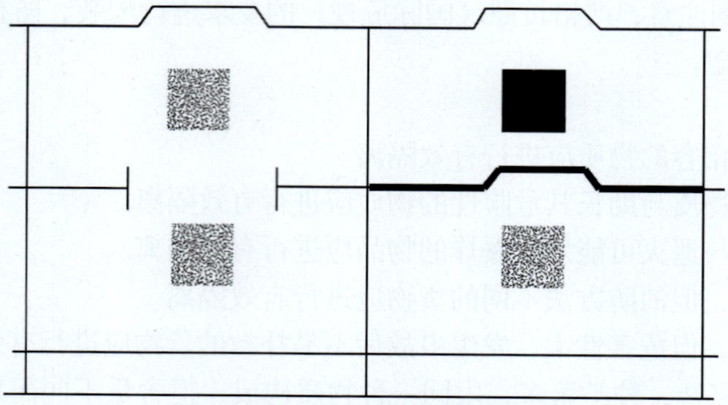

图3-3-4　隔离示意图

隔离3：用一整个舱室或货舱隔离。

垂向的或水平的隔离，如果中间甲板不是防火防液的，只能用一介于中间的整个舱室或货舱作纵向隔离。就“舱面”积载而言，这种隔离即不少于12 m的水平距离。如果一包件在“舱面”积载，而另一包件在最上层舱室积载，也要保持上述的同样距离。

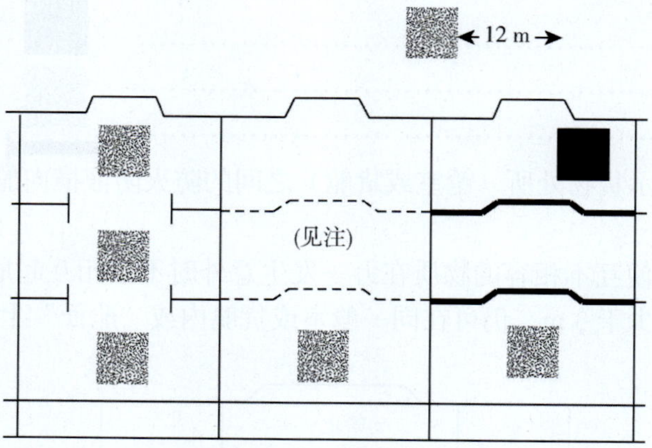

注：两层甲板必须有一层是防火防液的。

图3-3-5　用一整个舱室或货舱隔离示意图

隔离4：用一介于中间的整个舱室或货舱作纵向隔离。

单独的垂向隔离不符合这一要求。在舱内积载的包件与“舱面”积载的另一包件之间的距离包括纵向的一整个舱室在内必须保持不少于24 m。就“舱面” 积载而言，这种隔离应不少于24 m的纵向距离，货物运输组件内危险货物的隔离需相互隔离的危险货物不得在同一货物运输组件内装运。须相互“远离”的危险货物经主管机关批准，可以在同一运输组件内装运，但须坚持等效的安全标准。

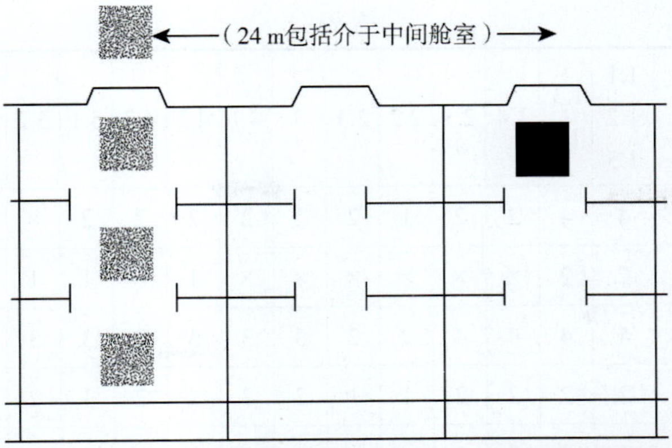

图3-3-6　用一介于中间的整个舱室或货舱作纵向隔离示意图

各隔离术语在不同的运输形式中有不同的具体含义，后面将就包件危险货物和集装箱载运危险货物做详细介绍。

（2）隔离表

表3-3-2是不同类别危险货物间一般的隔离要求，如果与危险货物一览表第16栏中的隔离要求不一致时，后者优先适用（后面“隔离要求的适用”将详细介绍）。

表3-3-2　危险货物隔离表

类别	1.1 1.2 1.5	1.3 1.6	1.4	2.1	2.2	2.3	3	4.1	4.2	4.3	5.1	5.2	6.1	6.2	7	8	9
爆炸品 1.1，1.2，1.5	*	*	*	4	2	2	4	4	4	4	4	4	2	4	2	4	×
爆炸品 1.3，1.6	*	*	*	4	2	2	4	3	3	4	4	4	2	4	2	2	×
爆炸品 1.4	*	*	*	2	1	1	2	2	2	2	2	2	×	4	2	2	×
易燃气体 2.1	4	4	2	×	×	×	2	1	2	×	2	2	×	4	2	1	×
无毒不燃气体 2.2	2	2	1	×	×	×	1	×	1	×	×	1	×	2	1	×	×
毒气体 2.3	2	2	1	×	×	×	2	×	2	×	×	2	×	2	1	×	×
燃液体 3	4	4	2	2	1	2	×	×	2	1	2	2	×	3	2	×	×
易燃固体（包括自反应物质和固体退敏爆炸品） 4.1	4	3	2	1	×	×	×	×	1	×	1	2	×	3	2	1	×
易自燃物质 4.2	4	3	2	2	1	2	2	1	×	1	2	2	1	3	2	1	×
遇水放出易燃气体的物质 4.3	4	4	2	×	×	×	1	×	1	×	2	2	×	2	2	1	×
氧化性物质（剂） 5.1	4	4	2	2	×	×	2	1	2	2	×	2	1	3	1	2	×

续表

类别	1.1 1.2 1.5	1.3 1.6	1.4	2.1	2.2	2.3	3	4.1	4.2	4.3	5.1	5.2	6.1	6.2	7	8	9
有机过氧化物 5.2	4	4	2	2	1	2	2	2	2	2	2	×	1	3	2	2	×
有毒物质 6.1	2	2	×	×	×	×	×	×	1	×	1	1	×	1	×	×	×
感染性物质 6.2	4	4	4	4	2	2	3	3	3	2	3	3	1	×	3	3	×
放射性物质 7	2	2	2	2	1	1	2	2	2	2	1	2	×	3	×	2	×
腐蚀品 8	4	2	2	1	×	×	×	1	1	1	2	2	×	3	2	×	×
杂类危险物质和物品 9	×	×	×	×	×	×	×	×	×	×	×	×	×	×	×	×	×

上表中的数码和符号代表下列术语：

①上表中的数字“1、2、3、4”所代表的意思与前面隔离术语的含义一样；

②×——隔离要求（如有）应查阅危险货物一览表；

③*——见爆炸品隔离要求。

4. 包件危险货物的隔离要求

（1）包件危险货物的隔离有两种要求：一是隔离表，二是《国际危规》中规定的特殊隔离要求。

（2）隔离要求的适用

在判定不同类别间危险货物的隔离要求时，仅查“隔离表”来判定危险货物的隔离要求是不行的。在判定不同类别危险货物的隔离要求时，应首先查危险货物一览表“积载与隔离”栏（第16栏），看是否有特殊隔离要求。如有则应按特殊隔离要求进行隔离。另外，还应注意几类特殊种类货物的隔离要求，如第1类货物之间的隔离、第4.1类与5.1类危险货物间的隔离、第7类危险货物的隔离。这些种类危险货物在《国际危规》中提出了特殊的隔离要求。其次，应查危险货物一览表“副危险”栏（第4栏），看是否有副危险性，如果有副危险且副危险的隔离比主危险更严时，则应按副危险性的要求进行隔离。当然如无特殊隔离要求和副危险性的，可按一般隔离要求进行隔离，即查阅“隔离表”。

5. 集装箱装运危险货物的隔离要求

（1）集装箱内货物的隔离要求

①性质互不相容的物质不能装在同一集装箱内；

②某些特殊物质与助长其危险性的物质不能装在同一集装箱内；

③易燃物品与遇火可能发生爆炸的物品不能装在同一集装箱内；

④性质相似，但消防方法不同的货物不能装在同一集装箱内。

（2）集装箱装运危险货物在船舶的隔离

集装箱船上货物运输组件之间的隔离要求适用于全集装箱船上集装箱的隔离，如果其他类型的船舶适当装备有能在运输中为集装箱提供永久积载的货物处所，那么，这些要求也适用于那些船舶的甲板、货舱和舱室内所积载集装箱的隔离。

表 3-3-3 集装箱载运危险货物隔离表

<table>
<tr><th rowspan="3">隔离要求</th><th colspan="3">垂直隔离</th><th colspan="7">水平隔离</th></tr>
<tr><th rowspan="2">封闭式与封闭式</th><th rowspan="2">封闭式与开敞式</th><th rowspan="2">开敞式与开敞式</th><th rowspan="2">方向</th><th colspan="2">封闭式与封闭式</th><th colspan="2">封闭式与开敞式</th><th colspan="2">开敞式与开敞式</th></tr>
<tr><th>舱面</th><th>舱内</th><th>舱面</th><th>舱内</th><th>舱面</th><th>舱内</th></tr>
<tr><td rowspan="2">1.远离</td><td rowspan="2">/</td><td rowspan="2">开敞式在封闭式上面或按开敞式与开敞式处理</td><td rowspan="6">一层甲板</td><td>纵向</td><td>/</td><td>/</td><td>/</td><td>/</td><td>一个箱位</td><td>一个箱位或一个舱壁</td></tr>
<tr><td>横向</td><td>/</td><td>/</td><td>/</td><td>/</td><td>一个箱位</td><td>一个箱位</td></tr>
<tr><td rowspan="2">2.隔离</td><td rowspan="4">一层甲板</td><td rowspan="4">按开敞式与开敞式处理</td><td>纵向</td><td>一个箱位</td><td>一个箱位或一个舱壁</td><td>一个箱位</td><td>一个箱位或一个舱壁</td><td>一个箱位</td><td>一个舱壁</td></tr>
<tr><td>横向</td><td>一个箱位</td><td>一个箱位</td><td>一个箱位</td><td>两个箱位</td><td>两个箱位</td><td>一个舱壁</td></tr>
<tr><td rowspan="2">3.用一整个舱室或货舱隔离</td><td>纵向</td><td>一个箱位</td><td>一个舱壁</td><td>一个箱位</td><td>一个舱壁</td><td>两个箱位</td><td>两个舱壁</td></tr>
<tr><td>横向</td><td>两个箱位</td><td>一个舱壁</td><td>两个箱位</td><td>一个舱壁</td><td>三个箱位</td><td>两个舱壁</td></tr>
<tr><td rowspan="2">4.用一介于中间的整个舱室或货舱 作纵向隔离</td><td colspan="3" rowspan="2">禁止</td><td>纵向</td><td>≮24m</td><td>一个舱壁且24m</td><td>≮24m</td><td>两个舱壁</td><td>≮24m</td><td>两个舱壁</td></tr>
<tr><td>横向</td><td>禁止</td><td>禁止</td><td>禁止</td><td>禁止</td><td>禁止</td><td>禁止</td></tr>
</table>

注意：①隔离要求可从表3-3-3查询；

②“一个箱位”系指纵向6 m横向2.4 m的空间；

③“舱壁”和“甲板”均应是防火防液的。

根据当前长江上常运危险货物的种类，结合表3-3-2和表3-3-3整理出集装箱(封闭式的)在舱面积载时隔离的一般要求（见表3-3-4），以供参考。

表3-3-4 长江常运各类危险货物隔离要求

类别	隔离要求
2.1	与3类、4.2类、5.1类、5.2类纵横隔离一个箱位，不能装在同一垂线上，其他无限制
2.2	无限制
2.3	与3类、4.2类、5.2类纵横隔离一个箱位，不能装在同一垂线上，其他无限制
3	与2.1类、2.3类、4.2类、5.1类、5.2类纵横隔离一个箱位，不能装在同一垂线上，其他无限制
4.1	与5.2类纵横隔离一个箱位，不能装在同一垂线上，其他无限制
4.2	与2.1类、2.3类、3类、5.1类、5.2类纵横隔离一个箱位，不能装在同一垂线上，其他无限制
4.3	与5.1类、5.2类纵横隔离一个箱位，不能装在同一垂线上，其他无限制
5.1	与2.1类、3类、4.2类、4.3类、5.2类、8类纵横隔离一个箱位，不能装在同一垂线上，其他无限制
5.2	与2.1类、2.3类、3类、4.1类、4.2类、4.3类、5.1类、8类纵横隔离一个箱位，不能装在同一垂线上，其他无限制
6.1	无限制
8	与5.1类、5.2类纵横隔离一个箱位，不能装在同一垂线上，其他无限制
9	无限制

注：①上表中未考虑其副危险性；

②因第1类、6.2类和7类长江上船舶几乎无适装资质，故未考虑其隔离要求；

③未考虑表3-3-2中“×”的隔离要求，积载时应随时查阅危险货物一览表；

④箱位是指一个20 ft标准箱位。

第四节 危险货物的装卸

要点：本节紧密结合内河运输及生产现场，介绍了包装危险货物的装拆箱和集装箱的装卸船的准备工作和注意事项，具有很强的实用性。

这里指的危险货物，主要是指包装危险货物，而内河包装危险货物的运输主要用集装箱，所以，危险货物的装卸应涉及危险货物的装箱、拆箱和装有危险货物的集装箱装船、卸船两个方面的情况。

一、包装危险货物装拆箱前的准备工作

1. 制定好本次装箱的积载方案

明确包装危险货物系固的方式，堆码的方式，衬垫的方式，并备好适合货物的系固和衬垫材料。

2. 集装箱的选择与检查

在进行集装箱货物装箱前，前期应根据所运输的货物种类、包装、性质和其运输要

求，选择合适的集装箱。

集装箱的检查

（1）外部检查：对箱子进行六面观察，检查外部是否有损伤、变形、破口等异样情况，如有即做出修理部位的标记。

（2）内部检查：对箱子的内侧进行六面观察，检查是否漏水、漏光、有无污点、水迹等。

（3）箱门检查：门的四周是否水密、门锁是否完好，箱门能否270°开启。

（4）附属件的检查：检查集装箱为固定货物的环、眼及其他附属设备是否完好，使用固定危险货物属具的材料，应注意防火要求且具有足够的安全系数和强度。

（5）清洁检查：箱子内有无残留物、异味、锈蚀和污染，箱内必须保持干燥。若不符合要求，必须重新清扫，甚至更换。

3. 包装危险货物的检查

在装箱前要对包装危险货物进行如下的检查。

（1）标志的检查：危险货物标志的规格、图案等应符合《国际危规》，标志应清晰。

（2）包装的检查：包装的型号与标记是否清晰；包装的封口针对所载货物的要求是否牢固、液密和气密；包装是否牢固和完好。

（3）容器的检查：若集装箱内装入的是中型散装容器，同样要检查容器的型号与标记是否清晰；容器应完好无泄漏。

（4）货物的检查：所装运的货物是否与运单上的货物一致。严禁将装有损伤、容器有泄漏、标记不清楚的危险货物装入箱内。

4. 备好消防器材

工作人员根据所装货物的性质，在装拆箱现场备好合适的消防器材，并严禁烟火。

5. 防护准备

工作人员根据货物的性质，在装拆箱时穿好防护服，戴好手套和工作标志牌。

6. 备好操作设备

装拆箱前都要备好适当的机械设备和辅助工属具。

二、包装危险货物装拆箱的注意事项

（1）装箱量：在货物装箱时，箱内所装货物的重量不能超过集装箱的最大净载量。

（2）装卸要求：注意包装上有无“不可倒置”“平放”“竖放”等装卸指示标志，以便正确装卸。

（3）货物密度：货物密度大于箱的单位容重的是重货，装载货物以重量计算；反之货物密度小于箱的单位容重的是轻货，装载货物以容积计算。及时区分这两种不同的情况，对提高装箱效率是很重要的。

（4）货物重心：货物的重心高度应在箱高的1/2以下，箱内负荷不得偏于一端或一侧。

（5）固定与绑扎：为了避免运输中的危险货物发生移动、倒塌、挤压，防止危险货物冲击、摩擦和泄漏，应对装箱的危险货物采取固定绑扎、填塞缓冲材料和设置隔板等措施。

危险货物在箱内系固和缓冲的主要材料有纤维索、尼龙带、胶合板、木板、木块、木棱、填补器、气袋等。

（6）混装：大多数危险货物之间是不相容的，不能将不相容的危险货物混装在同一箱内，实际装载作业中，应尽量避免把不同的危险货物混装在一个集装箱内，有些危险货物与普通货物具有相容性，可以混装在一个箱内，但应注意重件置下，轻件置上；危险货物在上，普通货物在下；危险货物装于箱门附近，以便后装先卸（实际工作执行的是两同，即：货物相同、起止港相同的两票或两票以上的货物才能拼箱）。

（7）堆装：堆装顺序应是先里后外，先下后上。包件与包件之间紧密堆装。

（8）包装危险货物如堆满了集装箱，箱门处应用木板与箱门隔开，并用木棱将木板固定。以免运输途中包装危险货物与箱门发生碰撞和摩擦以及拆箱时，打开箱门发生货物倒塌的意外事故。

（9）凡进入作业现场的水平运输机械应配备火星熄灭装置，作业完毕，及时撤离作业现场。

（10）拆、装危险货物集装箱，遇有闪电、雷雨或附近发生火灾时，应立即停止作业并关闭箱门，对箱外货物做妥善处理；雨雪天、大雾天禁止露天拆、装遇水放出易燃气体的物质集装箱。

（11）装箱完备后，要确认箱门关好，并在施封装置上贴上封志。

（12）按规定张贴好危险货物标志。

（13）在装箱完毕后，对符合《海运危险货物集装箱装箱安全技术要求》（JT 672—2006）的签署《集装箱装箱证明书》。

（14）清理好现场，对剩余的衬垫、系固材料要妥善处置。

（15）拆箱前应先检查施封是否完好。

（16）拆箱开启箱门时，应先打开一扇门，且不准在门前站立，在通风并确认无危险后，方可拆箱作业。

（17）在装拆箱中，若包装发生损坏、渗漏，应在专业人员的监督指导下，根据货物特性立即进行有效处理，做好记录，并在记录表上签字确认。

三、装有包装危险货物的集装箱装卸船的准备工作

1. 获取信息

（1）通过货主或船公司获得全部的货物资料（包括货品种类、装卸量等），确认本次即将装载的货物是否适合本船装运。

（2）通过港口获得码头的基本情况（包括泊位水深、装卸设备种类和装卸能力等），确认码头水深条件相对于本次装卸过程中以及离港时的最大吃水具有适当的安全裕度。

2. 核对信息

船舶应对装运的包装危险货物进行严格检查，核对其《集装箱装箱证明书》《危险货物安全适运申报单》《海关出入境危险货物运输包装使用鉴定结果单》，重点检查船名、航次、货物名称、数量、重量等相关资料，是否经海事主管机关盖章，是否与装船计划相符。卸船时，主要检查申报中的数量、品名与卸载的是否一致，如有不符合，应立即向调度部门报告，进行现场处理。

3. 绘制积载图

船舶根据所载包装危险货物的等级、属性、装运要求、目的港等情况，草拟积载图，

并在积载图中标明所装包装危险货物的品名、编号、种类、数量和积载位置，绘制积载图。

4. 召开航次作业会

装卸前，船长在作业会上组织全体船员了解本航次所载包装危险货物的理化性质、危险性质，以及急救、消防和泄漏应急处置措施，布置装卸作业和航行安全要求，及时公布，并在《日作业会记录簿》中做好记录备查。

5. 记录吃水

装载前，应检查船舶的浮态，船舶初始横倾角应不超过0.5°，将船舶的左右舷的艏、舯、艉吃水，记录于“航行日志”上。

6. 备好消防及防护器材

装卸包装危险货物，现场要备好与本航次货物相适应的消防及防护器材。

7. 关闭其他作业

包装危险的装卸是不能同时进行其他供水、加油和检修作业的，装卸作业前应立即关闭其他作业。

8. 关闭货舱舱底阀

9. 显示信号

白天：悬持“B”字旗一面，夜间显示红色定光环照灯一盏。

10. 其他准备工作

装卸前工作人员应穿好工作服、救生衣，戴好手套，佩戴好工作标牌；准备好装卸和系固、绑扎的工具，并做好货舱的清洁，搭好跳板和安全网。

四、装有包装危险货物的集装箱装卸船的注意事项

（1）统一指挥：码头装卸作业时，船长或其代理人应负责统一指挥和协调，并监督装载的具体实施。

（2）装卸时，船舶对所装包装危险货物的箱体、编号、铭牌、代码、铅封、危险货物标志认真检查；是否有泄漏和异味，若有异常，应停止作业，立即报告港方和调度部门，并做好检查和报告记录。

装箱实际生产现场：船舶应有3个工作人员在现场。装箱开始，船舶理货人员在舱面详细记录箱位，严格核对箱子的积载和隔离；另2个工作人员在舱内，主要是检查先期放置在货舱甲板底座孔内的“堆锥”是否正确；检查箱子底角件的锁孔是否套住“堆锥”，箱子的四角平稳。如果“堆锥”没有正确放置在底座孔内，就会使箱子的锁孔不能正确套住“堆锥”，从而影响上层箱子的堆装，埋下安全隐患，还会使货舱甲板受到损坏。所以，若不正确须立即纠正。

（3）装载货物重量应不超过船舶的额定重量。

（4）严格按照积载图装载，密切注意船舶的浮态变化，如发现船舶纵横倾加大，应立即查明原因，加以消除。其原因大致为：①风浪引起；②燃油、生活水未及时补充；③压载舱未充必要的压载水；④积载不当；⑤未均衡装卸。

（5）每列集装箱均不能超过允许的堆积负荷。

（6）装载顺序：由货舱尾向首逐行逐层装箱；卸载时，与此向反。

（7）严格按照“重不压空（轻）、远不压近、小不压大、不相容的危险品箱按规定隔离”的原则进行装载，所有包装危险货物禁止装在机舱顶部，并远离生活区和机舱。

（8）第9类以及高锰酸钾、高锰酸钠等包装危险货物原则上只能装在货舱舱口以上（即一般装在第三、四层）。

（9）载有包装危险货物的集装箱禁止装在第五层，也尽量避免装在第一层。

（10）尽可能避开高温时间装卸易燃易爆闪点较低的包装危险货物。

（11）装卸箱过程中，作业人员严格按照中国船级社《内河包装运输危险货物积载和系固手册编制指南》相关规定执行。

（12）装箱完成后，确认艏艉吃水相差不超过0.2 m，船舶横倾角不超过2°，否则应予以调整。

（13）开航前，确认所有应该安装的桥锁、绑扎带、钢丝绳等绑扎件和紧固件以及木楔，已按规定的方式正确安装，并具有合适的预紧力。

（14）开航前，按规定结合船舶的吃水进行压载，保证船舶有良好的航行性能（特别是稳性）。

五、包装危险货物装卸的特殊要求

1. 爆炸品

（1）曾装运过强酸、强碱的集装箱，在未彻底清除干净之前，严禁装入爆炸品。

（2）包装应良好，如有破损、水湿、油污、虫蛀等，则不得装入箱内。木板箱不能有钉外露。

（3）由于爆炸品对金属较为敏感，箱壁四周应用衬垫木板使货物与金属部位隔离，不能有钉子撒落在箱内。

（4）所使用的装箱工具或机械，应不致产生火花。排烟管应有消除火星的网罩，同时应降低负荷的25%使用。

（5）作业时应防日光暴晒，避免在高温下装箱。夜间应使用防爆型照明灯具。

（6）搬运时，必须轻拿轻放，不得在地上滚动物品。

（7）积载不能超过包装堆积试验的高度。雷管等极敏感的物质应装于货物的表面。

（8）爆炸品有6小类，装箱时要注意它们的配装类。

2. 气体

（1）在进行有毒或剧毒气体作业时，作业场所应备有防毒面具；在进行易燃气体作业时，应备有灭火器材。

（2）夏季作业时，要有遮阳设施，防止日光暴晒和高温下作业。

（3）所使用的工具或机械设备，应不致产生火花。严禁穿着沾有油污的工作服和使用沾有油污的手套及工具。

（4）作业时不能手持钢瓶的安全帽。严禁抛掷、碰撞滚滑。

（5）注意检查钢瓶安全帽是否拧紧，检查钢瓶的保护圈是否齐全，检测有无漏气和异味。

3. 易燃液体

（1）检查作业现场是否备好相应的灭火器材。

（2）闪点低于23 ℃的易燃液体作业现场应选在遮阳的地方，防止日光暴晒，避免在高温下作业。

（3）作业人员不得随身携带火种，夜间作业应使用防爆型照明灯具。

（4）使用机车装箱时，排烟管应有防火装置，并降低其负荷的25%使用。进行固定工作时，应使用不致产生电火花的工具，固定用的钉子不能外露。

（5）注意检查容器有无膨胀现象，焊接缝处有无渗漏渍迹，桶盖有无松动。

（6）盛装的容器不能完全装满，要考虑航行途中可能遇到高温，留有足够的膨胀余位。

4. 易燃固体

（1）有些易燃固体对撞击、摩擦较敏感，装箱时箱壁的四周应用木板或胶合板加以有效的隔离和固定。进行铲、叉作业时，要轻搬轻放，防止摩擦、撞击。

（2）对于有温度要求的货物，应按该货物的具体要求配置有温控的装置。

（3）装电石、金属钙等时，如发现容器膨胀、破裂，应更换容器，未经处理或放气前不要搬运、晃动，更不能装入箱内。

（4）有湿气或水渍及污染现象的包件，不能装入箱内。箱内潮湿的集装箱禁止使用。

5. 氧化物质和有机过氧化物

（1）所使用的集装箱内部应清洁干燥，没有油污，不得留有任何酸类、煤炭、木屑、硫化物及粉状可燃物质。

（2）认真检查包件是否完好，桶盖有无松动，关闭环是否卡紧，外表有无裂痕。

（3）作业人员应戴防护手套，必要时须戴口罩和穿防护服。

（4）忌高热的物质，作业时应有遮阳设施，防止阳光直晒。

（5）所使用的机具应与货物的性质相适应，叉、铲车的排烟管应有防火装置。

（6）有机过氧化物应在《国际危规》规定的条件下，并考虑到整个航程的情况进行装运。

（7）使用温控集装箱时，应事先检查其温控设备是否于良好状态。

6. 有毒和感染性物质

（1）作业时禁止肩扛、背负、冲撞、摔碰、翻滚，搬运要平稳，轻拿轻放，防止包装破损。

（2）搬运一般毒品时应穿工作服，戴口罩、手套；搬运会引起呼吸中毒的挥发性液体毒害品时，还应系胶质围裙，穿胶靴，戴防护眼镜和防护帽，外露皮肤应涂上防护药膏；搬运剧毒物质必须戴防毒面具。

（3）进行剧毒品作业应远离生活区，防止有毒气体或粉尘进入生活区。

（4）忌湿、晒的毒害品应避免雨、雪天作业，防止日晒。

（5）撒落在场地上的毒物，应用锯末吸干并及时清扫干净。

7. 腐蚀性物质

（1）搬运时应穿工作服、戴手套，防止皮肤接触到货物。

（2）使用玻璃或陶瓷容器等容器时，应检查封口是否完好、有无渗漏，装箱时应采取有效的紧固措施。

（3）要注意堆码不能超过积载试验允许的高度。

六、船舶积载图

（一）船舶资料信息

图3-4-1是长江常见的集装箱船舶，其主要参数如下：

船长为110 m，船宽为17.2 m，型深为5.6 m，空载吃水为0.849 m，满载吃水为4.8 m，箱位为360 TEU，5列箱位，满载重量为6 490 t，驾驶台设在前部。

图3-4-1　长江上360 TEU集装箱船

(二)航次任务

（1）航线：重庆—上海。

（2）箱量（F表示重箱，E表示空箱）：20F/122，20E/10，40F/68，40E/15，其中危品10个小箱（长寿到太仓的5.1类高锰酸钾20F/5，8类氢氧化钠20F/5），共计298 TEU，4 685 t，全是封闭式集装箱。详细配载计划见表3-4-1。

表3-4-1　梦港001轮2001E航次配载计划表

起运港		目的港		20 F	20 E	40 F	40 E	合计		备注
全称	简称	全称	简称					TEU	重量（吨）	
重庆寸滩	寸	上海外4	外4	50		10		70	1 435	
		上海外2	外2	10				10	185	
		上海外1	外1	24		23		70	1 170	
		太仓	太	28		25		78	1 320	
		南京	宁			5		10	140	
重庆长寿	长	南京	宁		10		15	40	80	
重庆长寿	长	太仓	太	10		5		20	355	5.1类20F/5，8类20F/5
合　计				122	10	68	15	298	4 685	

(三)积载图见图3-4-2

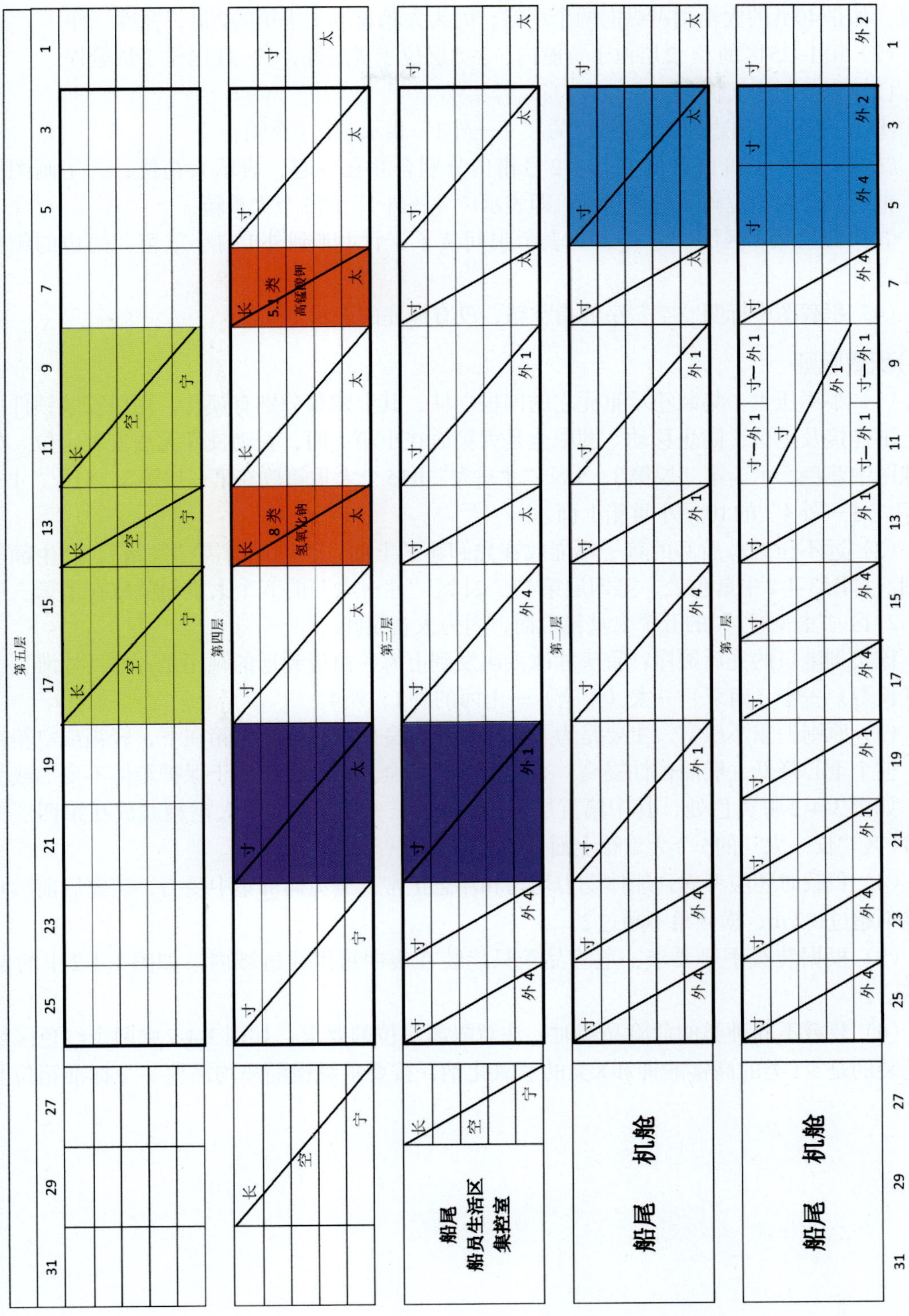

图3-4-2 梦港001轮2001E航次积载图

(四)积载图说明

(1) 图3-4-2所示积载图的每层是俯视平面图，每一小格代表一个20 ft的标准集装箱位置，如是40 ft的大箱则占纵向两个小格，因为大箱长度是小箱的2倍，宽度一样。

(2) 第1~25区的1、2层位于货舱内，3~5层位于货舱外，27~31区位于货舱外。

(3) 积载图中实例解释：

①第一层9区两边即3或4号位的“寸—外1”表示1个小重箱；

②第一层9区和11区的1、0、2号箱位分别合并在一起，表示大箱位，为了画图简便，把这三个大箱位画一对角斜线，即表示“寸—外1”的3个大重箱；

③第四层第1区的“寸—太”表示中间装了3个寸滩到外1的小重箱，两边的箱位未装。

(4) 积载图中标明“空”字的指空箱，没有标注的表示重箱。

(五)积载原则

(1) 小不压大。集装箱承重凭它的四根立柱，其上四角分别有锁孔，用以安装锁件便于上下连接及定位，防止移动。图中全是大箱放在小箱上面，否则锁件无法安装定位。如积载图中蓝色所示，第二层第3、5区“寸—太”的5个大重箱放在第一层第3、5区“寸—外2”“寸—外4”的10个小重箱上面。

(2) 远不压近。后卸的箱子不能放在先卸箱子上面，否则卸时需“翻箱”，产生额外费用。如图3-4-2中紫色处，第四层第19、21区“寸—太”的五个大重箱就放在了第三层19、21区“寸—外1”的五个大重箱上面，因为太仓先卸。

该实例港口的先后顺序：重庆寸滩港出发到上海，由近到远的顺序是：寸（寸滩）—长（长寿）—宁（南京）—太（太仓）—上海的外1、外4。

(3) 原则上重不压空，主要是为了保持船舶有良好的稳性，重箱在下，轻箱或空箱在上，整个重心降低，船舶稳性提高，有利于航行安全，另外也有利于保护箱体不变形或受损。如图3-4-2中黄色处，其中第五层9、11区“长—宁”的5个大空箱就放在第四层的9、11区“长—太”的5个大重箱上面。

(4) 积载时还应考虑到船体受力均匀和浮态正常，避免局部集中受力，装完后前后吃水差不超过0.2 m，横倾角不超过2°。

(5) 根据装载手册要求：危险品箱只能装在表中粗黑线区域内。如图3-4-2中的3~25区。

(6) 装载不同种类的危险品箱时，注意隔离箱位的要求：如图3-4-2中两个红色区域分别装的是5.1类的高锰酸钾和8类的氢氧化钠，按要求纵横隔离均需要一个标准箱位及以上。

第五节 包装危险货物的安全运输

要点：本节从安全管理和安全操作两个方面来介绍包装危险货物的安全运输，引用的相关法律、法规都是最新版本，并从管理要求和技术要求两个层面来阐述，对载运包装危险货物船公司的安全管理和船舶的安全操作都有很强的实用性。

包装危险货物的安全运输，应包括安全管理和安全操作两部分，安全管理包括营运人的安全管理和主管部门的安全监督管理；安全操作包括码头装卸货和运输途中的安全操作。

一、相关法规安全运输要求

(一)管理要求

针对集装箱载运包装危险货物，本节主要介绍2018年9月15日修订后实施的《船舶载运危险货物安全监督管理规定》和2017年3月1日修订后实施的《中华人民共和国内河交通安全管理条例》相关规定。

1.《中华人民共和国内河交通安全管理条例》有如下规定

第六条 船舶具备下列条件，方可航行：(一）经海事管理机构认可的船舶检验机构依法检验并持有合格的船舶检验证书；(二）经海事管理机构依法登记并持有船舶登记证书；(三）配备符合国务院交通主管部门规定的船员；(四）配备必要的航行资料。

第九条 船员经水上交通安全专业培训，其中客船和载运危险货物船舶的船员还应当经相应的特殊培训，并经海事管理机构考试合格，取得相应的适任证书或者其他适任证件，方可担任船员职务。严禁未取得适任证书或者其他适任证件的船员上岗。船员应当遵守职业道德，提高业务素质，严格依法履行职责。

第三十条 从事危险货物装卸的码头、泊位，必须符合国家有关安全规范要求，并征求海事管理机构的意见，经验收合格后，方可投入使用。禁止在内河运输法律、行政法规以及国务院交通主管部门规定禁止运输的危险货物。

第三十一条 载运危险货物的船舶，必须持有经海事管理机构认可的船舶检验机构依法检验并颁发的危险货物适装证书，并按照国家有关危险货物运输的规定和安全技术规范进行配载和运输。

第三十二条 船舶装卸、过驳危险货物或者载运危险货物进出港口，应当将危险货物的名称、特性、包装、装卸或者过驳的时间、地点以及进出港时间等事项，事先报告海事管理机构和港口管理机构，经其同意后，方可进行装卸、过驳作业或者进出港口；但是，定船、定线、订货的船舶可以定期报告。

第三十三条 载运危险货物的船舶，在航行、装卸或者停泊时，应当按照规定显示信号；其他船舶应当避让。

第三十四条 从事危险货物装卸的码头、泊位和载运危险货物的船舶，必须编制危险货物事故应急预案，并配备相应的应急救援设备和器材。

2.《船舶载运危险货物安全监督管理规定》有如下规定

第四条 从事危险货物运输的船舶所有人、经营人或者管理人，应当按照交通运输部有关船舶安全营运和防污染管理体系的要求建立和实施相应的体系或者制度。从事危险货物运输的船舶经营人或者管理人，应当配备专职安全管理人员。

第五条 载运危险货物的船舶应当编制安全和防污染应急预案，配备相应的应急救护、消防和人员防护等设备及器材。

第六条 载运危险货物的船舶应当经国家海事管理机构认可的船舶检验机构检验合格，取得相应的检验证书和文书，并保持良好状态。载运危险货物的船舶，其船体、构造、设备、性能和布置等方面应当符合国家船舶检验的法规、技术规范的规定；载运危险货物的国际航行船舶还应当符合有关国际公约的规定，具备相应的适航、适装条件。

第七条 载运危险货物的船舶应当按照规定安装和使用船舶自动识别系统等船载设备。船舶经营人、管理人应当加强对船舶的动态管理。

第八条 禁止通过内河封闭水域运输剧毒化学品以及国家规定禁止通过内河运输的其他危险化学品。其他内河水域禁止运输国家规定禁止通过内河运输的剧毒化学品以及其他危险化学品。禁止托运人在普通货物中夹带危险货物，或者将危险货物谎报、匿报为普通货物托运。取得相应资质的客货船或者滚装客船载运危险货物时，不得载运旅客，但按照相关规定随车押运人员和滚装车辆的司机除外。其他客船禁止载运危险货物。

第九条 船舶载运危险货物应当符合有关危险货物积载、隔离和运输的安全技术规范，并符合相应的适装证书或者证明文件的要求。船舶不得受载、承运不符合包装、积载和隔离安全技术规范的危险货物。船舶载运包装危险货物，还应当符合《国际海运危险货物规则》的要求；船舶载运B组固体散装货物，还应当符合《国际海运固体散装货物规则》的要求。

第十条 从事危险货物运输船舶的船员，应当按照规定持有特殊培训合格证，熟悉所在船舶载运危险货物安全知识和操作规程，了解所运危险货物的性质和安全预防及应急处置措施。

第十六条 拟载运危险货物的船用集装箱应当无损坏，箱内应当清洁、干燥、无污损，满足所装载货物要求。处于熏蒸状态下的船用集装箱等货物运输组件，应当符合相关积载要求，并显示熏蒸警告标牌。

第十七条 装入船用集装箱的危险货物及其包装应当保持完好，无破损、撒漏或者渗漏，并按照规定进行衬垫和加固，其积载、隔离应当符合相关安全要求。性质不相容的危险货物不得同箱装运。

第十八条 集装箱装箱现场检查员应当对船舶载运危险货物集装箱的装箱活动进行现场检查，在装箱完毕后，对符合《海运危险货物集装箱装箱安全技术要求》（JT 672—2006）的签署《集装箱装箱证明书》。

第十九条 曾载运过危险货物的空包装或者空容器，未经清洁或者采取其他措施消除危险性的，应当视作盛装危险货物的包装或者容器。

第三十九条 海事管理机构依法对船舶载运危险货物实施监督检查。海事管理机构发现船舶载运危险货物存在安全隐患的，应当责令立即消除或者限期消除隐患；有关单位和个人不立即消除或者逾期不消除的，海事管理机构可以依据法律、行政法规的规定，采取禁止其进港、离港，或者责令其停航、改航、停止作业等措施。

第四十条 船舶载运危险货物有下列情形之一的，海事管理机构应当责令当事船舶立即纠正或者限期改正：

（1）经核实申报或者报告内容与实际情况不符的；

（2）擅自在不具备作业条件的码头、泊位或者非指定水域装卸危险货物的；

（3）船舶或者其设备不符合安全、防污染要求的；

（4）危险货物的积载和隔离不符合规定的；

（5）船舶的安全、防污染措施和应急计划不符合规定的。

为了保障危险货物的安全运输，以上两个法规实际上是对载运包装危险船舶、船员、码头及货物的包装提出了装卸和运输的必须具备条件和相关要求。

(二)技术要求

针对载运包装危险货物，本节主要介绍2019年公布，2020年6月1日实施的《内河船舶法定检验技术规则》；中国船级社2011年版《内河集装箱系固手册编制指南》。

1. 内河船舶法定检验技术规则

其第六篇危险货物运输的第二章包装运输危险货物的船舶明确了船舶的技术条件，对船舶电气设备、探测系统、通风系统、人员防护、手提式灭火器等都做了的规定。

（1）电气设备

2.2.2.10 如安装的电气设备不适合在有爆炸危险的区域中使用，则应能将其关断，并应有防止未经批准的再次接通的保护。该项关断应在危险区域之外进行，且一般应采用隔离开关或锁定的开关实施。

2.2.2.14 如为船舶营运必需的危险区域使用可携电气设备，则应采用适合于该危险区域中使用的合格防爆电气设备，且除本质安全电路外，一般应自带电源。

（2）探测系统

2.2.3.2 敞口集装箱货舱应设有符合第5篇第3章要求的固定式探火和失火报警系统。

（3）通风系统

2.2.4.2 对敞口集装箱船，敞口货舱的下面部分应设置动力抽风系统，总吨小于500的敞口集装箱船，敞口货舱可设置自然通风系统。通风管应位于货舱后部，并向下延伸，吸风口距离底部高度不超过50 mm。动力抽风系统的通风量应保证每小时至少换气2次，以露天甲板以下的空舱容积为基础。

2.2.4.3 风机应能避免可燃气体与空气的混合物着火的可能性。应在通风的入口和出口处设有适当的金属丝网保护。

（4）人员的保护

2.2.6.1 载重量1 000 t及以上的货船应配备2套抗化学侵蚀的全面防护服装。防护服装应罩没全部皮肤，使身上的任何部分都受到保护。

2.2.6.2 载重量1 000 t及以上的货船应至少配备2套自给式呼吸器。

（5）手提式灭火器

2.2.7.1 装货处所应配备总容量至少为12 kg的干粉或其等效的手提式灭火器。这些灭火器应是第5篇第3章所要求的任何手提式灭火器之外的增加物。

2. 内河集装箱系固手册编制指南

《内河集装箱系固手册编制指南》的“附录1常用的系固方案”从系固的布置、系固设备选用、端部钢丝绳组合和端部绑扎带组合四个方面介绍了敞口集装箱船的正确系固方法；指南的第七章7.2规定了标准使用便携式系固设备；指南的第八章介绍了系固设备的操作规程。现将以上内容附录如下：

（1）常用系固方案

敞口集装箱船或多用途船较常用的系固布置方案如图3-5-1所示，甲板船也可参照布置。

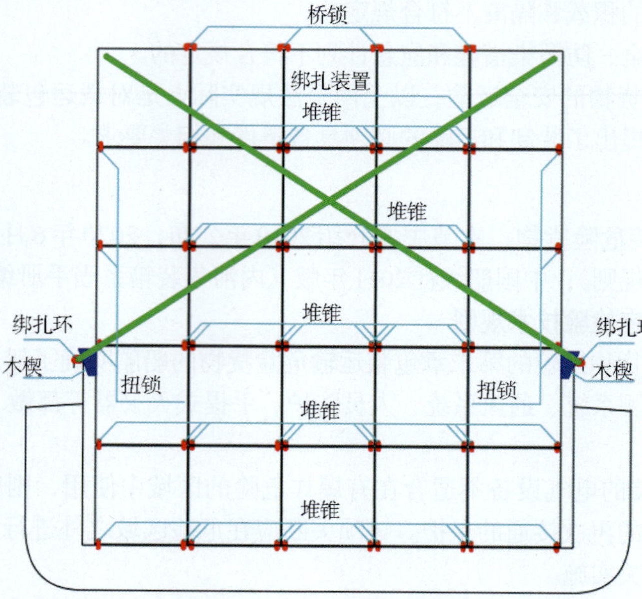

图3-5-1　集装箱系固布置图

注：①其他未标注的箱角使用堆锥连接；

②若两侧集装箱与内舱之间间隙较大，具备安装扭锁的条件，则两最外侧箱角必须使用扭锁。

（2）系固设备选用说明（表3-5-1）

表3-5-1　系固设备选用说明

位置		系固设备	常用型式
内底板		底座	埋入式
舱口以下		堆锥	双头单式
舱口以上	最外侧箱角	扭锁	双头两半拼接式
	其他	堆锥	双头单式
堆垛顶部		桥锁①	C型
堆垛端部		绑扎装置②	钢丝绳或绑扎带
舱口围板		系缚件③	绑扎环、眼板等

（3）端部钢丝绳组合（图3-5-2）

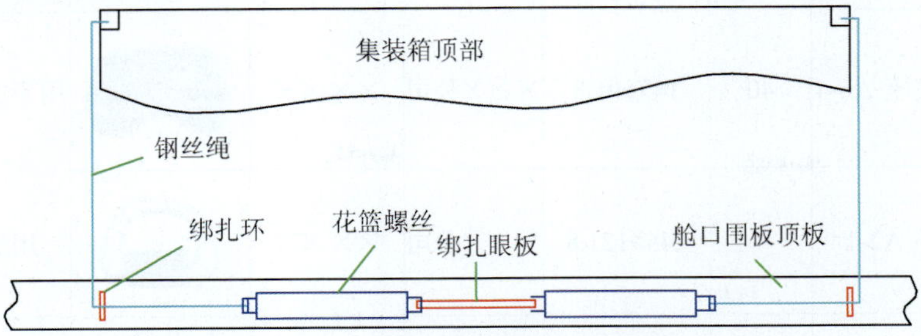

图3-5-2 集装箱顶部钢丝绳绑扎图

1）钢丝绳与花篮螺丝的连接

①钢丝节头与节式花篮螺丝：节头可间隔一定距离设置多个，以适应不同堆高。

②钢丝夹与卸扣式花篮螺丝：这种连接方式钢丝绳的有效绑扎长度可伸缩量不大，一般对不同堆高（如四层和五层）需要配备不同长度的钢丝绳。

2）钢丝绳与箱顶角的连接

①角钩：一般与钢丝绳固定连接为一体，使用时根据角钩的型式，有的是钩在集装箱端部的角孔内，有的是钩在顶部的角孔内。

②卸扣：此时钢丝绳一般预设端环，卸扣穿过端环和集装箱角孔。

③钢丝夹：此时直接将钢丝穿过集装箱的角孔，然后用钢丝夹加紧。

3）围板上对钢丝绳起转向作用的绑扎环，也可用强度相等的导向滑轮等装置代替。

4）钢丝绳的强度一定要满足绑扎力的要求，其 *SWL* 一般取破断负荷的 1/3。

（4）端部绑扎带组合（图3-5-3）

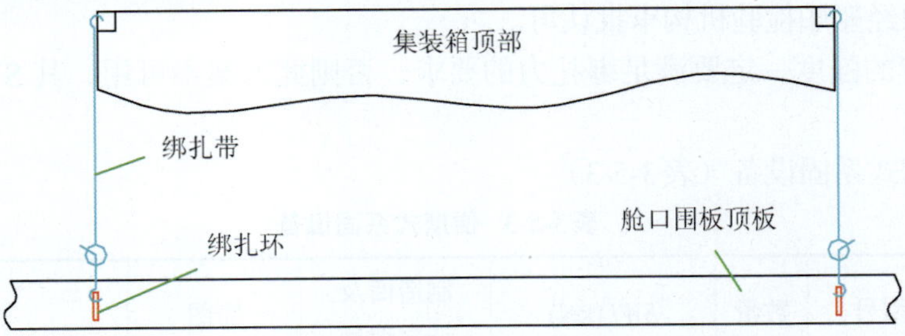

图3-5-3 集装箱顶部绑扎带绑扎图

（5）固定式系固设备（表3-5-2）

表3-5-2 固定式系固设备

代号	名称型号	数量	SWL(kN)	制造商	证书编号	简图	备注
1	埋入式底座 A6-1	6	147>91.8	×××公司	××××		用于安放堆锥和扭锁
2	埋入式底座 A6-2	6	147>91.8	×××公司	××××		用于安放堆锥和扭锁
3	埋入式底座 A6-3	18	147>91.8	×××公司	××××	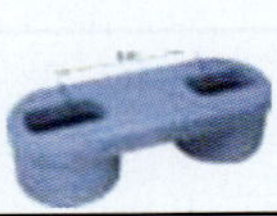	用于安放堆锥和扭锁

代号	名称型号	数量	SWL(kN)	制造商	证书编号	简图	备注
4	埋入式底座 A6-4	40	147>91.8	×××公司	××××		用于安放堆锥和扭锁
5	绑扎环 A2-1	4	245>121.8	×××公司	××××		用于钢丝绳换向
6	绑扎环 A2-1.2	20	245>121.8	×××公司	××××		用于钢丝绳换向
7	绑扎眼板 A4-2D	22	245>60.9	×××公司	××××		用于连接花篮螺丝

（6）绑扎带的构成

1）编织带：分为两段，一段较长，一段较短，其中一端带有钩头。

2）收紧器：一般与较短的那一段编织带固定连接，另一段较长的编织带可绕在收紧器上，并转动后收紧。

3）绑扎带与舱口围板的连接

①绑扎环等系缚件：可设在舱口围板的顶板，也可设在其他能承受绑扎力的位置。

②其他等效结构：该结构可作为绑扎带的系固点，且满足绑扎受力的要求，如围板水平桁，同时须经船舶检验机构审批认可。

③绑扎带的强度一定要满足绑扎力的要求，否则此方案不可用，其 SWL 一般取破断负荷的 1/3。

（7）便携式系固设备（表3-5-3）

表3-5-3　便携式系固设备

代号	名称型号	数量	*SWL*(kN)		制造商及证书编号	简图	备注
8	堆锥 E1-5-1C	966	176>91.8		××××公司 ××××××		限制水平位移 用在舱口以下或内侧
9	扭锁 F4L-36	200	拉伸	176>39.2	××××公司 ××××××		限制水平和垂向位移 最外侧舱口以上必须使用
			剪切	176>91.8			
10	桥锁 G2-1	84	50>44.5		××××公司 ××××××	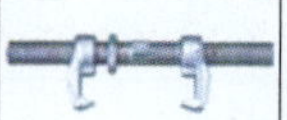	顶层箱横向锁紧
11	镀锌钢丝绳 6×37-15-170-I-甲镀-右	46	62.3>60.9		××××公司 ××××××		每根18.5 m 一端带角钩，一端带4个节头（间隔1 m）

（续表）

代号	名称型号	数量	*SWL*(kN)	制造商及证书编号	简图	备注
12	木楔	40				用于绑扎加固 安放在围板与集装箱之间，限制箱的横向移动营运证明安全有效
13	花篮螺丝	46	250>60.9	××××公司 ××××××	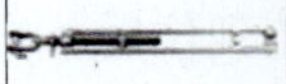	与钢丝绳的节头连接
14	绑扎带 PH-2/10	22	50>44.5	××××公司 ××××××		一般用于超高箱的顶部绑扎，以及存在空缺箱位的顶层绑扎加固

注意：①上述便携式设备所列数量中，堆锥、桥锁、钢丝绳、花篮螺丝均含5%的备用量；

②增加和更新上述设备时应具有经认可的证书，并记录在附录“系固设备更新记录簿”中；

③增加和更新的设备须与原有设备具有相同的功能，且*SWL*不低于原设备或表中所列值；

④新上船的扭锁，须与原扭锁F4L-36的手柄锁闭方向一致；

⑤木楔作为一种绑扎加固措施，不能取代任何其他系固设备的作用，其尺寸和材质如图3-5-4。

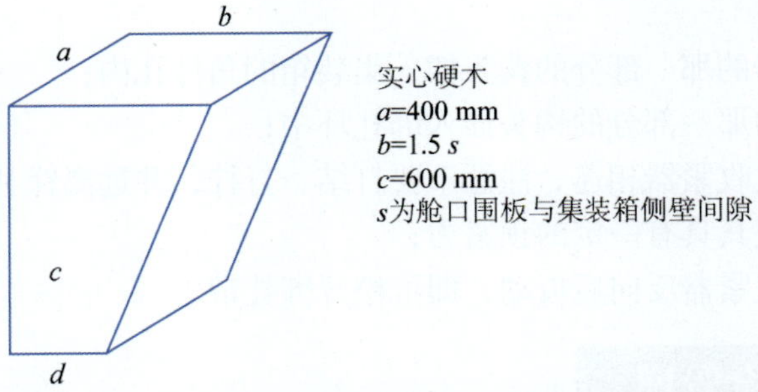

（木楔尺寸也可按实船需要制作，但其宽度*a*应不小于集装箱角柱宽度的1.5倍。）

图3-5-4　木楔尺寸图

（8）系固设备操作规程

1）一般原则

①投入使用前，仔细检查设备是否可正常使用，绝不使用有损坏而不能正常发挥功用的设备。

②用于非预定的用途时，应检查确认系固设备的功效和强度是否适用。

③便携式设备卸下后若不立即投入使用，应与备用设备一起安全存放在不易受阳光直射且不易发生锈蚀的处所。

2）扭锁（转锁）

①将扭锁放置于下层集装箱顶角件的锁孔内，并确认其处于开启状态；

②吊装上层集装箱，使其底角件的锁孔套住扭锁；

③确认扭锁的锁紧方向，并扳动手柄使其锁紧；

④卸箱时，将手柄扳回原位，使扭锁处于开启状态；
⑤上层集装箱吊离后，将扭锁取下保存。
3）堆锥
①将堆锥放置于底座内，或下层集装箱顶角件的锁孔内；
②吊装上层集装箱，使其底角件的锁孔套住堆锥；
③卸箱时，直接吊离上层集装箱；
④上层集装箱吊离后，将堆锥取下保存。
4）桥锁（桥形连接器）
①待顶层集装箱吊装到位后；
②调整桥锁的钩头到适当距离，插入横向相邻的两个集装箱的顶角件锁孔内；
③扳紧调节螺母使其具有一定的预紧力；
④卸箱时，扳动调节螺母使桥锁松动，调整钩头距离到适当位置将其取出。
5）钢丝绳
①将钢丝绳一端的角钩插入上层集装箱的角孔内，并确保不会掉落；
②将钢丝绳穿过舱口围板上的绑扎环；
③将钢丝绳另一端的节头与花篮螺丝连接；
④花篮螺丝与眼板连接；
⑤收紧花篮螺丝，使钢丝绳具备适当的预紧力；
⑥卸箱时，松开花篮螺丝和钢丝节头，取下钢丝绳另一端的角钩。
（9）绑扎带
1）将不含收紧器的那一部分的钩头插入集装箱的角件孔内；
2）将含收紧器的那一部分的钩头插入绑扎环中；
3）将两部分通过收紧器相连，注意不要打结、打拧，并远离锋利棱角；
4）扳动收紧器使其具有一定的预紧力；
5）卸货时，将收紧器反向后扳动，即可松开绑扎带。

二、营运人的安全管理

营运人安全管理应涉及五个方面：建立和实施安全管理体系；保证广义上的船舶适航；危险货物的申报管理；危险货物装卸安全管理；危险货物运输途中的安全管理。

（一）建立和实施安全管理体系

营运人根据《船舶载运危险货物安全监督管理规定》，建立和实施安全管理防污体系，编制安全和防污染应急预案，配备相应的应急救护、消防和人员防护等设备及器材，配备专职安全管理人员。

（二）保证广义上的船舶适航

广义上的船舶适航应当包括：船舶适航、货物适运、船员适任和码头适装卸。

1. 船舶适航

根据《中华人民共和国内河交通安全管理条例》《船舶载运危险货物安全监督管理规定》，载运危险货物的内河船舶，其船体、构造、设备、性能和布置等方面必须符合《内河船舶法定检验技术规则》等国家有关法律、法规、规章和技术规范的要求，具备相应的适航、适装条件，经海事管理机构认可的船舶检验机构依法检验合格后，取得相应的检验证书和文书。

载运包装危险货物的船舶应具备如下证书：

（1）船舶登记证书。

（2）船舶检验证书，包括：内河船舶适航证书、内河船舶吨位证书、内河船舶载重线证书、内河船舶防止油污证书、内河船舶防止生活污水污染证书、内河船舶防止垃圾污染证书、内河船舶防止空气污染证书等。

（3）内河船舶装运危险货物适装证书。

船舶载运包装危险货物，证书齐全，在有效期内，且满足以上条件，船舶又处于良好状态，这就表明船舶适航。

船舶处于良好的状态，不是一句空话，集装箱载运包装危险货物船舶，它的解读应涉及三个方面：一是船舶的驾驶、轮机等其他设备满足《钢质内河船舶建造规范》的要求；二是载运包装危险货物的设备满足《内河船舶法定检验技术规则》；三是装运危险货物的集装箱满足《集装箱法定检验技术规则》，且这些设备处于随时可正常使用的状态。

2.货物适运

货物适运，具体来说应有如下三个方面的要求：

（1）标志与标记

各种危险货物的性质各异，对安全运输的要求也不相同，要保障危险货物的运输安全，必须按正确的技术名称，办理相关的托运手续。船舶载运危险货物时，每个装有危险货物的包件上必须标明正确的运输名称、标志和标记，引起有关人员对其危害性的注意，并采取必要的预防措施。

（2）包装

水运危险货物的包装是保证货物质量，防止发生事故，保障运输安全的重要屏障。危险货物运输包装至少应能承受海上运输的一般风险，防止因接触雨雪、阳光、潮湿、空气和杂质而使产品变质，或发生剧烈的化学反应而造成事故；减少货物在运输过程中所受的碰撞、振动、摩擦、挤压，使其在包装的保护下处于完整和相对稳定的状态；防止因货物撒漏、挥发以及使性质相抵触的货物直接接触，而发生事故和污染运输设备、其他货物或环境；便于运输过程中的装卸、搬运和保管，做到及时运输、安全储存。

危险货物的包装应符合以下要求：

①包装的材料、种类应与所装危险货物的性质相适应；

②包装应有一定的强度，能经受水路运输的一般风险；

③包装的封口也应与所装危险货物的性质相适应；

④内外包装之间应有适当的衬垫；

⑤包装应能经受住一定范围内温、湿度的变化；

⑥装有含水或稀释物质的包装，其封闭装置应能有效地保证其所含液体（水、溶剂或稳定剂）的百分比在运输中保持在规定的范围内；盛装低沸点货物的容器，其强度应有足够的安全系数，以承受住容器内可能产生的较高的蒸汽压力；

⑦包装重量、规格和形式应便于装卸、运输和储存。

（3）积载和隔离

应根据货物的危险性与不相容性，对包装危险货物进行合理的积载和隔离，并对其进行适当的衬垫，防止危险货物在船上因船舶颠簸而发生危险。

装有危险货物的包件上标有清晰、正确的标志；包装无破损、无潮湿、封口正常、包件与货物无异常反应；积载和隔离合理，表明货物适运。

3. 船员适任

首先是船舶按照《中华人民共和国船舶最低安全配员规则》的标准配足船员。其次是驾驶部三副以上的船员应持有：（1）《船员服务簿》；（2）《内河船舶船员适任证书》；（3）《载运包装危险货物船员特殊培训合格证书》。驾驶部的普通船员应持有：（1）《船员服务簿》；（2）《载运包装危险货物船员特殊培训合格证书》。轮机部三管轮以上应持有：（1）《船员服务簿》；（2）《内河船舶船员适任证书》。轮机部普通船员应持有《船员服务簿》。以上证书均在有效期内，适任证书的类别和航线符合要求。表明该船的船员在载运包装危险货物的船舶上工作适任。

4. 码头适装卸

《中华人民共和国内河交通安全管理条例》明确规定：从事危险货物装卸的码头、泊位，必须符合国家有关安全规范要求，并征求海事管理机构的意见，经验收合格后，方可投入使用。

因此码头从事危险货物装卸，必须通过海事管理机构组织的专家综合评审，合格后取得《港口危险货物作业附证》方可进行。

船舶要装卸包装危险货物，只能在持有《港口危险货物作业附证》，具有危险品作业资质的码头进行。

（三）危险货物的申报管理（这里只做简单介绍，详细的申报流程及相关注意事项见本章第二节）

我国《船舶载运外贸危险货物申报规定》对船舶载运危险货物进港或在港口过境停泊和船舶装载出口危险货物而向海事机构填报《船舶载运危险货物申报单》提出了具体的要求。本规定尽管是针对外贸危险货物制定的，但在其第二十四条说明，“船舶载运内贸危险货物的申报，参照本规定执行”。这表明，内河船舶载运危险货物，无论是内贸还是外贸，都应遵照《申报规定》向海事机构申报。

危险货物的申报，是安全管理中的一个重要环节。在这方面，托运人、承运人各有自己的责任和义务，应分别按照规定到海事部门办理申报手续。托运人（货主）在海事部门办理的危险货物适运申报是其向承运人（船公司或船舶方）和管理部门的一种危险货物适运的承诺，承运人据此来考虑这些危险货物的装卸、载运的安全问题，海事部门则据此来实施安全监督和管理。

承运人向海事部门办理的是船舶载运危险货物申报。承运人通过申报向托运人和管理部门做出危险货物适载的承诺，也是主管部门是否批准该船进出港口和是否批准其装卸作业的依据。

需要说明的是，危险货物申报时，危险货物的品名应依据国家标准《危险货物命名原则》(GB 7694—2008)来确定。该标准规定，危险货物应以国家有关标准所确定的名称作为正式填报的名称。对无国家标准确定名称的危险货物，其正式名称原则上应按中国化学会1980年修订的《无机化学命名原则》和《有机化学命名原则》所确定的系统命名法命名，特殊情况下可采用国际或国内广泛使用，并不会引起歧义的商品名称或习惯名称作为运输中使用的正式名称。

此外，船舶载运进口或中转危险货物集装箱，申报时应提交装货港的装箱证明书，或中转箱证明书；曾装运过危险货物的空容器或运输组件，例如集装箱，在未彻底清洗或消除危害之前，仍应作为危险货物办理申报。装运因泄漏可能对水体严重污染的危险货物时，还应在申报单上注明“海洋污染物”；而运输废弃物时，则应注明“废弃物”。

(四)危险货物装卸安全管理

(1) 向船舶下达航次任务书，即配载。

(2) 审核本航次船舶积载图。

(3) 向船舶通报本航次所载运危险货物的理化特性。

(4) 现场视频监控管理。

(5) 开航前，根据船舶报告的吃水、装载情况、压载情况等，了解船舶的浮态，评估船舶的稳性，发现异常立即要求船舶纠正。

(6) 开航前，向船舶了解装有包装危险货物的集装箱实际积载和隔离情况，发现异常立即要求其纠正。

(五)危险货物运输途中的安全管理

(1) 根据《船舶载运危险货物安全监督管理规定》的要求，安装和使用船舶自动识别系统等船载设备，加强对船舶动态的管理。

(2) 每天16点要求船舶报告载运包装危险货物的情况。

(3) 指导船舶中途港装卸包装危险货物。

(4) 检查船舶针对本航次所载运的包装危险货物进行的应急演练。

三、主管机关（海事局）的安全监督管理

依据《船舶载运危险货物安全监督管理规定》，海事局依法对船舶载运危险货物实施监督管理。

船舶载运危险货物的监督管理涉及多方面的管理内容，主要是主管机关对危险货物的申报、危险货物的适运条件、船舶的适航条件和靠泊作业条件等几方面的监督管理。

1. 申报管理

海事部门对申报员、申报的内容和程序、申报受理和签证的管理。危险货物的申报主要是托运人、货主或生产厂家的申报，而船舶进出港和装卸作业的申报也是依据上述各方所提供的“危险货物安全适运申报单”，按申报规定向海事部门呈交“船舶载运危险货物申报单”。海事部门根据上述两种申报单，视情况批准船舶进出港口和装卸作业。

2. 对危险货物适运性的监督管理

海事部门对危险货物安全适运性的监督，主要是对危险货物的适运性的检查，即危险货物包装的查验。海事部门要审核所载危险货物分类是否正确，包装和标志是否符合《国际危规》的要求，申报单证是否齐全。通过审核，即证实危险货物处于适运状态，海事部门即可批准交付运输。

海事部门对危险货物集装箱适运性的监督检查主要是针对箱内危险货物的适运、衬垫加固、箱体结构和箱外标记、标牌的检查，并查验《集装箱装运危险货物装箱证明书》。

3. 对载运危险货物船舶的监督管理

船舶载运危险货物，应按规定办理申报，经海事部门批准后方可进出港口、锚泊和靠泊进行装卸作业。对于装载出口危险货物的船舶，海事部门在装卸作业前通常要针对适载状况进行检查，检查船舶是否持有适装证书，船舶及有关设备是否处于良好状况，如果船舶不是处于适载状况，海事部门则不允许进行装船作业，海事部门还会对照船舶所提供的积载图，检查船舶是否满足规定的积载、隔离要求。海事部门会监督载运危险货物的船舶进出港口和停泊期是否按规定显示信号；为保障安全，海事部门可视情况派船清道、护航；海事部门负责规范并检查危险货物船舶的靠泊作业条件；海事部门还可能定期或不定期对载运危险货物的船舶进行安全检查，发现缺陷，则要求纠正。

海事部门有权对集装箱检查员实施监督，对集装箱的装箱质量、货物适运和申报是否属实等情况有怀疑的，可实施开箱检查。

此外，根据《船舶载运危险货物安全监督管理规定》的规定，海事部门对船舶未按规定办理申报，或申报显示未持有适航、适装和防污证书，或船舶不具备安全航行、停泊、作业条件等情况可禁止其进港；该规定还指出，海事部门发现载运危险货物的船舶存在安全或污染隐患的，应责令其立即采取措施消除隐患，否则海事部门可采取责令其临时停航，停止作业，禁止进港、离港，责令驶往指定水域、强制卸载、滞留船舶等强制性措施。

4. 行政处罚

危险货物的运输和有关作业因所载货物的危险特性而应予以特别的关注，违反相关法律、法规都可能导致事故和灾难。船公司、船舶和船员必须严格执行船公司、船舶制定的安全规章制度，不得违反国家和有关主管机关制定的法律、法规。对于各种违章行为，主管机关依据《中华人民共和国内河海事行政处罚规定》等法规采取适当的行政手段进行处罚。

四、载运包装危险货物的安全操作

载运包装危险货物的安全操作应包括码头装卸包装货物的安全操作和运输途中的安全操作两部分内容。

（一）码头装卸包装货物的安全操作

码头装卸包装货物的安全操作，在本章的第四节已做了介绍，这里不再重复，重点强调以下的安全操作。

（1）装卸前认真检查固定式系固设备，有没有拉裂和损坏，如有立即进行修复或焊接处理；检查便携式固定设备数量够不够，有没有损坏，如有立即进行调换或补充。

（2）一定要关闭货舱舱底阀。

（3）在选择使用“扭锁”和“堆锥”时，按照《内河集装箱系固手册编制指南》的要求，即：舱面以上外侧3层与4层、4层与5层的箱子上下连接要选择“扭锁”（图3-5-5），不用“堆锥”（图3-5-6）。

图3-5-5 扭锁

图3-5-6 堆锥

原因是："扭锁"可以限制水平和垂向位移，而"堆锥"垂直方向无锁紧功能，仅作为箱与箱之间的连接，只有限制水平位移的功能。所以"堆锥"通常是在舱内上下箱的连接和舱底使用，舱面以上内侧的集装箱，也可以使用。如果舱面以上外侧上下箱的连接使用"堆锥"，船舶将存在较大的安全隐患，所以《内河集装箱系固手册编制指南》中规定，舱面以上外侧上下箱的连接应用"扭锁"。

（4）注意"扭锁"的安全使用，装上层集装箱，它已装入下层集装箱的角孔内，并处于开启状态，若不在正确的开启状态，上层集装箱就不能归位；反复的调装，容易出事故；当上层箱子装好后，旋转"扭锁"手柄，使其处于正确关闭状态，若不在正确的关闭状态，上下两层箱子便没有正常连接，箱子的垂向功能得不到保证，在极端环境或特殊情况下，会严重影响船舶的安全；卸箱时，又旋转"扭锁"的手柄，使其处于正确开启状态，若不在正确开启状态，当起重设备调起上层箱子时会带起下层箱子，这样是相当危险的。

注：使用时，将"扭锁"的手柄置于45°，将其装于下层集装箱顶部的角件孔内；然后将手柄向右转动至0°，此时，"扭锁"将下箱锁紧并便于上层集装箱的装载；当上层集装箱装好后，将手柄向左转动至90°。此时"扭锁"将上下箱子均锁紧。卸箱时又将手柄置于0°（此时"扭锁"仅锁紧下箱，上箱处于非锁紧状态，以便卸箱）。卸箱完毕，要取下"扭锁"，将手柄置于45°后取出（图3-5-7）。

0°　　45°　　90°

图3-5-7 扭锁使用状态图

（5）注意系固绑扎的安全操作

①第一层集装箱与船舶舱底的连接是用"底座扭锁"。使用时，将"底座扭锁"的手柄置于非锁紧状态（开启状态），将其装妥于船舱箱位的底座上，待集装箱装妥后，旋转手柄在锁紧状态（关闭状态），使集装箱与船体联结，卸箱时，又将手柄置于非锁紧状态（开启状态）。

内河集装箱船箱子与船舶舱底的连接通常是用"堆锥"，使用时将其放在船舱箱位的锁眼内，使"堆锥"与船体牢固连接，将箱子的角孔对准"堆锥"装载即可。卸箱子直接调起。

②箱子的上下连接是用"扭锁"和"堆锥"。

③箱与箱之间的纵向和横向连接是用“桥锁”。使用时，将两个锁钩分别插入两个集装箱的角件孔内，然后调节螺，把集装箱拉紧。卸箱时，松开螺母，取出“桥锁”（图3-5-8）。

图3-5-8 桥锁连接图

④集装箱装好后还需进行绑扎，内河船舶的绑扎是用绑扎钢丝绳、象脚钩和松紧螺旋扣联合在一起作为集装箱的拉紧装置。绑扎钢丝绳的一头连着象脚钩，使用时，插入集装箱角孔中，另一头通过松紧螺旋扣连接在甲板上，通过松紧螺旋扣（花篮螺丝）的调节，使绑扎拉紧牢固。在实际工作中，长江集装箱船舶使用的钢丝绳直径通常为15~17 mm，15 mm居多，每顶层使用四根钢丝绳进行绑扎。

为了使安全更有保障，象脚钩绝不能插入顶层箱子的角孔中，当装载五层时，应插入第三层箱子的角孔内，如图3-5-9、图3-5-10、图3-5-11所示。

图3-5-9 象脚钩与集装箱角件的连接

图3-5-10 象脚钩图

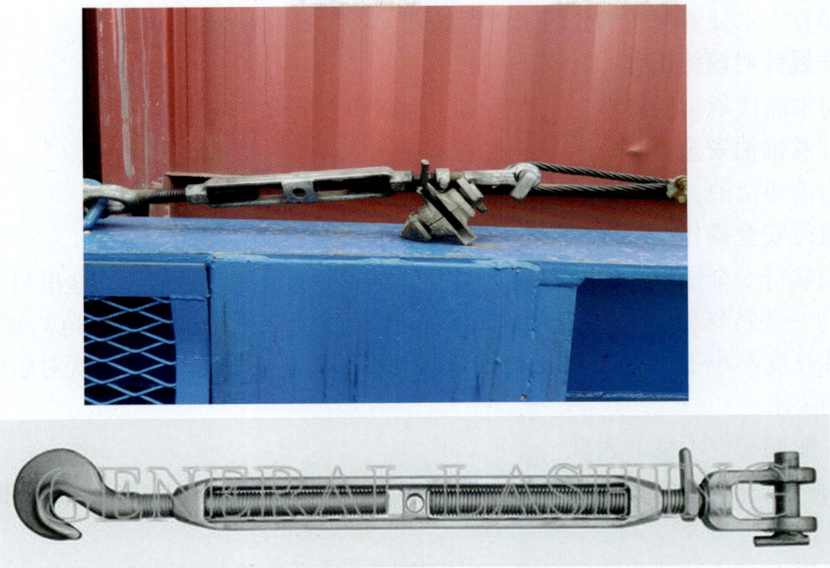

图3-5-11 松紧螺旋扣与船体的连接

另外，还应了解绑扎带和木楔的正确使用。

绑扎带：主要是用于高低箱之间的系固，通常长度在几米至十几米，根据具体情况进行集装箱之间的局部系固。

木楔：主要用于集装箱与货舱围板之间的固定，对集装箱的第三层不产生横向移动有很重要的作用，从而更好地保障上层集装箱（第四、五层）的稳定性（如图3-5-12所示）。

图3-5-12 木楔固定图

(二)运输途中的安全操作

1. 做好定时的检查工作

每天8点、16点对载运的包装危险货物进行认真的巡查，检查绑扎和系固是否有松动、集装箱是否有位移、危险货物标志是否有脱落、货物是否有溢漏以及其他异常情况，如果有，查明原因，立即进行有效的处置，并做好检查和处置的记录。

2. 处理好货舱内的积水

运输途中下雨特别是下暴雨，货舱内容易引起积水，集装箱长期浸泡，不但容易引起货物的损坏，还有可能导致危险事故的发生，应将水及时排放。排放时要检查积水中有无货物溢漏、是否有油污、是否有其他污染。如有，应将积水排入“储液舱”中，到码头后，通知有污水处置资质的公司来进行处理。

3. 开展针对演练工作

针对本航次货物的特性，组织消防、溢漏和人员救护的演习。

4. 注意锚泊安全

中途需要锚泊，船舶要选择危险货物锚地进行锚泊。

5. 航行安全操作

船舶航行安全操作有很多方面，因为包装货物是用集装箱承运，这里只介绍涉及集装箱船舶的一些特殊安全操作，为确保船舶的安全，《内河船舶稳性规范》规定在装载后，其初稳性高度不小于0.3 m，船舶受横风时，横倾角不得大于12°，这就对船舶的操作提出了更高的要求。

（1）船舶稳性不良的表现

作为一名合格的船长或驾引人员，一个重要的基本技能就是能直观地判断出船舶稳性的好与坏。

①船舶在码头装载集装箱完毕，出现横倾，通过压载，船舶又向另外一舷倾斜，较难调整船舶的平衡状态。此时，说明船舶稳性存在问题，不能盲目开航。

②当集装箱船舶掉头、操大舵角度后，船舶发生“横倾”，回舵后，船舶较长时间保持横倾状态，不能恢复到原来的平衡位置。

③集装箱船舶在航行中，稍有横向风浪或水流的影响，船舶易发生较大角度的横倾，且不易回复。

出现以上情况，说明船舶的初稳稳性高度不能满足船舶安全航行的要求，处于危险的状态中。应采取就近停航，及时与调度室联系，并重新评估船舶的稳性，找出原因，消除隐患。

（2）保证集装箱船舶稳性的安全措施

保证集装箱船舶稳性的安全措施应从三个方面来进行。一是集装箱的积载，二是船舶的压载，三是船舶操纵。

1）积载

①货物装箱

如果同种货物有同样的包装，按自然堆码；如果是同种货物不同包装或不同的货物，均应按重货在下、轻货在上的原则进行堆码。这样每个集装箱的重心不会超过箱高的1/2。需要注意的是无论怎样堆装，货物在箱内都应系固牢实。

②箱子的装船

一是严格按照积载图积载；二是严格按照《内河集装箱系固手册编制指南》的要求系固绑扎。

目前，大多数集装箱船公司，都有软件计算船舶装箱后船舶的重心高度和初稳性高度。但在实际工作中，还要考虑危险货物的隔离、中途港装卸箱及其他因素，这些因素都会引起船舶的重心高度和初稳性高度的变化。

2）压载

压载是降低船舶重心，增加初稳性高度，改善船舶航行性能的常用手段之一。

压载尽量使压载舱装满，使之不存在自由液面，一般认为液体装至舱容的95%就认为不存在自由液面，压载的效果会更好；不要因压载而使船舶产生纵横倾。

此外，压载前要考虑船舶的吃水和排水量，在吃水和排水量允许的情况下才能压载。

3）船舶操纵

驾引人员应对“船性”“水性”“人性”有充分的了解，谨慎操作，采用良好的驾引操作技术。

上行船不要“贪旺走扣”，沿回流上行时，要及时牵出船身，外挂主流、内沿沱楞夹堰水上行，“大包小”迎流上架，避免出现“里穿外”造成船舶大角度迎流，而使船舶处于“打张”的紧迫局面，迎流后又被迫急操大角度的反舵稳向。

下行船过弯曲河段，挂高取矮要适当，既要防船舶“落湾”，又要防“打枪”。一旦发生“落湾”“打枪”的紧迫局面，船舶被迫急操大角度的反舵就在所难免。

船舶掉头应早慢车，有条件的尽量把档子拉大一点，操舵后，估计即将达到预定目标，要提前回舵。

船舶在风中掉头，实际中，为了缩小回转圈，易于控制船舶，一般是逆风掉头。但要注意的是逆风掉头的初始阶段，风的作用力和惯性离心力的作用方向一致，会增大船舶的横倾。如果掉头前船舶还存在横倾角，现在又是向高舷一侧掉头，船舶的横倾将会更大，稍有操作不慎将可能导致船舶横倾加剧，使船舶处于紧迫局面，甚至有“箱子下河”的事故发生。对此，应引起高度重视。如风浪较大，船舶掉头操作时，应充分减速，拉大档子，避免操急舵大角度转向，并尽可能选择在小浪区操作。必要时切忌盲目冒险操作。

船舶在风浪中航行时，如遇横风浪，应适当改变航向，以减缓风浪的影响；如果是逆风浪航行，应慢车航行，以减缓风浪的影响。

根据惯例，长江集装箱船舶若遇六级大风时，应就近选择安全水域抛锚扎风。

第六节 集装箱装运危险货物运输流程

要点：本节简单介绍了集装箱装运危险货物的运输流程（图3-6-1）。

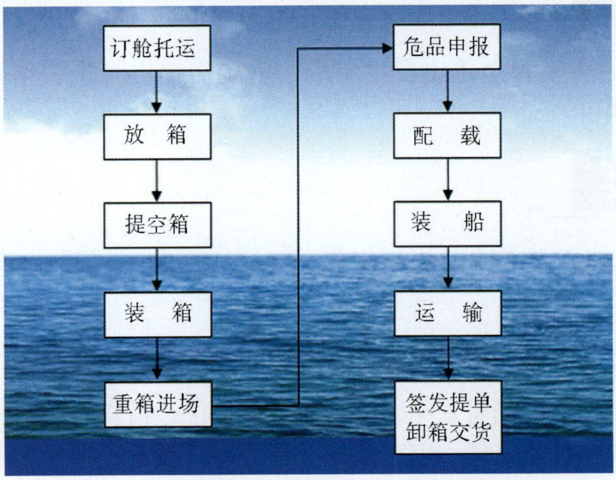

图3-6-1 集装箱装运危险货物运输流程图

集装箱运输从接单开始到运输，最后把箱送到客户指定堆场，各个环节必须衔接紧密，交清接明，做到分工配合，整个流程才能顺利完成，下面按其顺序做介绍。

一、订舱托运

根据工厂货物准备情况及客户相关要求，及时向承运商（船公司）或代理确定出运计划。订舱时要考虑到装箱时间、装箱要求及船公司的班期等情况，否则会影响如期交货。

订舱单格式各单位不完全统一，但基本内容必须有：货名、重量、提箱时间、重箱回场时间、箱型、箱量、起运港、中转港、目的港、运输条款、运费等（样本见附件3.1）。

二、放箱

根据客户订舱要求、提箱时间及箱量，向堆场发送放箱指令。放箱时一定要注意箱型、箱量、箱主及用箱单位，防止发送错误信息（放箱通知单样本见附件3.2）。

三、提空箱

如果是客户自己在集装箱堆场外装箱，需在箱主或其代理处领取《集装箱设备交接单》（出场）（一式三份），凭此单方能提箱进、出堆场。提箱时一定要仔细检查箱子状况，是否有破损，发现异常及时换箱，如果不影响装货则应在单子上注明（样本见附件3.3）。

四、装箱

装箱时，一定要注意箱内积载，满箱货、半箱货、拼箱货、危险品货物如何装，《危险货物集装箱港口作业安全规程》《海运危险货物集装箱装箱安全技术要求》对此有着明确规定。如是危险品箱，装货前、中、后拍照，装箱完毕后按规定张贴危险品标识。装箱完签发《装箱单》或《集装箱装运危险货物装箱证明书》（“装箱单”样本见附件3.4）。

五、重箱进场

场外装好货后将重箱送进出发港堆场，进场需提供《集装箱设备交接单》（进场）、《装箱单》（一式四份）。

六、危品申报

根据装好的危险品箱信息、拟配船名，提前向海事主管部门申报，手续完善后配船。

七、配载

根据实际可以出运的箱量，结合当前航道、水位、箱货周期、船舶受载情况等方面确定本航次船舶的实际装载箱量。应充分发挥船舶的最大装载率，体现最大经济效益。

配载时不能超舱超载：超舱是指超该轮的额定标准箱位；超载是指超过该轮的额定载货重量。

八、装船

根据拟定的积载图，将集装箱装在预定箱位。在装船过程中，如发现船舶浮态异常或临时箱量有变化，应及时修改积载图。

装船时，将箱号如实填写在积载图上，以便查询。装载过程中，注意核对箱号、箱型、箱量是否与计划一致，仔细检查危险品标识是否齐全完好、箱况是否良好，如有异常及时与港口或公司联系，妥善解决。

装船完毕后，按规定对集装箱进行系固绑扎。

九、运输

运输过程中，每天按期对集装箱及绑扎情况进行巡查，特别是危险品箱，根据其理化特性及注意事项对其进行检查，如箱体是否有变形、发热、冒烟、渗出液体等情况。绑扎钢丝或其他固定件是否有松动，舱底如有积水应及时排出。

十、签发提单，卸箱交货

另外，卸货提箱送箱以及到客户堆场，与装船出运前的手续及注意事项一样。

随着电子网络技术的发展，各集装箱运输公司或代理均开发了自己的办公操作系统，基本上实现了无纸化办公，如订舱、放箱、重箱回场信息及配载等信息，均通过内部网络操作系统或邮件信函处理。

附件3.1

内贸集装箱托运委托书

托单编号：________

船名/航次：　　　　配载日期：________运单编号：________

运输方式：□门到门□门到堆场　　□堆场到门　　□堆场到堆场

装箱地点：________装箱时间：________

装货港：________卸货港：________最终目的地：________

托运人：（全称）________联系人：________

地址及电话：________

收货人：（全称）________联系人：________

地址及电话：________

按装箱单记载为准					
货物名	箱型及箱量	货物件数及箱数	毛重（吨）	体积（立方米）	包装及标志

合计：

<table>
<tr><td rowspan="2">种类</td><td rowspan="2">□普通　□冷藏　□危险品
□活动物　□其他</td><td>危险品</td><td>类别</td><td>等级</td><td>备注</td></tr>
<tr><td>冷藏箱</td><td>温度</td><td>F</td><td>备注</td></tr>
</table>

<table>
<tr><td>托运人声明</td><td>（1）代办保险
货价：________元人民币
险种：□基本险　□综合险　费率：____
（2）装船期限
（3）可否分批
（4）有效期
（5）放货方式　a. 正本提单提货　b. 电放</td><td>受托人备注</td><td></td></tr>
</table>

20F：________　其他杂费：（1）________

40F：________　（2）________

运费总额（大写）________

付款方式: (1)预付 □　(2)到付 □　(3)公司结算 □

声明:(1)委托人保证遵守承运人与托运人、收货人之间的权利、义务和责任界限适用于《水路集装箱货物运输规则》《水路货物运输规则》及运杂费的有关规定。

(2)委托人签署本委托书时已视受委托人及其代理人，并委托受托人代签运单及办长江运输、公路运输，码头操作及费用结算；全部运杂费在接受正本运单时一次付清。

(3)货物名、箱型箱数、件数、体积、包装标志以装箱单为准。

(4)箱内货物重量22吨/20，26吨/40；因超重引起责任由托运人承担，并承担由此造成的承运人的损失。

托运人（签章）：　　　　承运人（签章）：

日期：　　　　日期：

附件3.2

重庆*****物流有限公司			
集装箱放箱通知单			
业务部经办人: 电话: 传真: 日期:			
委托人:		发货人:	
货 名:		箱 主:	
装货联系人:		目的港:	
提单号:		进仓编号:	
客户自编号:		箱型箱量:	
外销发票号:			
江船起始港:			
其他要求:			
箱号:			
注意事项			
1.请按此通知单提箱、放箱，如有变动，请书面确认回传。			
2.请按计划厂装，如因贵司原因导致厂装时间延误而产生的空箱堆存费，由贵司承担。			
3.若自行安排厂装，请提箱人提箱时确认箱体是否完好，提箱出场后如发现箱体损坏，责任及产生的相关费用由提箱人承担。			
4.重箱进港后，请及时安排发运计划，若超过三天未装船发运，我司将按港口规定收取重箱堆存费。另将按海船公司的收费标准和要求，代其征收滞箱费。			

附件3.3

集装箱设备交接单

EQUIPMENT INTERCHANGE RECEIPT

□场

日期（DATE）：　　　　　　　　　　　　　　　　　　0016582

<table>
<tr><td colspan="4">用箱人/运箱人（CONTAINER USER/HAULIER）</td><td colspan="2">提箱地（PLACE OF DELIVERY）</td></tr>
<tr><td>箱号
CONTAINER No.</td><td colspan="2">尺寸/类
SIZE/TYPE</td><td>铅封号 SEAL No.</td><td colspan="2">船名/航次（VESSEL/VOYAGE No.）
营运人（CNTR OPTR）
提单号（B/L No.）
免费期限（FREE TIME PERIOD）</td></tr>
<tr><td colspan="2">出场时间（TIME OUT）</td><td colspan="2">出场目的/状态 (PPS OF GATE-OUT/STAUS)</td><td>返场时间
（TIME IN）</td><td>返场目的/状态（PPS OF GATE-IN /STATUS）</td></tr>
<tr><td colspan="2"></td><td colspan="2"></td><td></td><td></td></tr>
<tr><td colspan="6">出场检查记录（INSPECTION AT THE TIME OF INTERCHANGE）</td></tr>
<tr><td>普通箱（GP CONTAINER）</td><td colspan="2">冷藏箱（RF CONTAINER）</td><td colspan="2">特种箱（SP CONTAINER）</td><td>发电机（GEN SET）</td></tr>
<tr><td>□ 正常
□ 异常</td><td colspan="2">□ 正常
□ 异常</td><td colspan="2">□ 正常
□ 异常</td><td>□ 正常
□ 异常</td></tr>
<tr><td colspan="6">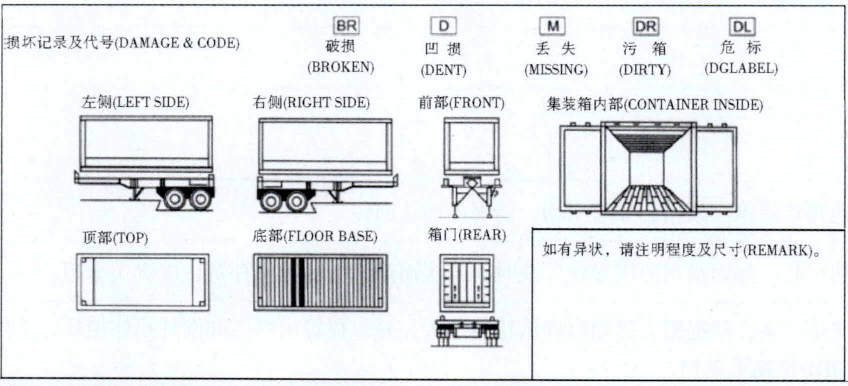</td></tr>
<tr><td colspan="6">除列明者外，集装箱及设备交接是完好无损，铅封完好无损。</td></tr>
</table>

用箱人/运箱人签（CONTAINER USER/HAULIERS'S SIGNATURE）　　箱管员签（CONTAINER MANAGER'S SIGNATURE）　　场站值班签（CLERK'S SIGNATURE）

附件3.4

CONTAINER LOAD PLAN

装 箱 单

重庆***物流有限公司

码头联

Reefer Temperature Reouired 冷藏温度 ℃ ℉			
Class 等级	IMDG Page 危规页码	UN NO. 联合国编号	Flashpoint 闪点

Ship's Name/Voy No.船名/航次	Port of Loading 装港	Port of Discharge 卸港	Place of Delivery 交货地	SHIPPER's/PACKER's DECLARATIONS We hereby declare that the container has been thoroughly cleaned without any evidence of cargoes of previous shipment prior to vanning and cargoes has been properly stuffed and		
Container No.箱号	Bill of Lading No. 提单号	Packages & Packing 件数与包装	Gross Weight 毛重	Measurements 尺码	Description of Goods 货名	Marks & Numbers 唛头

Seal No. 封号	
cont. Size 箱型 20′ 40′ 45′	cont . Type 箱类 GP=普通箱 TK=油罐箱 RF=冷藏箱 PF=平板箱 OT=开顶箱 HC=高箱 FR=框架箱 HT=挂衣箱
ISO Code For Container Size/Type 箱型/箱类 ISO 标准代码	
Packer's Name/Address 装箱人名称/地址 TEL NO. 电话号码	

Packing Date.装箱日期	Received By Drayman 驾驶员签收及车号	Total Packages 总件数	Total Cargo Wt 总货重	Total Meas 总尺码	Remarks:备注
Packed BY:装箱人签名	Received By Terminals/Date of Receipt 码头收箱签收和收箱日期		Cont. Tare Wt 集装箱皮重	Cgo/Con.Total Wt 货/箱总重量	

装运包装危险货物集装箱装船实操训练

<table>
<tr><td colspan="2">教学项目</td><td>集装箱的装船</td><td>教学
形式</td><td>实操
训练</td><td>教学学时</td><td>2学时</td></tr>
<tr><td colspan="2">教学目标</td><td colspan="5">掌握装箱的实际操作及流程；会读积载图</td></tr>
<tr><td colspan="2">教学内容</td><td colspan="5">箱子的装船、积载、隔离</td></tr>
<tr><td colspan="2">教学重点和难点</td><td colspan="5">重点：箱子的装船、积载、隔离
难点：积载、隔离</td></tr>
<tr><td colspan="2">教具准备</td><td colspan="5">实操训练场的教具：船模、箱子模型（装危险货的涂红色）</td></tr>
<tr><td colspan="2">教学场所</td><td colspan="5">实操训练场所或生产现场</td></tr>
<tr><td>时间(min)</td><td>教学过程</td><td colspan="4">教 学 内 容</td><td>教学方法</td></tr>
<tr><td>5</td><td>引言</td><td colspan="4">1.本实训课的教学目标、内容等
2.结合装箱的流程讲述工作现场（有条件的用录制视频讲)</td><td>讲授</td></tr>
<tr><td>10</td><td>示范讲解</td><td colspan="4">1.积载图的绘制。
2.结合教材的图片或视频讲解装箱的过程。
3.重庆港出发，到武汉20F/50（其中危险品5.1的高锰酸钾20F/10, 6.1类的氯化钡20F/10)，20E/20，40F/10；重庆到太仓20F/10（5.1类的高锰酸钾)，40F/20；重庆到上海20F/85，40F/50。合计325 TEU。(按照小不压大、重不压轻和远不压近的原则，结合危险货物的隔离和良好的航行性能绘制积载图）</td><td>示范</td></tr>
<tr><td>30</td><td>学员练习
教师督促
指导</td><td colspan="4">1.学员进行积载图的绘制和模型装箱的实操练习
2.实操教师通过观察和指导，纠正学员存在的不足</td><td>练习</td></tr>
<tr><td>40</td><td>反复练习</td><td colspan="4">学员根据实操教师的指导，反复练习，直至能够独立掌握操作要领</td><td>训练与复习</td></tr>
<tr><td>5</td><td>总结讲评</td><td colspan="4">对学员的训练情况进行讲评，包括：学员哪些做得好，哪些做得不好，应注意什么问题，如何进行改进</td><td>讲授</td></tr>
</table>

装运包装危险货物集装箱系固与绑扎实操训练

教学项目	集装箱的系固与绑扎	教学形式	实操训练	教学学时	2学时
教学目标	掌握集装箱的系固和绑扎的操作要领				
教学内容	集装箱的系固和绑扎				
教学重点和难点	重点：各便携式固定设备配合固定式固定设备的使用 难点："扭锁"的使用，"象脚钩"挂取和"花篮螺丝"的松紧				
教具准备	实操训练场的教具："花篮螺丝""扭锁""堆锥" "象脚钩""桥锁""木楔""绑扎带""箱子角孔""底痤"等				
教学场所	实操训练场所或生产现场				

时间(min)	教学过程	教 学 内 容	教学方法
5	引言	1.本实训课的教学目标、内容等 2.介绍生产现场系固和绑扎情况（有条件的用录制视频讲）	讲授
10	示范讲解	1."扭锁""堆锥""桥锁"和"象脚钩"的装和取 2."绑扎带"的绑扎 3."木楔"的正确使用 4."花篮螺丝"的松紧操作	示范
30	学员练习教师督促指导	1.学员对各系固设备的实操练习 2.实操教师通过观察和指导，纠正学员存在的不足	练习
40	反复练习	学员根据实操教师的指导，反复练习，直至能够独立掌握操作要领	训练与复习
5	总结讲评	对学员的训练情况进行讲评，包括：学员哪些做得好，哪些做得不好，应注意什么问题，如何进行改进	讲授

思考题

1. 危险货物必须满足哪些条件才能运输？
2. 本教材中引用的法规规定在内河及其封闭禁运的危险化学品有哪些？
3. 办理危险品申报需要哪些单证和附件资料？
4. 申报的时限有哪些规定？
5. 积载原则有哪些？
6. 积载时为何小箱不能压大箱？
7. 积载时为何目的地远的不能压近的？
8. 内河装运危险货物的主要方式有哪些？
9. 隔离1和隔离2的含义？
10. 集装箱船舶经自由液面修正后的初稳性高度值应大于多少？受横风作用，其横倾角不应大于多少度？
11. 包装危险货物装拆箱的注意事项有哪些？
12. 装有包装危险货物的集装箱装卸船的准备工作有哪些？
13. 载运包装危险货物的集装箱船舶在运输途中为什么一定要处理好货舱内的积水？
14. 扭锁主要用在哪些地方？
15. 广义的船舶适航的要求有哪些？

第四章

包装危险货物事故的应急处置

第一节 包装危险货物事故的应急处置

本节介绍了制定应急预案的目的、依据和种类。结合相关法律、法规的要求和生产实际，重点介绍了载运包装危险货物的船舶发生火灾、溢漏和人员伤害的应急处置。针对性强、实用性强。

一、船舶应急预案

(一)船舶制定应急预案的目的和政策依据

1. 目的

为了有效应对生产经营过程中的生产安全事故，迅速控制事态发展，保障人命安全，最大限度地减少财产损失、环境污染和社会影响，根据国家、行业有关法律、法规，并结合生产经营实际，制定船舶应急预案。

2. 依据

交通运输部制定的《船舶载运危险货物安全监督管理规定》(2018年版)中第四条、第五条规定如下：

从事危险货物运输的船舶所有人、经营人或者管理人，应当按照交通运输部有关船舶安全营运和防污染管理体系的要求建立和实施相应的体系或者制度。从事危险货物运输的船舶经营人或者管理人，应当配备专职安全管理人员。

载运危险货物的船舶应当编制安全和防污染应急预案，配备相应的应急救护、消防和人员防护等设备及器材。

规定明确了载运危险货物的船公司要建立安全管理体系，船舶要编制安全和防污应急预案。

编制船舶应急预案的政策依据还有：《中华人民共和国安全生产法》《中华人民共和国消防法》《中华人民共和国内河交通安全管理条例》《水路交通突发公共事件应急预案》《生产经营单位生产安全事故应急预案编制导则》以及行业和船公司的相关规定。

(二)船舶应急预案的种类

载运包装危险货物的船舶基本的应急预案有：

(1）船舶“消防”应急预案（含货舱失火）；(2）集装箱/货船发生“包装危险品泄漏”应急预案；(3)“人员伤亡”应急预案（含化学品中毒）；(4）船舶发生“溢油污染”应急预案；(5）船舶发生“人落水/救生”应急预案；(6）船舶发生“触礁与触损/进水”应急预案；(7）船舶发生“主机失灵”应急预案；(8）船舶发生“舵机失灵”应急预案；(9）船舶发生“全船失电”应急预案；(10）船舶发生“搁浅”应急预案；(11）船舶发生“碰撞”应急预案；(12）船舶发生“走锚”应急预案；(13）船舶发生“浪损”应急预案；(14）船舶“突遇浓雾”应急预案；(15）船舶遭遇“台风袭击”应急预案；(16）船舶遭遇“山洪暴发/洪峰/滑坡”应急预案；(17）集装箱/货船发生“货物移动”应急预案；(18）船舶发生“保安事件”应急预案；(19）船舶发生“食物中毒”应急预案；(20）船舶发生“疫情”应急预案；(21）船舶“弃船”应急预案。

(三)几种预案的说明

载运包装危险货物的船舶在制定“货舱失火”“包装危险品泄漏 ”“化学品人员中毒”的预案时，应参阅《国际危规》2018版的补充本中《船舶载运危险货物应急反应措施（EMS指南）》和《危险货物事故医疗急救指南（MFAG）》，在具体的施救过程中应依照所载危险品的《危险化学品安全技术说明书》或在EMS指南、MFAG指南指导下按照应急预案进行。

需要指出的是：船舶载运包装危险货物，都应事先通过《危险化学品安全技术说明书》或EMS指南和MFAG指南了解所载货物的危险性质和应急措施等，做到心中有数，不要事先粗心大意，等到事故发生后，在争分夺秒的危急时刻再来查阅有关资料，寻找相应措施。那很有可能使事故扩大，甚至给国家和人民财产造成不可挽回的损失。

还需要强调的是：EMS指南和MFAG指南只是对船舶载运危险货物发生火灾、溢漏事故和人员中毒事故时应采取的具体措施及指导性建议，它不涉及人员的分工和组织，EMS指南和MFAG指南的使用必须与船舶防火、防污和人员伤害应急计划有机地结合起来。那种认为有了EMS指南、MFAG指南船舶发生火灾、溢漏和人员伤害事故就有万全之策的想法是极端错误的。

还需要说明的是：在具体的运输过程中，船公司根据自己的规模和实际情况，有的制定的是应急预案，有的制定的应急须知，还有的制定的应急措施等。无论预案还是须知或者措施，它们的目的和作用都是一样的。详见附件4.1、4.2、4.3。

二、火灾的应急处置

做为一名在载运包装危险货物船舶上工作的船员，对火灾的有效应急处置，必须具备四个方面的素质或能力：一是灭火的基本常识；二是失火的危险货物的理化特性及灭火措施；三是本船消防设备的设置及使用；四是本人在火灾的应急处置中的职责。

(一)灭火的基本常识

1. 火的分类

我国根据国际海事组织所采用的欧洲共同体的分类方法，把火灾分为甲、乙、丙、丁四大类。

甲类火：普通可燃固体着火称为甲类火（A类火、一类火），如木材、棉花、绳索、衣物和煤炭等。其特点是不仅在物体表面燃烧，而且还可能燃及其内部，故应注意防止熄灭之后的复燃。这类火灾的灭火剂主要是水。

乙类火：可燃液体和可溶固体着火称为乙类火（B类火、二类火），如石油、油漆、酒精、动植物油脂等。其特点是燃烧速度快、升温高，一旦着火，这类物质受热加剧蒸发，并可能导致爆炸。这类火灾的最佳灭火剂为泡沫。

丙类火：可燃气体着火称为丙类火（C类火、三类火），这类火灾易燃易爆性极大，爆炸性大于乙类火，宜采用干粉灭火剂，封闭舱室内可采用卤代烃和二氧化碳。

丁类火：可燃金属着火称为丁类火（D类火、四类火），其特点是燃烧速度快、燃烧温度高。此类火灾忌用水灭火，而宜采用7150特殊干粉灭火剂，还可用黄沙扑救。

船舶火灾常因电器短路等原因所致，电器失火并未专门另列一类，其灭火原则是首先切断电源，断电后一般按甲类火扑救，如无法及时断电，则应采用不导电的卤代烃、干粉和二氧化碳等灭火剂加以扑救。

需要说明的是表4-1-1中所列的卤代烷尽管具有良好的灭火效果，特别在液体火灾和电器火灾中能发挥独特的作用，但出于它们中的大多数会消耗大气中的臭氧而将被淘汰。国际海事组织推荐的七氟丙烷则无破坏臭氧层的特点，我国也在生产使用这种新型灭火剂的消防器材。

2. 各种灭火剂适用范围

各种灭火剂适用范围详见表4-1-1。

表4-1-1　各种灭火剂适用范围

灭火剂			木材等一般火灾	可燃液体火灾：非水溶性	可燃液体火灾：水溶性	带电设备火灾	金属火灾	液化气体火灾
液体	水	直流	○	×	×	×	×	△
		喷雾	○	△	○	○	×	△
	水溶液	直流（加强化剂）	○	×	×	×	×	×
		喷雾（加强化剂）	○	○	○	×	×	×
		水加表面活性剂	○	△	△	×	×	×
		水加增粘剂	○	×	×	×	×	×
		水胶	○	×	×	×	×	×
		酸碱灭火剂	○	×	×	×	×	×
	泡沫	化学泡沫	○	○	△	×	×	×
		蛋白泡沫	○	○	×	×	×	×
		氟蛋白泡沫	○	○	×	×	×	×
		水成膜泡沫（轻水）	○	○	×	×	×	×
		合成泡沫	○	○	×	×	×	×
		抗溶泡沫	○	△	○	×	×	×
		高、中倍数泡沫	○	○	×	×	×	×
		特殊液体（7150灭火剂）	×	×	×	×	○	×
气体	卤代烷	二氟二溴甲烷（1202）	△	○	○	○	×	×
		四氟二溴乙烷（2402）	△	○	○	○	×	×
		二氟一氯一溴甲烷(1211)	△	○	○	○	×	×
		三氟一溴甲烷（1301）	△	○	○	○	×	×
	不燃气体	二氧化碳	△	○	○	○	×	×
		氮气	△	○	○	○	×	×
固体	干粉	钠盐、甲盐干粉	△	○	○	○	○	○
		磷酸盐干粉	○	○	○	○	×	○
		金属火灾用干粉	×	×	×	×	○	×
烟雾灭火剂			×	○	×	×	×	△

表中：○—— 适用；△—— 一般不用；×—— 不适用。

3. 几种常用的灭火器介绍

（1）泡沫灭火器

原理：泡沫灭火器内有两个容器，分别盛放两种液体，它们是硫酸铝和碳酸氢钠溶液，两种溶液互不接触，不发生任何化学反应。当需要泡沫灭火器时，把灭火器倒立（平时千万不能倒置泡沫灭火器），两种溶液混合在一起，就会产生大量的二氧化碳气体：除了两种反应物外，灭火器中还加入了一些发泡剂。打开开关，泡沫从灭火器中喷出，覆盖在燃烧物品上，使燃着的物质与空气隔离，并降低温度，达到灭火的目的。

用途：

①适用于扑救一般火灾，比如油制品、油脂等无法用水来施救的火灾。

②不能扑救火灾中的水溶性可燃、易燃液体的火灾，如醇、酯、醚、酮等物质火灾。

③泡沫灭火器不可用于扑灭带电设备的火灾。

使用方法的图4-1-1所示。

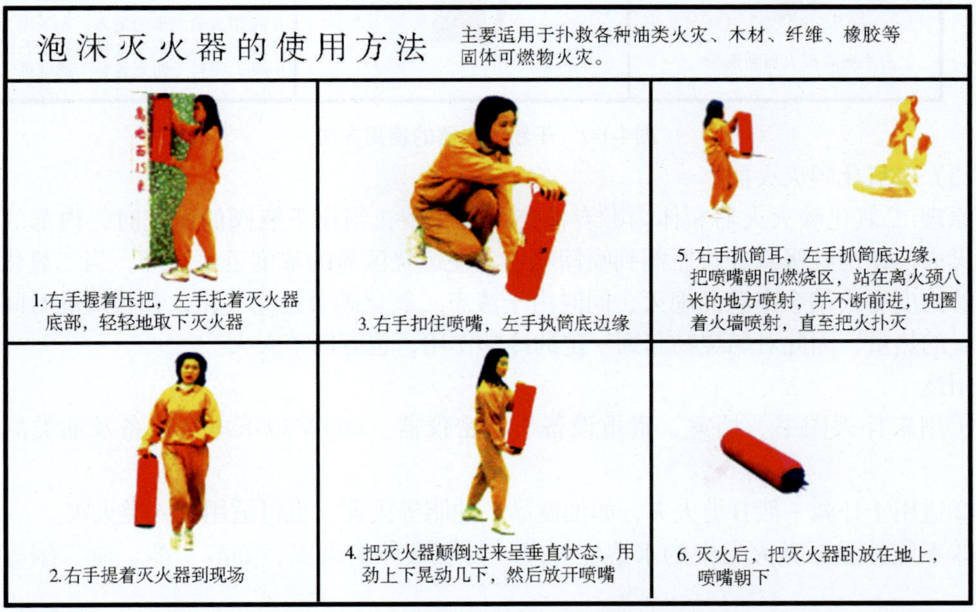

图4-1-1　泡沫灭火器的使用

（2）干粉灭火器

原理：干粉灭火器内充装的是干粉灭火剂。干粉灭火剂是用于灭火的干燥且易于干粉灭火器流动的微细粉末，由具有灭火效能的无机盐和少量的添加剂经干燥、粉碎、混合而成的微细固体粉末组成。利用压缩的二氧化碳吹出干粉（主要含有碳酸氢钠）来灭火。

用途：

①干粉灭火器可扑灭一般的火灾，还可扑灭油、气等燃烧引起的失火。

②主要用于扑救石油、有机溶剂等易燃液体、可燃气体和电气设备的初期火灾。

干粉灭火器的使用如图4-1-2所示。

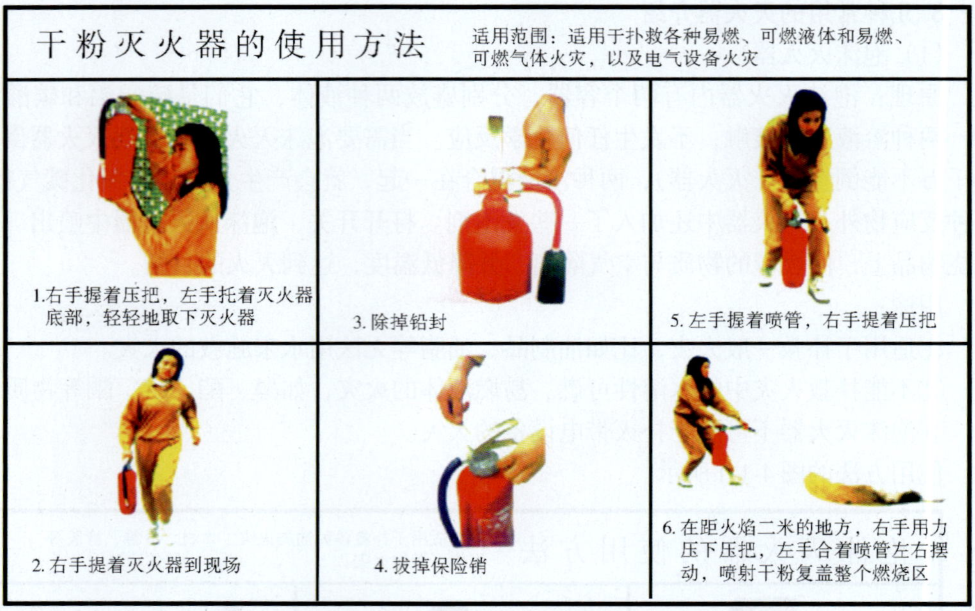

图4-1-2　干粉灭火器的使用方法

（3）二氧化碳灭火器

原理:二氧化碳灭火器瓶体内贮存液态二氧化碳，当压下瓶阀的压把时，内部的二氧化碳灭火剂便由虹吸管经过瓶阀到喷筒喷出，使燃烧区氧的浓度迅速下降，当二氧化碳达到足够浓度时火焰会窒息而熄灭，同时由于液态二氧化碳会迅速气化，在很短的时间内吸收大量的热量，因此对燃烧物起到一定的冷却作用，也有助于灭火。

用途:

①用来扑灭图书、档案、贵重设备、精密仪器、600 V以下电气设备及油类的初起火灾。

②适用于扑救一般B类火灾，如油制品、油脂等火灾，也可适用于A类火灾。

③不能扑救B类火灾中的水溶性可燃、易燃液体的火灾，如醇、酯、醚、酮等物质火灾。

④不能扑救带电设备及C类和D类火灾。

二氧化碳灭火器的使用如图4-1-3所示。

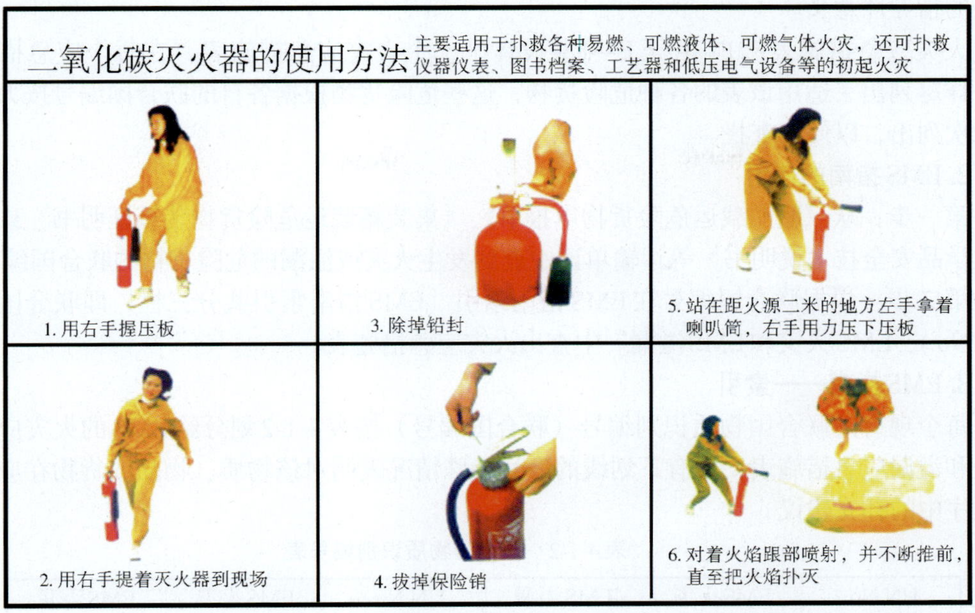

图4-1-3　二氧化碳灭火器的使用

(二)危险货物的理化特性及灭火的措施

船舶承运包装危险货物后，要详细阅读货主交来的《危险化学品安全技术说明书》，开航前要向全船公布。

该说明书共有十六项内容，其中包括运输信息、急救措施、消防措施和泄露应急处理等。

运输信息：主要是指国内、国际化学品包装、运输的要求及运输规定的分类和编号，包括：危险货物编号、包装类别、包装标志、包装方法、UN编号及运输注意事项等。

急救措施：指作业人员意外受到伤害时，所需采取的现场自救或互救的简要处理方法。包括：眼睛接触、皮肤接触、吸入、食入的急救措施。

消防措施：主要表示化学品的物理和化学特殊危险性，适合灭火的介质，不合适的灭火介质以及消防人员个体防护等方面的信息。包括：危险特性、灭火介质和方法，灭火注意事项等。

泄露应急处理：指化学品泄漏后现场可采用的简单有效的应急措施、注意事项和消除方法。包括：应急行动、应急人员防护、环保措施、消除方法等内容。

船员如果要获得更多的针对船舶载运该危险货物的消防应急措施，可查阅《国际危规》补充本。

1. EMS指南简介

EMS指南针对船上突发事故的性质分为火灾和溢漏两大部分，每个部分又分别列出应急措施表简介、总体建议和应急措施表三个内容。

火灾应急措施表罗列了十个内容，它们是：准备、发生事故危险货物的确认、冷却和窒息、寻求建议、疏散、灭火剂、危险货物暴露于火灾、人员保护、火灾后的急救和措施，以及各类危险货物的特别注意事项。

消防总体建议基本上按照处理火灾的程序提出了十三条原则性建议，这对船上消防有重要的指导性意义。

火灾应急措施表从F—A至F—J共设计了十个火灾应急措施表，在每个应急措施表前，详尽列出了适用该表的各种危险货物，这些危险货物根据各自的联合国编号按大小顺序依次列出，以便于查找。

2. EMS指南的使用

第一步：从《船舶载运危险货物申报单》、《集装箱装运危险货物装箱证明书》或《危险化学品安全技术说明书》等运输单证中查到发生火灾或溢漏的危险货物的联合国编号。

第二步：根据联合国编号在EMS指南索引［EMS指南索引共分三栏，即联合国编号(UN No.)、EMS火灾和EMS溢漏］中查出火灾应急措施表。

3. EMS指南——索引

每个现有的联合国物质识别编号（联合国编号）按表4-1-2划分给EMS的火灾应急措施表和溢漏应急措施表，带有下划线的表号特殊情况表明对该物质、物品或货物在应急反应程序中的补充建议。

表4-1-2　联合国物质识别编号表

UN No.	EMS火灾	EMS溢漏	UN No.	EMS火灾	EMS溢漏
0004	F-B	S-Y	0072	F-B	S-Y
0005	F-B	S-X	0073	F-B	S-X
0006	F-B	S-X	0074	F-B	S-Y
0007	F-B	S-X	0075	F-B	S-Y
0009	F-B	S-X	0076	F-B	S-Z
0010	F-B	S-X	0077	F-B	S-Z
0012	F-B	S-X	0078	F-B	S-Y
0014	F-B	S-X	0079	F-B	S-Y
0015	F-B	S-X	0081	F-B	S-Y
0016	F-B	S-X	0082	F-B	S-Y
0018	F-B	S-Z	0083	F-B	S-Y
0019	F-B	S-Z	0084	F-B	S-Y
0020	F-B	S-Z	0092	F-B	S-X
0021	F-B	S-Z	0093	F-B	S-X
0027	F-B	S-Y	0094	F-B	S-Y
0028	F-B	S-Y	0099	F-B	S-X
0029	F-B	S-X	0101	F-B	S-X
0030	F-B	S-X	0102	F-B	S-X
0033	F-B	S-X	0103	F-B	S-X
0034	F-B	S-X	0104	F-B	S-X
0035	F-B	S-X	0105	F-B	S-X
0037	F-B	S-X	0106	F-B	S-X
0038	F-B	S-X	0107	F-B	S-X
0039	F-B	S-X	0110	F-B	S-X
0042	F-B	S-X	0113	F-B	S-Y
0043	F-B	S-X	0114	F-B	S-Y

第一步：根据有关单证查出联合国编号为：2984。

第二步：根据联合国编号在EMS指南中，查出过氧化氢的EMS火灾为F—H表（见表4-1-3）。

第三步：根据火灾应急措施表，查出有针对性、安全有效的应急措施。

以过氧化氢（浓度为8%~20%）为例。

过氧化氢，俗称双氧水，化学分子式H_2O_2，通常以水溶液的形式运输，不燃，但可助燃。

表4-1-3　火灾应急措施表F—H

<table>
<tr><td colspan="3">火灾应急措施表H</td></tr>
<tr><td colspan="3">F—H</td></tr>
<tr><td colspan="3">具有潜在爆炸危险的氧化物质</td></tr>
<tr><td colspan="2">总体建议</td><td>在火灾中，暴露的货物可能爆炸或其包装可能破裂。
船员应了解爆炸的危险并采取相应的措施。
尽可能在远处有防护位置上灭火。
突发或瞬间爆发（如爆炸）可能危及船舶安全</td></tr>
<tr><td rowspan="2">舱面货物着火</td><td>包件</td><td rowspan="2">尽可能使用多个水龙喷雾</td></tr>
<tr><td>货物运输组件</td></tr>
<tr><td colspan="2">舱内货物着火</td><td>打开舱盖尽量通风。
固定的气体灭火系统可能对这样的火灾无效。
尽可能使用多个水龙喷雾</td></tr>
<tr><td colspan="2">货物暴露在火中</td><td>不要移动已暴露受热的包件。
如可行，清除或抛弃可能着火的包件。假如包件没有直接着火，要尽量防止其着火，其办法是在尽可能远处用水枪驱赶火势，而不让包件着火。如果货物着火了，消防人员须撤离至安全地方继续灭火。如果允许，暴露于火里的货物应与没有暴露于火里的货物分隔开来。这需要保持潮湿并在安全距离监控</td></tr>
<tr><td colspan="3">特殊情况：无</td></tr>
</table>

第三步：根据措施表，找出有针对性的消防安全措施。

如舱内失火：打开舱盖，尽量通风；固定的气体灭火系统可能对这样的火灾无效；尽可能使用多个水龙喷雾。

(三)载运包装危险货物船舶消防设备的设置及使用

根据《内河船舶法定检验技术规则》和其他规范的要求，载运包装危险货物的集装箱船舶消防设备应有如下的设置。

（1）水灭火系统：主消防泵2个，排量46.80 m³/h，压头043 MPa，消火栓16个，水枪16支。

（2）二氧化碳固定灭火系统：最大保护舱室容积892 m³，灭火剂需要量535 kg；（钢瓶）灭火剂容器容积0.068 m³，个数13个。

（3）探火报警器：手动按钮报警器全船配置12个；感温式探火器4个；感烟式探火器5个。另外货舱还要增设一定数量的探火器、报警器。

（4）灭火器：5 kg二氧化碳灭火器7个，配置在驾驶室、电工房和机舱；8 kg干粉灭火器5个，配置在主甲板；9 L的泡沫灭火器31个，配置在各层甲板、机舱；60 L推车式泡沫灭火器1个，配置在机舱。

另外，载运包装危险货物的船舶在实际工作中还增设了1个背负式的蛋白泡沫灭火器。如图4-1-4、图4-1-5所示。

①背负式蛋白泡沫灭火器使用：

将连接药桶和泡沫枪的软管连接好，将水龙带一端接在消火栓上，一端接在泡沫枪上，打开消火栓后，再打开药桶下的阀门开关，灭火人员手持泡沫喷枪，并处于失火部位的上风位置，调整灭火距离，使泡沫平稳地覆盖在着火液面或物体上。

图4-1-4　背负式蛋白灭火装置

图4-1-5　软管与泡沫枪连接

（5）其他消防器材：手提式泡沫灭火枪1支；太平桶6个，太平斧4把；黄沙箱6个。

船员应熟知本船消防设备的配置和布局及使用，在《危险化学品安全技术说明书》或EMS指南的指引下，针对具体的危险货物的火灾，正确选用灭火剂或灭火器。

(四)船员在火灾的应急处置中的职责

每一个船员在船上都有一个编号，对应编号船员在应变部署卡上都明确了在船舶失火中的职责，即干什么，使用什么灭火器材。所以，每一个船员首先要知晓自己在火灾应急处置中的职责，平时消防演习中要认真地投入“实战”。

当听到失火警报后，船员应立即携带指定的消防器材，在规定的时间，到达指定的地点，进行有效的灭火。

三、溢漏的应急处置

作为一名在载运包装危险货物船舶上工作的船员，对溢漏的有效应急处置，也必须具备四个方面的素质或能力：一是防止有毒物质污染的基本常识；二是溢漏的危险货物的理化特性及防污措施；三是本船防污设备的设置及使用；四是本人在溢漏的应急处置中的职责。

(一)防止有毒物质污染的基本常识

1. 载运包装危险货物船舶污染源

载运包装危险货物船舶污染源主要有：生活污水、生活垃圾、油污水（机舱舱底水等）和含有毒物质的液体等。船舶载运的包装危险货物通常不仅具有燃烧、爆炸的特性，还具毒性特征。

2. 有毒液体的分类

有毒的包装危险货物有可能是有毒液体，有可能是有毒固体，有毒固体如果排放在水体中，它就变成了有毒液体。其分类如下：

（1）X类——这类有毒液体物质，如从洗舱或卸载作业中排放入海，将对海洋资源或人类健康产生重大的危害，因此禁止其排放入海。

（2）Y类——这类有毒液体物质，如从洗舱或卸载作业中排放入海，将对海洋资源或人类健康产生危害，或对海上的休憩环境或其他合法利用造成损害，因此严格限量其排放入海。

（3）Z类——这类有毒液体物质，如从洗舱或卸载作业中排放入海，将对海洋资源或人类健康产生较小危害，因此限量其排放入海。

（4）其他类——指在IBC规则第18章的污染物种类列表中被标为“OS”，经评定认为能列入上述定义的X、Y或Z类范围的物质，且目前这类物质如从洗舱或卸载作业中排放入海不会对海洋资源、人类健康、海上休憩环境或其他合法利用产生损害。仅含有这类“其他物质”的舱底水、压载水、其他残余物或混合物的排放不必符合MARPOL 73/78附则Ⅱ的任何要求。

3. 有毒液体物质的危害性

（1）燃烧、爆炸的危险性。

（2）健康危险性：

①致癌及敏感的健康危害。

②致人死亡危害。

（3）化学反应的危害性：与水、空气、其他化学品以及化学品本身的聚合作用等。

（4）水体污染危害性：生物积聚性、缺乏生物易降解性、对水中有机体的急性毒性作用、对水中有机体的慢性毒性作用、对人类健康的长期影响、引起货物漂移或下沉的物理特性。

4. 有毒液体物质的排放标准

《船舶水污染物排放控制标准》（GB 3552—2018）对有毒液体物质的污水排放控制要求如表4-1-4所示。

表4-1-4　含有毒液体物质的污水排放控制要求

污水中含有以下任何一种有毒液体物质	排放控制要求
(1)X类物质； (2) Y类物质中的高黏度或凝固物质； (3)未按规定程序卸货的Y类物质； (4)未按规定程序卸货的Z类物质	如不能免除预洗，船舶在离开卸货港前应按规定程序预洗，预洗的洗舱水应排入接收设施。其中，×类物质应预洗至浓度小于或等于0.1%（质量百分比），浓度达到要求后应将舱内剩余的污水继续排入接收设施，直至该舱排空。预洗后，再向该舱注水产生的含有毒液体物质的污水排放按本标准A（表后）执行
(1)按规定程序卸货的Y类物质； (2)按规定程序卸货的Z类物质	按本标准A执行：对于2007年1月1日之前建造的船舶，会Z类物质或暂定为Z类物质的污水排放，可免除标准A（三）中在水线以下通过水下排出口排放的要求。

标准A：在沿海的船舶按规定程序卸货，并按规定预洗、有效扫舱或通风后，含有毒液体物质的污水排放应同时满足下列条件：

（1）在距最近陆地12 n mile以外（含）且水深不少于25 m的海域排放；

（2）在船舶航行中排放，自航船舶航速不低于7 kn，非自航船舶航速不低于4 kn；

（3）在水线以下通过水下排出口排放，排放速率不超过最大设计速率。

《中华人民共和国防治船舶污染内河水域环境管理规定》第十三条规定："在内河水域航行、停泊和作业的船舶，不得违反法律、行政法规、规范、标准和交通运输部的规定向内河水域排放污染物。不符合排放规定的船舶污染物应当交由港口、码头、装卸站或者有资质的单位接收处理。禁止船舶向内河水体排放有毒液体物质及其残余物或者含有此类物质的压载水、洗舱水或者其他混合物。禁止船舶在内河水域使用焚烧炉。禁止在内河水域使用溢油分散剂。"

因此，内河水域是不能排放有毒液体物质及其残余物或者含有此类物质的压载水、洗舱水或者其他混合物的。

（二）溢漏的危险货物的理化特性及应急措施

溢漏的危险货物的理化特性及应急措施主要从《危险化学品安全技术说明书》和EmS指南两个渠道来获取。

1. EMS指南的组成

2018年版EMS指南（溢漏）由三部分组成。

（1）溢漏应急措施表简介

共十二个内容，分别是：准备、人员保护、总体反应、发生事故危险货物的确认和识别、救助、隔离、应急反应、寻求建议、使用材料、溢漏处理后的措施、急救和对各类危险货物的注意要点。

（2）防溢漏总体建议

按照处理溢漏事故的程序，提出了十二条原则性建议，这对船舶应对溢漏事故有重要的指导性意义。

（3）溢漏应急措施表

从S—A到S—Z共设计了二十六个溢漏应急措施表，在每个应急措施表前，详尽列出了适用该表的各种危险货物，这些危险货物是根据各自的联合国编号按大小顺序依次列出，以便查找。这二十六个表针对各种危险货物的特性分别列出，例如S—A有毒物质；S—E易燃液体，浮于水面；S—F溶于水的海洋污染物；S—M自燃危险；S—O遇湿危险物质；S—R有机过氧化物等。每个表都设有一个总体建议，并针对舱面溢漏、舱内溢漏和特殊情况分栏阐述应采取的对应措施。

2. EMS指南（溢漏）的使用

EMS指南（溢漏）的使用与火灾时使用一样的步骤。即：

第一步：通过《船舶载运危险货物申报单》、《集装箱装运危险货物装箱证明书》或《危险化学品安全技术说明书》等运输单证中查到发生溢漏的危险货物的联合国编号。

第二步：根据联合国编号在EMS指南索引中查出溢漏的应急措施表。

第三步：根据溢漏应急措施表，查出有针对性、安全有效的应急措施。

仍以过氧化氢（浓度为8%~20%）为例。

第一步：根据有关单证查出联合国编号为：2984。

第二步：根据联合国编号在EMS指南中，查出过氧化氢的溢漏为S—Q表（见表4-1-5）。

第三步：在S—Q表中查到发生过氧化氢溢漏所应采取的应急措施。

表4-1-5　溢漏应急措施表S—Q

<table>
<tr><td colspan="3">溢漏应急措施表Q</td></tr>
<tr><td colspan="3">S—Q</td></tr>
<tr><td colspan="3">氧化物质</td></tr>
<tr><td colspan="2">总体建议</td><td>穿适当的防护服和戴自给式呼吸器。
避免所有点火源（如：明火、无防护灯、电动手工工具、摩擦）。穿防火花软底鞋。
可能点燃的易燃物质（如：木头、纸张、衣服）。
如实际可行，立即阻止溢漏</td></tr>
<tr><td rowspan="2">舱面溢漏</td><td>包件（少量溢漏）</td><td rowspan="2">用大量水将溢漏物冲洗下船。清除污水</td></tr>
<tr><td>货物运输组件（大量溢漏）</td></tr>
</table>

舱内溢漏	包件（少量溢漏）	未佩戴自给式呼吸器时不要进入该舱内。 如果该物质是干的，如可行，收集并装好溢漏物。清除到船外。 如果该物质是湿的，使用惰性吸附材料。不要使用易燃物质。 如果是液体，用大量水清洗到货舱的底部。用泵将污水抽出船外。 清除到船外
	货物运输组件（大量溢漏）	提供充分的通风。 未佩戴自给式呼吸器时不要进入该舱内。 如果该物质是干的，如可行，收集并装好溢漏物。清除到船外。 如果该物质是湿的，使用惰性吸附材料。不要使用易燃物质。 如果是液体，用大量水清洗到货舱的底部。用泵将污水抽出船外。 清除到船外
特殊情况：无		

（三）载运包装危险货物船舶的防污设备及使用

根据《内河船舶法定检验技术规则》2019版，对载运包装危险货物船舶的防污设备除应有的防油污、防生活污水和生活垃圾等防污设备外，没有特别的设备规定。但强调了要控制排放：

（1）严禁将有害物质及其残余物质或含有有害物质的污液排入水中。

（2）船上残存的有害物质，或含有有害物质的污液应交由岸上处理。

（3）曾用于运载有害物质的空包装物，如未采取适当预防措施保证其中没有危害环境的残余物，则应将其视为有害物质。

目前，长江载运包装危险货物的船舶，主要设置了如下的防污设备：污水处理装置、油水分离器、污水储存柜、便携式吸油泵、接油盘和吸油毡等。

下文主要介绍吸油毡。

1. 吸油毡简介

吸油毡（图4-1-6、图4-1-7）由惰性化学材料聚丙烯经熔喷工艺制作而成，能有效吸附液体并将之留住。吸附产品都是包裹在以线缝制的经表面活化处理剂处理的聚丙烯纤维或无纺布中，外层布极其坚韧耐用，具有强大的毛细管吸收力带来的极强的吸附性，从而吸收泄漏液体流向吸油棉，有效阻止了泄漏的扩散，产品经绞、挤压后可重复使用。

图 4-1-6 吸油毡（一）

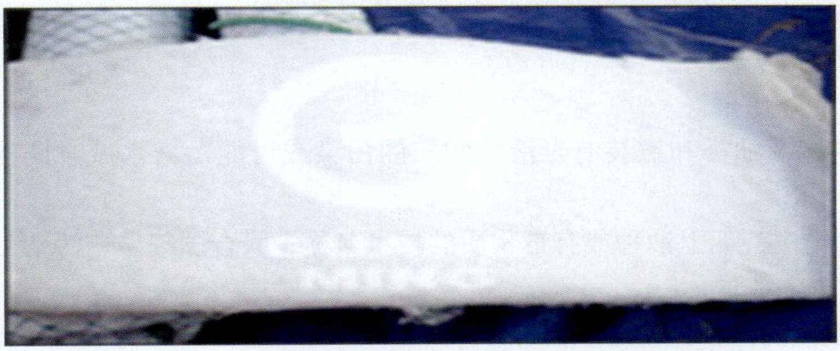

图 4-1-7 吸油毡（二）

2. 吸油毡的使用

（1）可在船上向污染液面抛撒吸油毡。最好将吸油毡直接投放在溢油上，尽量向溢油多的地方投放，并且最好加以搅动以便最大量地吸油。应适量投放吸油毡，使吸油毡处于吸油饱和状态，即使溢油清除彻底，又使吸油毡充分发挥作用。吸油毡的吸油量达到饱和后，应尽快捞出水面，避免长时间停留在水中。

（2）投放吸油毡时，不得同时使用溢油分散剂，以免降低吸油毡吸油能力。

3. 吸油毡的储存

（1）吸油毡应储存在干燥通风避免阳光的地方，严防潮湿、雨淋和接近火源。

（2）吸油毡不得与酸、碱、油类及有机溶剂等同场所储存。

（3）吸油毡储存时最高摞五层高，严禁重压。

4. 吸油后的处理

吸油毡吸油后，可将油挤出，重复使用，最终采用燃烧法处理。回收后的吸油毡应及时集中用焚烧炉进行焚烧处理，防止二次污染。但载运包装危险货物的船舶不能配备焚烧炉。所以，应交付有资质的公司进行专门的处理。

(四)船员在溢漏的应急处置中的职责

每一个船员在船上都有一个编号，对应编号船员在应变部署卡片上都明确了在船舶溢漏中的职责，即干什么，使用什么溢漏器材。所以，每一个船员首先要知晓自己在溢漏应急处置中的职责，平时演习中要认真地投入“实战”。

船员当听到警报后，立即携带指定的溢漏器材，在规定的时间，到达指定的地点，进行有效的防污应急处置。

(五)报告程序

1.《国际危规》关于报告程序的规定

载运包装危险货物的船舶发生海难事故或船舶意外排放都有可能对水域环境造成严重的污染或威胁。此类事故应立即并尽可能详细地报告，以利于可能受到影响的地区采取必要的防污行动，以减少因污染事故带来的损失。在《国际危规》补充本《报告程序》中，分述了危险货物、有害物质和海洋污染物事故的报告。

(1) 危险货物报告

当发生涉及包装危险货物（包括集装箱、可移动罐柜等）落入水域或可能落入水中时，应报告泄漏 / 落入水中的货物有关的信息，报告内容包括：

正确的运输名称、联合国编号、类别、生产厂家 / 发和收货人、包件类型、标记、何种包装（或组件）、货物估计的数量和大概状况、入水时是漂浮还是沉没、泄漏是否继续、事故原因等。

(2) 有害物质报告

当发生涉及油类和散装有毒液体物质的污染或可能污染水域时应报告，报告内容包括。

①货物情况：船上油种或有毒物质的技术名称、联合国编号、污染类别、生产厂/收货人和发货人、数量；

②船舶情况和货物/压载水/燃油的转驳能力；

③入水货物情况：油种或散装有毒液体物质的污染技术名称、联合国编号、污染类别、生产厂家/收和发货人、估计数量、漂浮还是沉没、入水是否继续、事故原因、入水货物的运动方向、水流情况、估计污染表面积；

④船东的情况；

⑤对污染所采取的行动及船舶动向、申请或已提供援助、救助船长报告行动的细节等。

(3) 海洋污染物事故报告

当发生涉及《国际危规》中被认定为海洋污染物，《MARPOL73 / 78公约》附则Ⅲ的包装有害物质，包括集装箱、可移动罐柜等落入或可能落入水中时应报告。报告内容包括。

①与泄漏/落入水中的货物有关的信息：正确的运输名称、联合国编号、类别、生产厂家/收和发货人、包件类型、标记、何种包装（或组件）；货物估计的数量和大概状况、入水时是漂浮还是沉没、泄漏是否继续、事故的原因。

②船舶情况和货物/压载水 / 燃油的转驳能力。

③船东的情况。

④对污染所采取的行动及船舶动向、申请或已提供的援助、救助船长报告行动的细节等。

以上报告内容是船舶发生污染或泄漏事故的初次报告内容，如果船舶的污染或泄漏仍在继续，船舶还应进行补充报告，补充报告的具体内容应查阅《国际危规》补充本中《报告程序》的有关内容。

2. 国内防污规定的报告程序

《中华人民共和国防治船舶污染内河水域环境管理规定》(2015年版) 第三十四条规定：

“发生船舶污染事故的船舶，应当在事故发生后24 h内向事故发生地的海事管理机构提交《船舶污染事故报告书》。因特殊情况不能在规定时间内提交《船舶污染事故报告书》的，经海事管理机构同意可以适当延迟，但最长不得超过48 h。

《船舶污染事故报告书》应当至少包括以下内容：

(一) 船舶的名称、国籍、呼号或者编号；(二) 船舶所有人、经营人或者管理人的名称、地址；(三) 发生事故的时间、地点以及相关气象和水文情况；(四) 事故原因或者事故原因的初步判断；(五) 船上污染物的种类、数量、装载位置等概况；(六) 事故污染情况；(七) 应急处置情况；(八) 船舶污染损害责任保险情况。”

四、人员伤害的应急处置

包装危险货物大多是有毒物质，一旦发生中毒事故，如果急救处置不当，不仅会贻误抢救时机，可能还会使病情加重，甚至造成生命危险。因此载运危险货物的内河船舶在发生中毒事故时，应按《危险化学品安全技术说明书》的人员急救的方法或《国际危规》2018年版补充本《危险货物事故医疗急救指南》(MFAG)的要求，迅速开展人员伤害的应急处置。

(一)《危险货物事故医疗急救指南》简介

《危险货物事故医疗急救指南》设有20个表，每个表针对不同的人员伤害提出了相应的应急措施，另有15个附录，每个附录提供了更加详细的应急施救资料、药品清单等。

20个表，分别是：表1抢救、表2心肺复苏、表3输氧与控制通风、表4化学品引起的意识障碍、表5化学品引起的惊厥、表6中毒性精神错乱、表7眼睛接触化学品、表8皮肤接触化学品、表9吸入化学品、表10摄入化学品、表11休克、表12急性肾衰竭、表13镇痛、表14化学品引起的出血、表15化学品引起的黄疸、表16氢氟酸和氟化氢、表17有机磷和氨基甲酸酯类农药、表18氰化物、表19甲醇和乙二醇、表20放射性物质。

15个附录，分别是：附录1抢救、附录2心肺复苏、附录3输氧与控制通风、附录4化学品引起的意识障碍、附录5化学品引起的惊厥、附录6中毒性精神错乱、附录7眼睛接触化学品、附录8皮肤接触化学品、附录9吸入化学品、附录10摄入化学品、附录11休克、附录12急性肾衰竭、附录13 补充体液、附录14药品和设备清单、附录15物质清单。

(二)《危险货物事故医疗急救指南》的使用

2018版的《国际危规》中的“医疗急救指南”按急救程序分为三步，即：

第一步：紧急抢救和诊断（见图4-1-8和图4-1-9）。

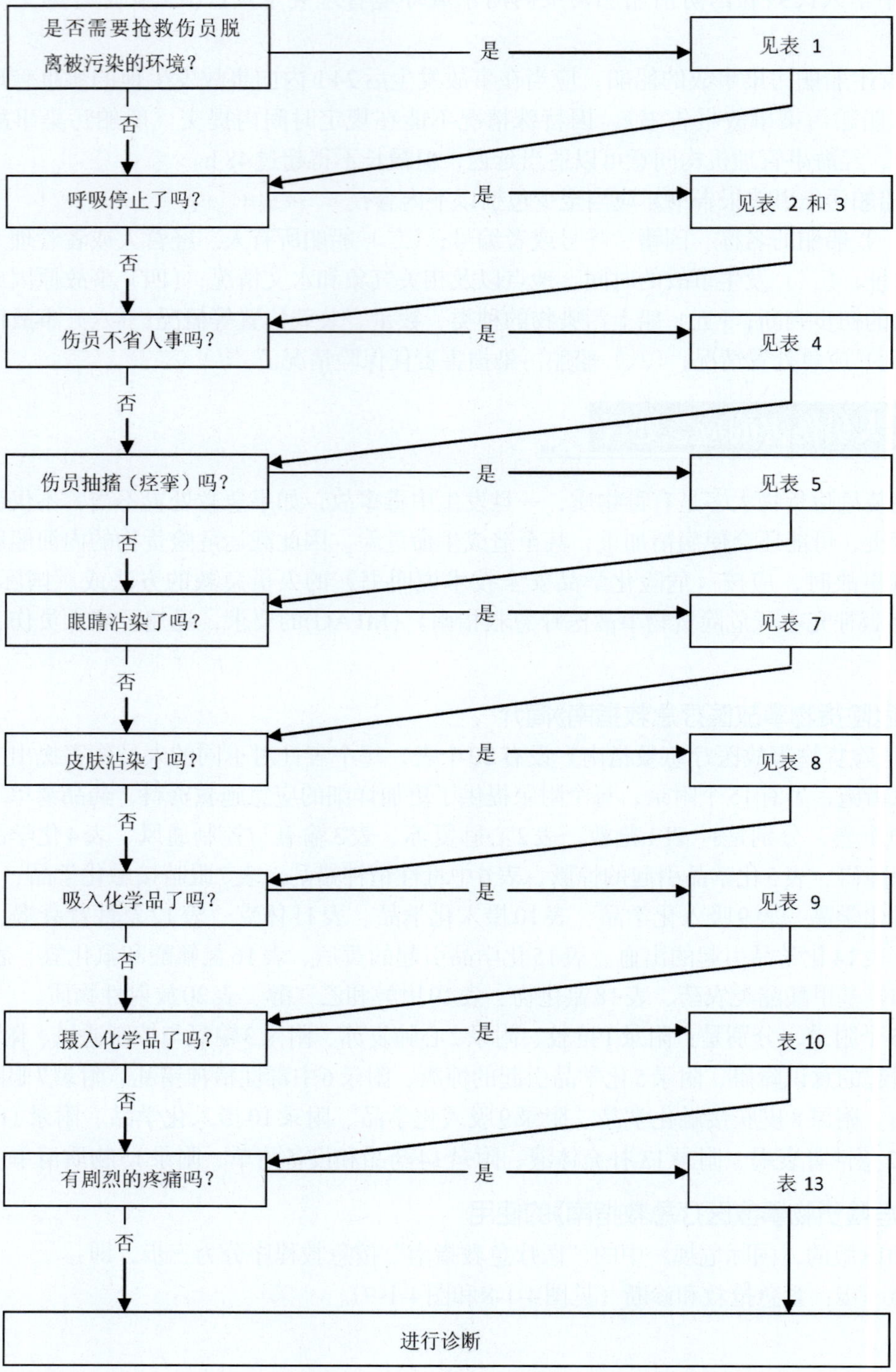
是否需要抢救伤员脱离被污染的环境？
是
见表 1
否
呼吸停止了吗？
是
见表 2 和 3
否
伤员不省人事吗？
是
见表 4
否
伤员抽搐（痉挛）吗？
是
见表 5
否
眼睛沾染了吗？
是
见表 7
否
皮肤沾染了吗？
是
见表 8
否
吸入化学品了吗？
是
见表 9
否
摄入化学品了吗？
是
表 10
否
有剧烈的疼痛吗？
是
表 13
否
进行诊断

图4-1-8　紧急抢救

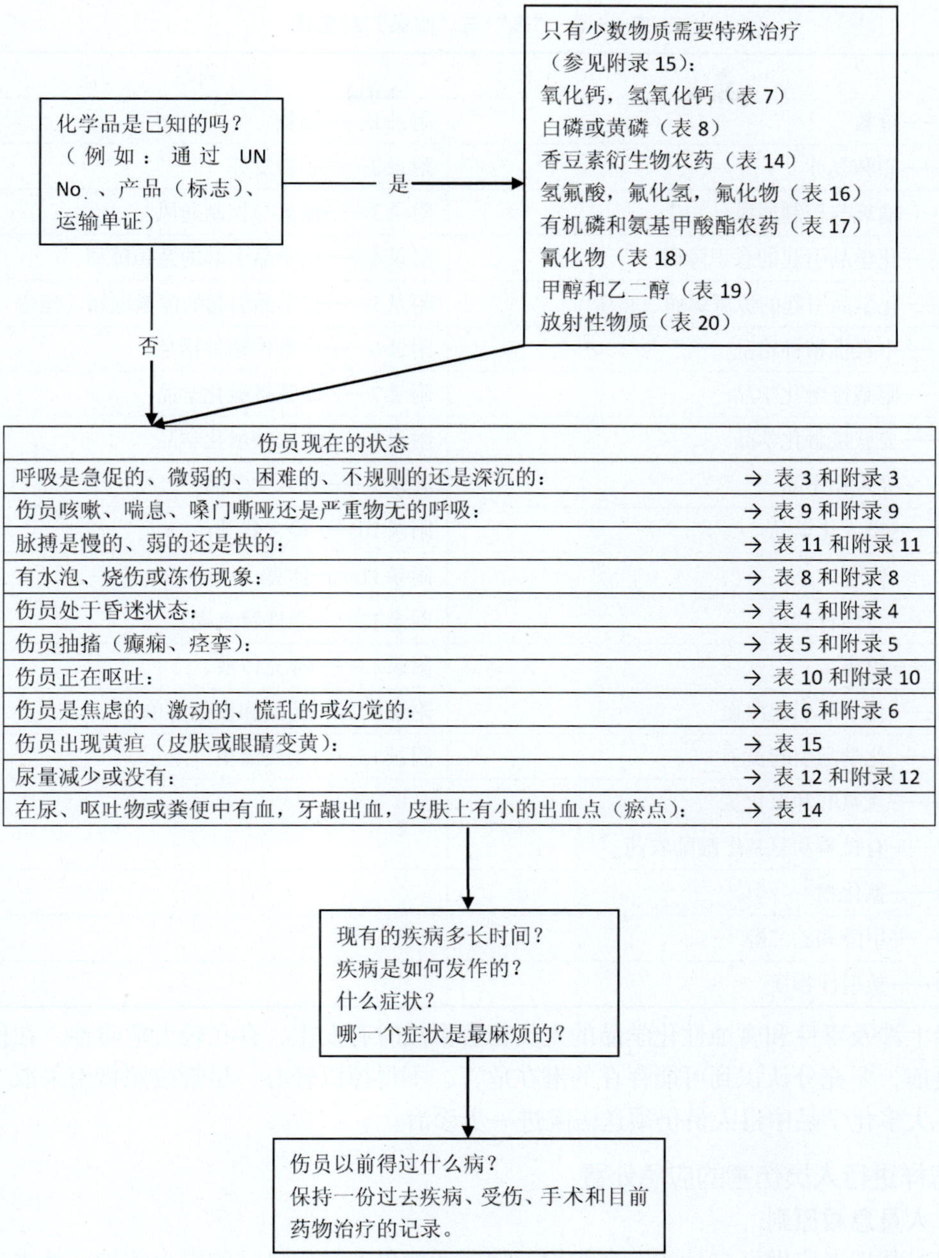

图 4-1-9　诊断

第二步：查图。

根据紧急抢救图 4-1-8 和图 4-1-9，确定所要查的表号，在该表中查出应急措施。

第三步：查附录。

根据第二步查出的表号确定所对应的附录，在该附录中获得更详细的应急措施和药品清单。

前12个表和12个附录内容一一对应，每个附录为每个对应的表提供更详细的资料和诊断治疗方法（见表4-1-6）。

表4-1-6 “表”与“附录”对应表

表	附录
表1——抢救	附录1——抢救
表2——心肺复苏	附录2——心肺复苏
表3——输氧与控制通风	附录3——输氧与控制通风
表4——化学品引起的意识障碍	附录4——化学品引起的意识障碍
表5——化学品引起的惊厥癫痫、痉挛	附录5——化学品引起的惊厥癫痫、痉挛
表6——中毒性精神错乱	附录6——中毒性精神错乱
表7——眼睛接触化学品	附录7——眼睛接触化学品
表8——皮肤接触化学品	附录8——皮肤接触化学品
表9——吸入化学品	附录9——吸入化学品
表10——摄入化学品	附录10——摄入化学品
表11——休克	附录11——休克
表12——急性肾衰竭	附录12——急性肾衰竭
表13——镇痛	附录13——补充体液
表14——化学品引起出血	附录14——药品和设备清单
表15——化学品引起黄疸	附录15——物质清单
表16——氢氟酸和氟化氢	
表17——有机磷和氨基甲酸酯农药	
表18——氰化物	
表19——甲醇和乙二醇	
表20——放射性物质	

船上涉及毒性和腐蚀性化学品的人员伤害事故时有发生，存在较大危险性，在伤者完全康复前，要充分认识到可能存在的潜在危害，不得掉以轻心。尽管按照指南采取了急救措施，大多化学品中毒人员仍须送医院进一步诊治。

（三）怎样进行人员伤害的应急处置

1. 人员急救原则

（1）救援者应做好自己的安全防护。救援者如果不做好自己的安全防护，就进入现场施救，由于现场还残存有毒物质，救援者同样可能受到伤害，这样既救不了人，还将自己处于危险中。因此，救援者在救援前做好个人安全防护是非常重要的。个人安全防护主要有呼吸系统和皮肤的保护。

（2）切断有毒物质的来源。

（3）初期的急救措施。

如果发现有人因有毒物质中毒或受伤。首先，应将病员移往空气畅通处，用相应手段保持伤者的气道畅通、呼吸和循环正常。尽快清除受伤者身上的有毒物质。如有毒物质已影响到皮肤，应立刻脱掉受污染的衣服和鞋，用大量的水冲掉身上的泄漏物质。如有毒物质接触到眼睛，应用附近的冲眼器或就近取得清水或生理盐水，分开眼睑充分冲洗，也可采取浸洗方法，即将眼浸入水盆中，频频转目，冲洗应至少持续10 min。

2. 人员急救的基本方法

基本的生命支持包括：气道、呼吸、循环。因此，化学品人员中毒的抢救，应将气道、呼吸、循环划为最高急救次序，然后才是清污。

（1）检查呼吸（图4-1-10）

①用一只手稳住头部使其向后倾斜，同时用另一只手抬起颈部，使受阻的气道畅通；

②将舌头向前拉；

③吸出或擦去过多的分泌物；

④从口腔和咽喉后部清除呕吐物；

⑤抢救人员的面部靠近作者的鼻子和嘴，感觉呼吸的情况；

⑥看、听、觉5 s后判断伤者是否有呼吸。

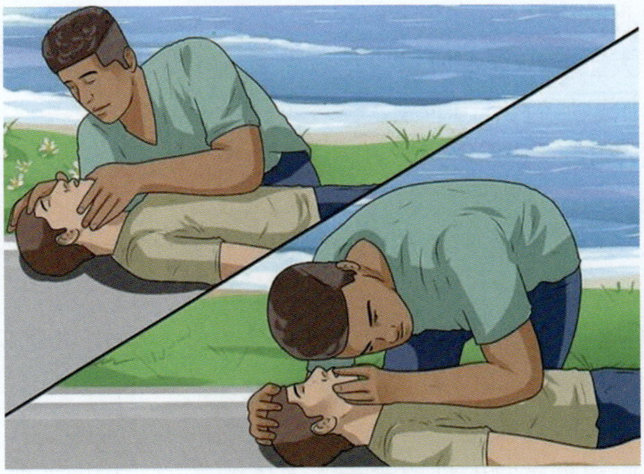

图4-1-10　呼吸检查图

（2）检查心脏功能（图4-1-11）

通常测颈脉搏，摸找5 s，如果找不到或微弱，说明循环不良。

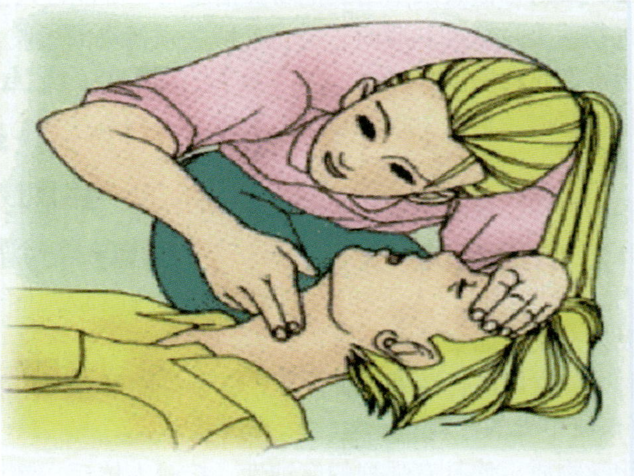

图4-1-11　心脏功能检查图

(3) 清除污染

①小心不要让污染物进入未包扎的伤口；

②先对暴露的伤口和眼睛进行清理，然后是未受伤的皮肤；

③用水流轻轻地清洗污染的地方至少10 min，然后用香皂和低温水仔细清洗，再用医药擦干；

④清污后用防水绷带包扎伤口；

⑤将污染物装入袋子中，妥善处理。

(4) 人员的急救

①有呼吸、有心跳，不省人事的急救

a. 将伤员放在恢复的抢救姿态；

b. 除去松动的假牙；

c. 消除口中和喉部的呕吐物；

d. 一旦形成清洁畅通的气道，可以插入气道插管。

②没有呼吸但有心跳的急救

进行人工呼吸，人工呼吸有：口对口与口对鼻人工呼吸法、仰卧举臂人工呼吸法、仰卧压胸人工呼吸法、俯卧压背人工呼吸法。

③有呼吸但心跳停止的急救

使用心肺复苏法。

说明一：关于人工呼吸和心肺复苏法的操作，在系列教材《基本安全》有详细介绍，这里就不再详述。

说明二：为避免抢救人员中毒，化学品中毒通常不采用口对口与口对鼻的人工呼吸法。

3. 化学品中毒与烧伤的急救

化学品中毒后，应根据毒物的性质及进入人体的途径，积极采取有效措施以制止毒物的继续吸收。

经呼吸道进入毒物导致中毒时，应立即使患者离开中毒环境，松开衣扣和腰带，使其呼吸通畅。救护人员应戴防毒面具或采用其他防护措施后，方能进入危险区进行抢救。

经皮肤吸收的毒物污染皮肤和黏膜时，应迅速脱去被污染的衣服，用清水或肥皂水洗净皮肤，并用大量清水彻底冲洗。

经口进入的毒物中毒时，可饮300 ~ 500 mL水或2‰ ~ 4‰盐水，然后用手指或棉棒刺激咽部催吐。

要严密观察患者的神智、呼吸状态和循环系统等的功能，尽快进行对症处理：

发现呼吸困难时，应立即吸氧。

发现呼吸停止时，应立即进行人工呼吸及加压给氧；针刺人中、百会、十宣等穴位；有条件的可注射呼吸兴奋剂，如安钠咖、洛贝林等。

发现心跳停止时，应立即进行胸外心脏按压，有条件的可心内注射强心剂。

4. 强酸、强碱烧伤或中毒的急救

强酸、强碱类化学物质，均具有强烈的腐蚀性。接触人体后，都可以造成皮肤或其他组织的烧伤。

（1）强酸烧伤临床特点及应急处理

①吸入中毒

临床特点：轻者产生呼吸道刺激症状，呛咳、胸闷、气急；重者可引起呼吸困难、肺水肿、喉痉挛而造成窒息。

应急处理：使伤者迅速脱离现场，吸氧。

②眼部受酸雾刺激或眼被污染

临床特点：眼睑浮肿、结膜炎、角膜灼伤浑浊，甚至穿孔，可致失明。

应急处理：用大量清水或生理盐水冲洗10 min以上，给予可的松和抗生素眼药水交替点眼并用0.5%丁卡因滴眼止痛。

③皮肤灼伤

临床特点：受伤表面形成一层痂膜。

应急处理：立即除去被酸液浸渍的衣服、鞋子，立即用大量清水冲洗，然后用低于5%的碳酸氢钠溶液清洗，再以大量清水冲洗。

④口服灼伤

临床特点：口唇、咽喉、消化道可发生灼伤、溃疡，表现为呕吐褐色物伴有食道、胃黏膜碎片。

应急处理：口服蛋清、牛奶，以保护胃膜，迅速送往医院救治。

（2）强碱烧伤临床特点及应急处理

①吸入中毒

临床特点：呼吸道吸入碱的蒸汽，可引起咳嗽、咳痰、咽痛等刺激症状，重者引起喉头水肿、窒息、呼吸困难、肺水肿。

应急处理：使伤者迅速脱离现场，将伤者移至空气流通处，有条件的应吸氧。

②眼部强碱污染

临床特点：轻者怕光，流泪，有异物感，视物不清；重者形成角膜炎，角膜损伤，可造成失明。

应急处理：立即用清水或生理盐水或0.5%硼酸液彻底冲洗干净，再用醋酸可的松眼膏点眼。

（3）临床特点：轻症发生皮炎，局部灼痛，起红斑、丘疹和水疱，糜烂，有剧痛。重症为灼伤，并向深部组织渗透，使其溶解坏死。

应急处理：皮肤损害立即用大量清水冲洗干净，再用2%醋酸或3%硼酸液湿敷，有皮炎或灼伤，分别按皮炎、湿疹和灼伤治疗，干燥破裂者可涂2%～5%水杨酸软膏。

（4）口服灼伤

临床特点：上消化道和胃肠引起严重损伤，发生剧痛，并有恶心、呕吐、腹泻、出血，甚至发生溃疡穿孔、脱水、休克等。

应急处理：口服稀释的食醋和1%的醋酸或柠檬汁（碳酸盐中毒者禁用），再服蛋清、牛奶、植物油等，以保护胃黏膜，迅速送往医院救治。

5. 高处摔伤者的急救

集装箱船船员经常要进行集装箱的系固与绑扎，人员从高处跌落的事故时有发生，船员掌握高处摔伤的急救很有必要。

(1) 判断伤情

看伤口是开放型伤口（有破口的），还是非开放型伤口；是否有皮下淤血；是否关节功能受到影响；是否局部出现肢体畸形；是否有异物刺入；是否有骨折；是否昏迷。

(2) 正确处理伤口

伤员因为是在水上，送医院需要一定的时间，在未送医院前，须对伤口进行止血和包扎（有条件的可用消毒后的纱布包扎；若无条件可用干净的布）、骨折固定等。

①止血和包扎

发生较大流血的情况，要用止血带或弹性较好的布带等止血时，先用软布片或伤员的衣物等垫在止血带下面，再扎紧止血带；而后对上肢每60 min、下肢每80 min放松一次，每次放松3 ~ 5 min，放松时伤口可能会出血，这时需要用手指压迫伤口，减轻出血量。

②骨折固定

发生骨折，要进行骨折固定，固定的工具就地取材。临时夹板有：木板、木棒、树枝和竹竿等。若无临时夹板，可固定于伤员躯干或健肢上。固定的方法要先止血，后包扎，再固定；夹板长短与肢体长短相对称，骨折突出部位要加垫；先扎骨折上下端，后固定两关节。如遇骨折端外露，注意不要尝试将骨折端放回原处，应继续保持外露，以免将细菌带入伤口深部引起深部感染。

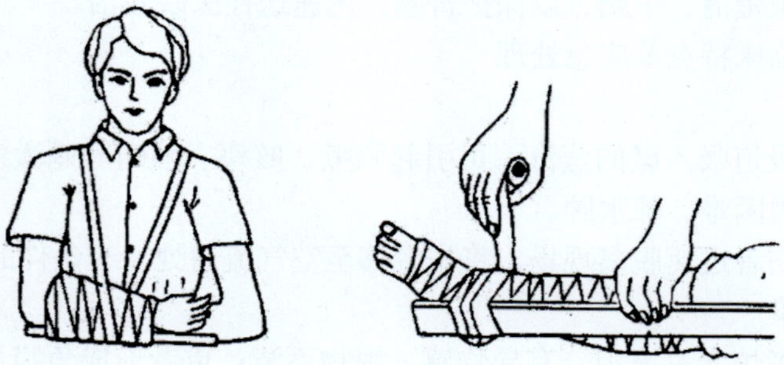

图4-1-12　骨折固定图

③冰敷

如果只是外伤“瘀血”，可以采用冰敷处理，用冰块或冻肉在红肿的地方进行“冰敷”，每一下敷10 s，停5 s再敷，总共要15 min以上，24 h内，可反复进行，冰敷后，可以涂上“万花油”，如果没有，用“普通的感冒药、退热药”粉涂在上面也是有很好的效果，24 h后，可换为热敷。

④勿拔异物

若有异物刺入，不可自行拔除，保持异物与身体相对固定，再送医院进行处理。如果是非开放型的伤口，也不要自行揉、捏、掰、拉，应等医务人员来后处理。

⑤及时去医院

如果伤员有骨折，应用硬板抬送，小心骨折移位或者二次受伤。

以上的急救，只是船舶临时的急救措施，如果伤者病情不稳定、比较严重，应将伤者送往就近的港口，到正规医院检查就诊。

第二节 防护用品的使用

防护用品的种类较多，本节主要介绍呼吸器和防护服的使用，以便船员通过载运包装危险货物的特殊培训，在装卸作业和运输过程中能正确使用防护用品。

一、呼吸器的使用

(一)使用目的

有时人员要进入含有毒气或缺氧的舱室内或箱内作业，必须佩戴呼吸器；有时在舱面作业（如装卸货）而作业环境可能含有毒气，需要佩戴防毒面具。

(二)呼吸器的佩戴

呼吸器的种类很多，现针对载运包装危险品的船舶，介绍两种常用的呼吸器——过滤式防毒面具和自给式呼吸器。

过滤式防毒面具，人员呼吸的气源来自环境中，因此使用的基本条件是：按体积比氧气含量不低于18%，不能在高浓度的毒气环境中使用，一般是在舱面或无舱盖的舱内使用。

1. 过滤式防毒面具的使用方法（图4-2-1）

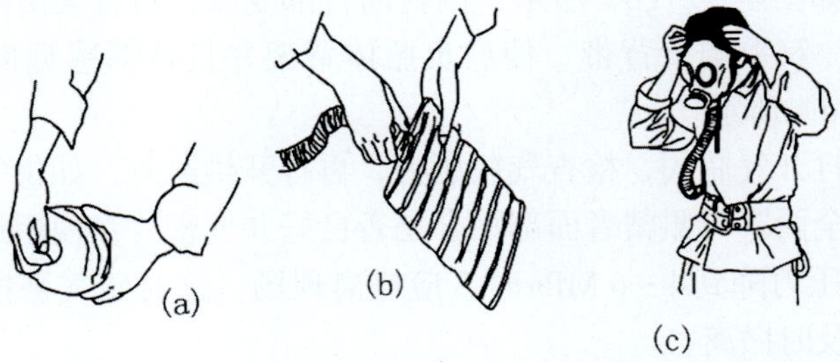

图4-2-1 过滤式防毒面具使用示意图

（1）佩戴面具袋

佩戴人员双手握背带，上提斜挎于右肩，背起面具袋。

（2）连接软管

佩戴人员双手翻开袋盖，从袋内取出滤毒罐和面罩，拔去滤毒罐底部进气孔的橡皮塞，如图4-2-1（a）所示；一手握住罐体，一手拧下罐盖，将面罩软臂连接在滤毒罐上，如图4-2-1（b）所示；将滤毒罐放回袋内，盖好袋盖，然后将面具袋置于左胯，系好腰带。

（3）戴面罩

佩戴人员脱下盔帽，解开帽带，将盔帽放在地上；放松面罩系带，将防雾剂（可用唾沫代替）均匀地涂在眼镜玻璃上；双手撑开面罩系带，将面罩套入下颚后。手掌系带向头顶移动，使系带均匀分布在头部，并调整眼镜位置，如图4-2-1(c)所示；双手向两侧收紧各条系带，带上盔帽，系好帽带。

2. 自给式呼吸器的使用方法（图4-2-2）

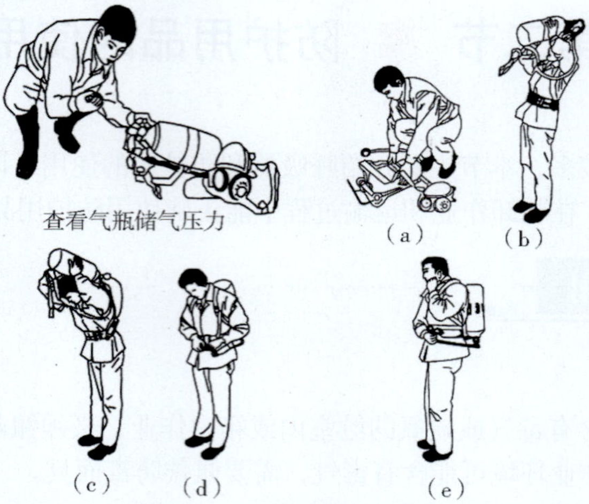

图4-2-2　自给式呼吸器的使用示意图

（1）使用前的检查准备工作

佩戴前先打开气瓶阀，检查储气压力，一般应为26～30 MPa。如压力过低表明瓶内气体不足。

（2）正确的穿戴方法

图4-2-2是自给式呼吸器的具体穿戴方法。佩戴人员面向气瓶底部，屈膝下蹲，双手虎口各夹住1条背带，手掌分握气瓶两侧，如图4-2-2（a）所示；双手将瓶体举过头顶，同时直体起立，如图4-2-2（b）所示；两臂向背部变屈，将背架沿贴背部缓慢放下，如图4-2-2（c）所示；双手调整背带，使肩负瓶体背架并且背部感觉良好，再系好胸带和腰带，如图4-2-2（d）所示。

使用时，先打开气瓶阀，检查气瓶压力，再打开供给阀，如供气正常则将全面罩系带收紧。然后检查全面罩与佩戴者面部贴合是否良好并气密。在使用过程中，应随时观察压力的指示值，当压力降到4～6 MPa时，应撤离现场。这时残气警报器也会发出汽笛警报声，告诫佩戴者及时撤离。

（3）使用结束卸下呼吸器的方法

使用结束后，先松开头带下部的皮带，然后打开头带，将面罩从下向上脱下；按下供气阀开关，关闭供气阀；拉开腰带插头伸出端，将插头从带扣中退出；放松肩带，将袋具从肩上卸下；关闭气瓶阀。

（三）呼吸器的使用注意事项

1. 过滤式防毒面具使用注意事项

（1）使用时应根据头型大小选择合适的面罩，佩戴时其边缘与头部应吻合，但面罩系带不宜收得过紧，以不引起头痛为准，保证连接部位密封不漏气。

（2）检查气密性，简便的方法是让使用者佩戴好面具，将滤毒罐进出孔口用手掌堵住，做几次深呼吸，如感憋胸，呼吸困难，则可认为该套面具气密性良好。

（3）戴用时必须先将滤毒罐的进气口打开，使呼吸流畅，否则会出窒息事故，威胁人身安全。

（4）使用中应注意滤毒罐是否失效，如嗅到异样气味（毒剂味），或发现滤毒罐增重，或使用时间过长，应停止使用，进行检验。

（5）滤毒罐的类型必须与货物相适应。不同的滤毒罐只能防护与其相适应的各种有毒气体。在进入毒区前必须弄清楚作业现场中的毒性气体种类、性质和浓度，根据实际情况选用合适类型的滤毒罐。

（6）滤毒罐的使用寿命是有限制的，应控制使用时间。如发现防毒面具的滤毒罐（盒）有腐蚀孔和沙沙声应停止使用。

（7）过滤式防毒面具使用完毕后，应将滤毒罐（盒）取下密封，面罩要用肥皂水或0.5%的高锰酸钾溶液消毒、洗净、晾干后保存，防毒面具应放在通风、干燥、温度适中、无毒性污染的库房中。滤毒罐（盒）存放超过有效期后，应经过检验，合格者方可继续使用。

2. 自给式呼吸器使用注意事项

（1）使用前必须检查和调整面罩，确保面罩和呼气阀气密性良好。

（2）使用前必须检查气压表和低压音响报警器的有效性。

（3）注意呼吸器的有效工作时间，如发现供气情况可疑或听到汽笛警报时，应立即撤离。

（4）在作业中，如面罩错位而吸进外界有害气体时，可暂停呼吸，立即调整面罩位置，再深吸一口气将面罩内废气排出，如此重复几次。若仍不能解决问题，则需及时撤离，以防万一。

（5）呼吸器使用后，应及时清洗面罩、气瓶外表，然后自然晾干，及时充装。呼吸器不用时，应定期进行检查，主要检查气密性、气瓶压力、减压阀等是否正常。

二、防护服的使用

(一)防护服的使用目的

防护服的种类很多，这里指的是防化学的防护服。防护服主要用于防范化学品对人体可能造成的毒害，在装卸毒性较大的危险品，尤其在发生货物泄漏事故时，为了防止有毒或其他危险货物的侵入，现场人员要穿防护服。

(二)防护服的穿戴

（1）首先对防护服进行检视和气压检测，确定没有缺陷。

（2）在防护服的目视镜里面涂上防雾剂。

（3）去掉可能损坏防护服的个人物品，如笔、证章、首饰等。

（4）脱掉鞋，把裤腿卷入长袜中，以便能方便地穿上防护服的裤腿和长筒胶靴。

（5）如果配合使用一个自给式空气呼吸装置，检查后装上该设备，完成所有连接并进行调节。

（6）坐着将两条腿放入防护服，将两只脚放入外套靴里，拉下套靴上面的防溅罩。

（7）打开空气供应装置，戴上面罩，确定供气系统工作正常 。

（8）站起了，扎上内腰带（如果有的话）。

（9）将手臂和头套入防护服里，拉上拉链，然后合上拉链覆盖。

（10）请助手检查确定拉链及拉链覆盖是否完全拉紧，面罩视野是否清晰，所有空气管路是否紧密接合。

(三)防护服的卸装

(1) 在防护服尚有足够的空气时离开工作现场，使安全地清除污染，及时脱去防护服。

(2) 如果防护服接触了有毒化学品，要先适当地去毒，然后脱去防护服。

(3) 按穿上防护服的相反顺序脱去防护服，勿接触防护服上可能沾有化学品的地方。

(四)防护服使用注意事项

应根据不同的防护要求，选择相应的防护服。不应将裤腿和袖子扎进靴子和手套内，以免其沾染的物质流入而造成人体伤害。防护服在使用后应按要求进行清洁，放置在干燥通风的地方晾干，平时应放置在专门的储存处所，不应放置在生活区内，在作业场所附近应放置有至少1套防护服。

目前，长江载运包装危险货物的船舶使用的呼吸器，多数是RHZK系列正压式消防空气呼吸器，下面介绍RHZK空气呼吸器的使用等情况。

三、3.0RHZK系列正压式消防空气呼吸器的使用

(一)适用范围

(1) 浓烟缺氧及任何有受毒气、烟气、蒸汽污染的大气环境中；

(2) −30～＋60℃、相对湿度0～100%、大气压力70～125 kPa的大气环境中。

(二)空气呼吸器的结构

1. 空气呼吸器结构

空气呼吸器结构如图4-2-3所示。

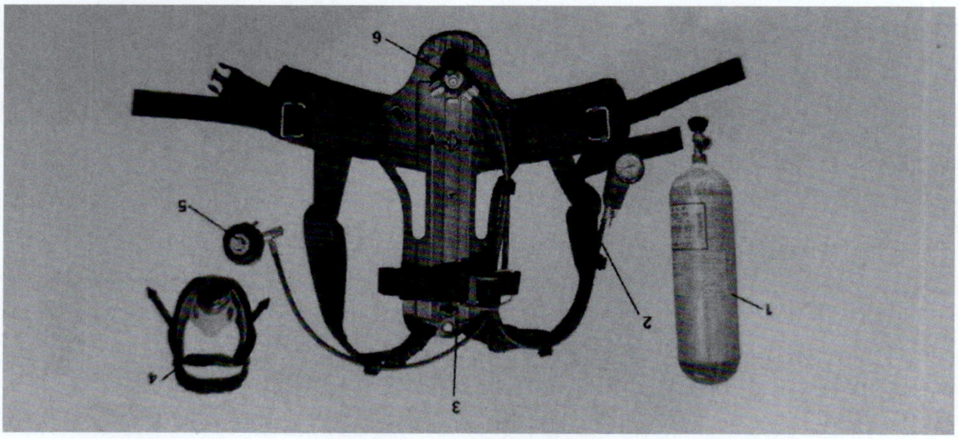

图4-2-3　空气呼吸器结构图

1—气瓶；2—高压管路及报警器；3—背托；4—全面罩；5—供给阀；6—减压器

2. 技术说明

(1) 气瓶

气瓶通常采用钢质气瓶，可提供4 L、5 L、6 L、6.8 L等不同容积，额定工作压力为30 MPa。船员在使用过程中应注意气瓶是否在有效期内，超过有效期的禁止使用。气瓶水压试验期为三年一次，超过三年应重新做水压试验，合格后方可使用。

（2）报警器

当气瓶内消耗空气至4～6 MPa时，报警器会发出报警声，以提醒使用者气瓶内最多还有16%的空气。

（3）背具

背具由背托、左腰带、右腰带、左右肩带、气瓶固定架组五部分组成。

（4）全面罩

全面罩采用硅橡胶材料，与面部贴合柔韧、舒适、视野宽阔。

（5）供给阀

供给阀的出气端与全面罩相连，进气端与中压导管相连。供给阀能向使用者提供大于300 L/min的空气流量。供给阀进气口处的红色旋钮是应急开关。将旋钮逆时针旋转90°可获得至少200 L/min持续流量的空气。正常情况下此开关处于关闭状态。注意：仅当供给阀出现故障时，方可打开此开关。

（6）减压器

减压器可将30 MPa高压空气减压为（0.65±0.2）MPa的中压空气，供佩戴者使用。另外减压器上还设有中压安全阀和报警器。

(三)空气呼吸器使用前的检查

（1）检查全面罩、呼气阀、吸气阀、供给阀和气瓶组件等的连接是否牢固气闭。

（2）气源压和背具是否完好无损，能正常工作。

（3）打开瓶头阀，确保气瓶内的压力在28～30 MPa范围内。

（4）检查整机的气密性，打开瓶头阀2 min后关闭瓶头阀，观察压力表的示值5 min内的压力下降不超过4 MPa。

（5）检查全面罩和供给阀的匹配情况，关闭供给阀的进气阀门，佩戴好全面罩吸气，供给阀的进气阀门应自动开启。

(四)空气呼吸器的佩戴方法

（1）先将快速接头拔开，然后将空气呼吸器背在人身体后（瓶头阀在下方），根据身材调节好肩带、腰带，以合身牢靠、舒适为宜。

（2）连接好快速接头并锁紧，将全面罩置于胸前，以便随时佩戴。

（3）将供给阀的进气阀门置于关闭状态，打开瓶头阀，观察压力表示值，以估计使用时间。

（4）佩戴好全面罩（可不用系带）并进行2～3次的深呼吸，屏气或呼气时供给阀应停止供气，无“丝丝”的响声。一切正常后，将全面罩系带收紧，使全面罩和人的额头、面部贴合良好并气密。

使用注意事项：

①一旦听到报警声，应结束在危险区工作，并尽快离开危险区。

②压力表固定在空气呼吸器的肩带处，随时可以观察压力表示值来判断气瓶内的剩余空气。

③要等瓶头阀关闭后，管路的剩余空气释放完，再拔开快速接头。

④空气呼吸器使用后将全面罩的系带解开，将消防头盔和全面罩分离，从头上摘下全面罩，同时关闭供给阀的进气阀门。将空气呼吸器从身体卸下，关闭瓶头阀。

(五)使用后的处理

空气呼吸器使用完后应及时恢复使用前的准备状态，并做以下工作。

（1）卸下全面罩，用中性或弱碱性消毒液洗涤全面罩的口鼻罩及人的面部、额头接触的部位，擦洗呼气阀片；最后用清水擦洗。洗净的部位应自然干燥。

（2）卸下背具上的空气瓶，擦净装具上的油雾、灰尘，并检查有无损坏的部位。

（3）对空气瓶充气的方法如下：

①关闭瓶头阀，将空气瓶组件从背具上卸下来。

②将气瓶组连接在空气压缩机的输出接口上。

③打开瓶头阀旋钮，按下空气压缩机电源开关充气至30 MPa。

④待空气瓶自然冷却后再充气至30 MPa。

⑤关闭瓶头阀，放空充气管路的剩余空气，然后从充气装置上取下气瓶组。

⑥将气瓶组装到背具上或另外存放备用。

装运包装危险货物干粉灭火器灭火的实操训练

教学项目	干粉灭火器的使用	教学形式	实操训练	教学学时	1学时
教学目标	掌握干粉灭火器的使用				
教学内容	适用范围，灭火时的操作				
教学重点和难点	重点：灭火时的操作。 难点：灭火时的操作				
教具准备	干粉灭火器40个				
教学场所	实操训练场所或生产现场				

时间(min)	教学过程	教学内容	教学方法
2	引言	灭火原理、适用范围和灭火的注意事项（人站在上风，对着火焰的根部）	讲授
5	示范讲解	1.直立将灭火器提到现场； 2.轻轻直立摇晃灭火器； 3.除掉铅封； 4.拔掉保险销； 5.左手握着喷管，右手握住压把； 6.在距火焰2～4 m上风侧，右手用力压下把手，左手将喷管左右摆动，从根部开始，将干粉覆盖整个燃烧区	示范
15	学员练习、教师督促指导	1.学员对各个步骤的实操练习 2.实操教师通过观察和指导，纠正学员存在的不足	练习
20	反复练习	学员根据实操教师的指导，反复练习，直至能够独立掌握操作要领	训练与复习
3	总结讲评	对学员的训练情况进行讲评，包括：学员哪些做得好，哪些做得不好，应注意什么问题，如何进行改进	讲授

装运包装危险货物二氧化碳灭火器灭火的实操训练

教学项目		二氧化碳灭火器的使用	教学形式	实操训练	教学学时	1学时
教学目标		掌握二氧化碳灭火器的使用				
教学内容		适用范围，灭火时的操作				
教学重点和难点		重点：灭火时的操作。 难点：灭火时的处于火源的位置及喇叭管瞄准的部位				
教具准备		二氧化碳灭火器40个				
教学场所		实操训练场所或生产现场				
时间（min）	教学过程	教学内容				教学方法
2	引言	灭火原理、适用范围和灭火的注意事项（人站在上风，对着火焰的根部）				讲授
5	示范讲解	1.直立将灭火器提到现场； 2.除掉铅封； 3.拔掉保险销； 4.左手拿着喇叭筒，右手握住压把； 5.在距火源2 m的上风侧，右手用力压下把手，左手将喇叭喷管左右摆动（不要过快），从根部开始，并不断推前，直至把火焰扑灭				示范
15	学员练习、教师督促指导	1.学员对灭火器各步骤的实操练习； 2.实操教师通过观察和指导，纠正学员存在的不足				练习
20	反复练习	学员根据实操教师的指导，反复练习，直至能够独立掌握操作要领				训练与复习
3	总结讲评	对学员的训练情况进行讲评，包括：学员哪些做得好，哪些做得不好，应注意什么问题，如何进行改进				讲授

装运包装危险货物蛋白泡沫灭火设备灭火的实操训练

<table>
<tr><td colspan="2">教学项目</td><td>蛋白泡沫灭火设备使用</td><td>教学形式</td><td>实操训练</td><td>教学学时</td><td>1学时</td></tr>
<tr><td colspan="2">教学目标</td><td colspan="5">掌握背负式的蛋白泡沫灭火设备的使用</td></tr>
<tr><td colspan="2">教学内容</td><td colspan="5">灭火时的操作</td></tr>
<tr><td colspan="2">教学重点和难点</td><td colspan="5">重点：灭火时的操作
难点：灭火时的操作</td></tr>
<tr><td colspan="2">教具准备</td><td colspan="5">装有“药”的药桶一个，软管一根，消防带一根、消火栓两个，泡沫灭火水枪一支</td></tr>
<tr><td colspan="2">教学场所</td><td colspan="5">实操训练场所或生产现场</td></tr>
<tr><td>时间(min)</td><td>教学过程</td><td colspan="4">教学内容</td><td>教学方法</td></tr>
<tr><td>2</td><td>引言</td><td colspan="4">灭火原理、适用范围和灭火的注意事项（人站在上风，对着火焰的面部）</td><td>讲授</td></tr>
<tr><td>5</td><td>示范讲解</td><td colspan="4">1.将“药桶”直立背到现场；
2.轻轻直立摇晃几下药桶；
3.将软管一头连接在药桶上，同时将消防带连接在消火栓上，另一头与泡沫水枪相连，连妥后；将软管另一头与泡沫水枪侧的管口相连，打开消防栓的开关，再开启“药桶”开关；
4.人站在上风，约离失火区10 m；
5.双手握住水枪，对着失火区域，平稳的移动，将泡沫覆盖整个失火区</td><td>示范</td></tr>
<tr><td>15</td><td>学员练习、教师督促指导</td><td colspan="4">1.学员对各步骤的实操练习；
2.实操教师通过观察和指导，纠正学员存在的不足</td><td>练习</td></tr>
<tr><td>20</td><td>反复练习</td><td colspan="4">学员根据实操教师的指导，反复练习，直至能够独立掌握操作要领</td><td>训练与复习</td></tr>
<tr><td>3</td><td>总结讲评</td><td colspan="4">对学员的训练情况进行讲评，包括：学员哪些做得好，哪些做得不好，应注意什么问题，如何进行改进</td><td>讲授</td></tr>
</table>

装运包装危险货物溢漏应急的实操训练

教学项目	溢漏的应急处置	教学形式	实操训练	教学学时	1学时
教学目标	能正确处置包装危险货物的溢漏				
教学内容	包装危险货物的溢漏处置				
教学重点和难点	重点：包装危险货物的溢漏处置 难点：根据货物的特性，选择正确的方法				
教具准备	运单、EMS指南				
教学场所	实操训练场所或生产现场				

时间(min)	教学过程	教 学 内 容	教学方法
2	引言	简介EMS指南，以过氧化氢为例	讲授
5	示范讲解	1.从运单上查出过氧化氢的联合国编号为：2984； 2.根据联合国编号在EMS指南中，查出过氧化氢的溢漏为S—Q表； 3.根据S—Q表的建议，结合应急预案实施应急处置（将溢漏的液体收集到“储液舱”中，到港后请专业公司处置）	示范
15	学员练习、教师督促指导	1.学员对各步骤的实操练习； 2.实操教师通过观察和指导，纠正学员存在的不足	练习
20	反复练习	学员根据实操教师的指导，反复练习，直至能够独立掌握操作要领	训练与复习
3	总结讲评	对学员的训练情况进行讲评，包括：学员哪些做得好，哪些做得不好，应注意什么问题，如何进行改进	讲授

呼吸器的穿戴实操训练

<table>
<tr><td colspan="2">教学项目</td><td>呼吸器的穿戴</td><td>教学形式</td><td>实操训练</td><td>教学学时</td><td>1学时</td></tr>
<tr><td colspan="2">教学目标</td><td colspan="5">能正确、迅速穿戴呼吸器</td></tr>
<tr><td colspan="2">教学内容</td><td colspan="5">呼吸器的检查、穿戴和充气</td></tr>
<tr><td colspan="2">教学重点和难点</td><td colspan="5">重点：呼吸器穿戴。
难点：呼吸器的充气</td></tr>
<tr><td colspan="2">教具准备</td><td colspan="5">RHZK空气呼吸器5个</td></tr>
<tr><td colspan="2">教学场所</td><td colspan="5">实操训练场所或生产现场</td></tr>
<tr><td>时间
（min）</td><td>教学过程</td><td colspan="4">教学内容</td><td>教学方法</td></tr>
<tr><td>2</td><td>引言</td><td colspan="4">简介空RHZK空气呼吸器的使用注意事项</td><td>讲授</td></tr>
<tr><td>5</td><td>示范讲解</td><td colspan="4">1.检查呼吸器管子是否拉牢、有无漏气、各阀是否完好等；
2.将快速接头拔开，然后将空气呼吸器背在人身体后（瓶头阀在下方），根据身材调节好肩带、腰带，以合身牢靠、舒适为宜；
3.连接好快速接头并锁紧，将全面罩置于胸前，以便随时佩戴；
4.将供给阀的进气阀门置于关闭状态，打开瓶头阀，观察压力表示值，以估计使用时间；
5.佩戴好全面罩（可不用系带）进行2～3次的深呼吸，感觉舒畅，屏气或呼气时供给阀应停止供气，无“丝丝”的响声。一切正常后，将全面罩系带收紧，使全面罩和人的额头、面部贴合良好并气密</td><td>示范</td></tr>
<tr><td>15</td><td>学员练习、教师督促指导</td><td colspan="4">1.学员对呼吸器使用的实操练习；
2.实操教师通过观察和指导，纠正学员存在的不足</td><td>练习</td></tr>
<tr><td>20</td><td>反复练习</td><td colspan="4">学员根据实操教师的指导，反复练习，直至能够独立掌握操作要领</td><td>训练与复习</td></tr>
<tr><td>3</td><td>总结讲评</td><td colspan="4">对学员的训练情况进行讲评，包括：学员哪些做得好，哪些做得不好，应注意什么问题，如何进行改进</td><td>讲授</td></tr>
</table>

防护服的穿戴应急的实操训练

<table>
<tr><td colspan="2">教学项目</td><td>防护服的穿戴</td><td>教学形式</td><td>实操训练</td><td>教学学时</td><td>1学时</td></tr>
<tr><td colspan="2">教学目标</td><td colspan="5">正确使用防护服</td></tr>
<tr><td colspan="2">教学内容</td><td colspan="5">防护服的使用目的、防护服的穿着、防护服使用的注意事项</td></tr>
<tr><td colspan="2">教学重点和难点</td><td colspan="5">重点：防护服的穿着和使用注意事项。
难点：防护服的穿着</td></tr>
<tr><td colspan="2">教具准备</td><td colspan="5">防护服5套</td></tr>
<tr><td colspan="2">教学场所</td><td colspan="5">实操训练场所或生产现场</td></tr>
<tr><td>时间（min）</td><td>教学过程</td><td colspan="4">教学内容</td><td>教学方法</td></tr>
<tr><td>2</td><td>引言</td><td colspan="4">防护服的使用目的和注意事项</td><td>讲授</td></tr>
<tr><td>5</td><td>示范讲解</td><td colspan="4">1.首先对防护服进行检视和气压检测，确定没有缺陷；
2.脱掉鞋，把裤腿卷入长袜中，以便能方便地穿上防护服的裤腿和长筒胶靴；
3.如果配合使用一个自给式空气呼吸装置，检查后装上该设备，完成所有连接并进行调节；
4.坐着将两条腿放入防护服，将两只脚放入外套靴里，拉下套靴上面的防溅罩；
5.打开空气供应装置，戴上面罩，确定供气系统工作正常；
6.站起了，扎上内腰带；
7.将手臂和头套入防护服里，拉上拉链，然后合上拉链覆盖；
8.请助手检查确定拉链及拉链覆盖是否完全拉紧，面罩视野是否清晰，所有空气管路是否紧密接合</td><td>示范</td></tr>
<tr><td>15</td><td>学员练习、教师督促指导</td><td colspan="4">1.学员对各步骤的实操练习；
2.实操教师通过观察和指导，纠正学员存在的不足</td><td>练习</td></tr>
<tr><td>20</td><td>反复练习</td><td colspan="4">学员根据实操教师的指导，反复练习，直至能够独立掌握操作要领</td><td>训练与复习</td></tr>
<tr><td>3</td><td>总结讲评</td><td colspan="4">对学员的训练情况进行讲评，包括：学员哪些做得好，哪些做得不好，应注意什么问题，如何进行改进</td><td>讲授</td></tr>
</table>

人员伤害的应急处理实操训练

教学项目		人员伤害的应急处理	教学形式	实操训练	教学学时	1学时
教学目标		在“医疗急救指南”的指导下，对人员伤害进行应急处置				
教学内容		“医疗急救指南”的使用，人员伤害进行应急处置				
教学重点和难点		重点：人员伤害进行应急处置。 难点：人员伤害进行应急处置				
教具准备		《医疗急救指南》一本，听诊器、血压计、温度测量器等				
教学场所		实操训练场所或生产现场				
时间(min)	教学过程	教学内容				教学方法
2	引言	简介“医疗急救指南”的使用				讲授
5	示范讲解	1.诊断，查看病人的情况，是呕吐？还是呼吸急促？还是其他情况？ 2.查表和附录，（对照表4-1-5、4-1-6，找出表号，根据表号找出附录） 3.应急抢救，根据查出的表和附录，进行应急处置				示范
15	学员练习、教师督促指导	1.学员对各步骤的实操练习； 2.实操教师通过观察和指导，纠正学员存在的不足				练习
20	反复练习	学员根据实操教师的指导，反复练习，直至能够独立掌握操作要领				训练与复习
3	总结讲评	对学员的训练情况进行讲评，包括：学员哪些做得好，哪些做得不好，应注意什么问题，如何进行改进				讲授

附件 4.1

<table>
<tr><td rowspan="4"></td><td colspan="3">××××安全管理体系文件</td><td>版 本</td><td>1.0</td></tr>
<tr><td colspan="3" rowspan="2">YJ 22 包装危险品泄漏应急须知</td><td colspan="2">生效日期</td></tr>
<tr><td colspan="2">2016.03.01</td></tr>
<tr><td>编写：安全技术部</td><td>审核：×××</td><td>批准：×××</td><td>页数</td><td>1</td></tr>
</table>

1 目的

本文件规定了集装箱船舶载运包装危险品发生泄漏（含渗漏、撒漏，下同）后的应急处置方法，旨在减少对船员身体的伤害和船体的危害以及避免对水域环境造成污染。

2 适用范围

进入安全管理体系的船舶。

3 参照文件

《国际海运危险货物规则》。

4 包装危险品安全风险识别

4.1 危险品泄漏后，在空气中生成可燃性或爆炸性混合气体，易发生火灾、爆炸、中毒事故。

4.2 性质上相互抵触的危险品泄漏后相遇，发生剧烈化学反应引发火灾爆炸事故。

4.3 有毒有害货物泄漏后对船员身体造成伤害。

4.4 危险品泄漏后直接排放江中，对水域环境造成污染。

4.5 强酸、强碱等腐蚀性危险货物泄漏后对船体腐蚀。

5 应急处理

5.1 当船员发现包装危险品泄漏后，应及时向驾驶室或船长报告，船长应在第一时间向公司应急监控值班室报告，同时根据危险程度向当地海事、公安部门报告。

5.2 船长应指定专人穿戴防化服及自给式呼吸器到现场查看危险货物泄漏情况。

5.3 船舶理货人员应向船长提供本船所载运的危险货物品名、特性、数量、防范注意事项以及船舶积载图，以便对危险货物进行确认和风险识别。

5.4 其他船员应按应急分工表按职责分工到达指定地点，泄漏现场避免所有火源（如明火、无防护灯、电动手工工具）。

5.5 船长应指挥船员隔离泄漏的危险货物，并对泄漏的集装箱外包装进行封堵处理。

5.6 根据泄漏的危险货物种类和特性，选择相应的收集容器，及时收集泄漏的危险货物，严禁将收集的危险货物直接倒入水中。

5.7 严禁开启货舱舱底阀，若要排放货舱积水时，必须经船长和轮机长同时确认货舱内无任何危险品泄漏时方可进行，并做好记录。

5.8 泄漏货物处理后，对受污染处所应进行清洗，消除危害。船舶发生强腐蚀性货物泄漏，应仔细检查是否对船舶造成结构上的损坏，必要时应申请船舶检验部门检验。

6 记录

事故处理后应将事故处理情况记入“航行日志”和《轮机日志》。

附件 4.2

	××××安全管理体系文件			版 本	1.1
	YJ 13 食物中毒的预防及应急措施			生效日期	
				2017.06.01	
	编写：安全技术科	审核：×××	批准：×××	页数	1

1 目的

本文件规定了船舶食物中毒的预防及应急处理措施，旨在保证船员安全，防止食物中毒事件的发生。

2 适用范围

进入安全管理体系的相关部门及船舶。

3 总则

船舶发生食物中毒事故时，全体员工必须在船长的指挥下全力救助，确保船员的生命安全。

4 预防食物中毒措施

4.1 餐务人员应熟练掌握食物原料特性，因料施用烹调方案。

4.2 墩板、抹布一定要经常消毒、分类使用。

4.3 冰箱按规定清洗整理，生、熟食品分开使用。

4.4 保持厨房清洁，防止苍蝇、老鼠、蟑螂的侵入。

4.5 餐务人员必须穿洁净的工装和戴工作帽操作。

4.6 餐务人员身体健康，手指应保持干净，不能有开放性伤口、污垢等。

4.7 厨具、餐具按规定消毒。

4.8 不使用有异味或不洁的原料。

5 食物中毒应急处理

5.1 船舶发生食物中毒事故，应迅速报公司应急监控值班室及相应的主管部门，并联系就近的卫生部门进行治疗。

5.2 先给患者服用温开水，然后把手指插入患者喉咙让胃里的东西吐出来，使肠胃排空。

5.3 让患者安静休息。手脚发冷时，应用温水袋等物品加温或保温。

5.4 腹泻严重时，应给患者喝少量的温开水，以防严重脱水。

5.5 应将可能引起中毒的食物及呕吐物、大便取样妥善保存，以便检验确诊。

6 记录

6.1 船舶发生食物中毒事故时应记录在“航行日志”中，详细记录船舶所采取的应急处理措施等。

附件4.3　船舶“消防”应急演习步骤

按照应急演习计划，长航______轮______年______月______日______时在长江游航道里程______千米上(下)行时举行船舶“消防”应急演习。

演习开始前，驾驶室值班人员请船长进驾驶室。

船长进驾驶室后确认可以进行演习，担任总指挥，发布指令：演习开始！

（注：船舶组织的“消防”演习每月举行一次，一年内覆盖前部、中部、后部、机舱、上甲板五个部位，船员生活区、厨房、物料间和客船的客区等根据船舶具体结构布置对应纳入以上演习部位。本演习步骤按照长江船舶编写了机舱失火演习，其他场所的演习船舶可根据具体情况自行制定后实施。）

一、机舱失火演习

1. 值班轮机员（模拟）向轮机长和驾驶室报告：______时机舱失火。值班驾驶员（模拟）向船长报告：______时机舱失火。

船长指令：启动应急反应程序，驾驶值班人员按《船舶应急演习警报信号表》发布船舶“机舱失火”演习信号——“一阵乱钟后接敲四击钟”，各岗位船员按《救生救火应变部署表》各就各位，开展扑救行动，（模拟）向公司应急指挥中心和当地海事主管机关、公安消防部门报告，（模拟）联系附近船舶参与救助。

2. 轮机长担任演习现场指挥，立即到机舱指挥灭火，消防大副协助轮机长指挥，值班轮机员开启消防泵，（模拟）对空气瓶、锅炉等压力容器进行泄压，用附近灭火器材包括使用推车式泡沫灭火器、空气泡沫枪灭火，连接消防水带使用喷雾水枪对机舱壁、空气瓶等部位进行冷却。

3. 政委担任演习副总指挥，（模拟）协调各部门对旅客进行疏散与撤离。

4. 客船行政大副现场协助指挥，生活大副在驾驶室协助船长指挥，舵系二副携带通讯工具负责现场与驾驶室通讯联络，航次二副在驾驶室负责瞭望，三副在驾驶室负责通信联络和记录。集装箱/货轮行政大副负责正确引航操作，二副在驾驶室协助船长指挥并负责瞭望和通讯联络，三副携带灭火器材参与机舱灭火。除值班水手在驾驶室值班外，其他水手由水手长带领听令携带灭火器材参与机舱灭火。

5. 大管轮负责确保主辅机正常运转，二管轮现场听令灭火并负责轮机部相关联络，三管轮穿戴消防员装备（集装箱/货轮为防护服）待令。除值班机工坚守机舱值班外，不值班机工现场听令灭火。

6. 客船客房经理指挥旅客疏散，广播员按船长指令广播疏散通知，客房、康乐部其他人员组织旅客穿好救生衣按命令疏散，并做好安抚、救护工作。餐务部人员携带灭火器材现场听令灭火。

7. ______时机舱（模拟）向驾驶室报告：火势越来越大已不能控制，水灭火系统、手持灭火器无法扑灭大火，请求对机舱实施封舱灭火。

船长指令：同意封舱灭火。

8. 轮机长（模拟）指挥轮机部人员关停机电设备，切断风机、油泵电源，关闭机舱所有门窗，大管轮携带《轮机日志》《车钟记录》，轮机部人员撤离机舱。

9. ______时消防大副（模拟）向驾驶室报告：轮机长切断了机舱门口的风机、油泵电源，开启了CO_2施放警报，三管轮穿戴消防员装备（集装箱/货轮为防护服）下机舱确认人员已撤离完毕，封舱灭火准备就绪。

船长指令：实施封舱灭火。

10. ______时轮机长（模拟）开启CO_2灭火系统，实施机舱封舱灭火。

11. ______时消防大副（模拟）向驾驶室报告：当地海事主管机关海巡艇、公安消防艇已到达现场，经我轮穿戴消防员装备（集装箱/货轮为防护服）的三管轮下机舱探查，确认机舱失火已被扑灭，无人员伤亡。

船长指令：进一步做好防范措施，防止死灰复燃，保护“火灾”现场，协助主管机关调查，做好机电设备检修工作。注意船舶吃水变化，检查机舱损失和集装箱系固，排查货舱火险和货舱有无积水，及时消除隐患。

12. ______时轮机长（模拟）向驾驶室报告：经主管机关确认，本次“机舱失火”为设备故障引起，经检修后机舱机电设备已恢复正常。

13. ______时行政大副（模拟）向船长报告：船舶吃水无变化前______m、后______m（集装箱船舶检查各区集装箱的系固均稳妥，货舱无火险和积水），确定现已无安全隐患。

船长指令：（模拟）向当地海事主管机关、公安消防部门和公司应急指挥中心报告。

14. ______时船长宣布：“机舱失火”演习结束，发出解除演习警报——“汽笛、警报器或口笛一长声”，船舶正常航行，做好演习评价和记录。

思考题

1. 人员急救的基本方法有哪些？
2. 简述经皮肤吸收的毒物污染皮肤和黏膜时的急救。
3. 简述强酸灼伤皮肤的急救方法。
4. 简述眼部被强碱污染的应急处理。
5. 空气呼吸器使用前的检查有哪些？
6. 自给式呼吸器使用注意事项有哪些？
7. 简述怎样进行“冰敷”。
8. 简述人员急救的原则。
9. “船舶污染事故报告书”应当包括哪些内容？
10. 简述泡沫灭火器的用途。
11. 船舶制定应急预案的目的是什么？
12. 简述吸油毡的使用。
13. EmS指南（溢漏）使用有哪三个步骤？
14. 简述吸油毡吸油后的处理。
15. 简述背负式的蛋白泡沫灭火器的使用。
16. 空气呼吸器由哪些主要部件组成？
17. 简述皮肤灼伤的应急处理。

第五章

事故案例分析

案例一 2009年某轮在石牌集装箱下河的案例

1. 事故时间：2009年8月10日23点20分。

2. 事故地点：石牌水尺下约100米河心处（长江上游航道里程23.0千米）。

3. 装载情况：该轮《装载手册》载明：该轮允许装载176标箱，箱位共分11排4列4层，其中舱内2层，舱口以上2层，每层可装载44标箱。

事发时，该轮实际载货155个集装箱（20'F/134个，40'F/21个），各层分别装载44标箱，共装载塑料、玻璃纤维、日用品、摩托车、榨菜及危险货物高锰酸钾等3 256吨。

4. 事故发生时水域的水文、气象及航道情况。

（1）水文情况：三峡水利枢纽梯级调度中心提供，8月10日2200时三峡出库流量为32 590立方米/秒，石牌水位为67.07米。

（2）气象情况：事发时，石牌水域晴天，能见度良好，无风。

（3）航道情况：事发水域地处石牌弯道，江面弯曲狭窄，属川江山区航道；河床为岩石地质，河段内平面形态呈90度急弯，曲率半径约750米，河床两岸岸嘴、石盘突出，岸线极不规则。水流流速在三峡大坝下泄流量30 000立方米/秒时约2.0米/秒，流态紊乱，泡喷强劲，石牌水尺处斜流直冲南岸，形成扫弯水。

5. 事故经过：该轮本航次，重庆至上海。2317时许，在鸡公滩慢车（主机转速约560转/分）续下；2318时许，在鸡子沱左微舵调整船位至河心续下；2319时许，近石牌水尺操左舵，加车（主机转速约730转/分）转向欲过石牌弯道；2320时许，过石牌水尺船尾快速甩向南岸，船体向右严重倾斜，随即自艉部开始第四层和第三层部分集装箱从右舷滑落入江。

6. 事故损失情况：62个集装箱落入江中，23个集装箱箱体不同程度受损。

7. 事故原因：在操作方面，该轮近石牌水尺时，驾驶人员发现本船有落弯之势，采取了加大车速、大舵角向左转向的措施，在不当操作及不正常水势流态作用下，船尾快速甩向南岸，船舶向右严重倾斜，致使集装箱滑落入江。

在积载方面，本航次该轮在第四层集装箱箱角横向安放了连接桥锁，其他集装箱安放了转锁，舱面集装箱两侧用绑扎带进行了绑扎。尽管采取了一定的系固措施，但驾驶人员对船舶通过石牌急弯航段向左转向发生横倾，特别是大舵角、加车转向横倾加剧时，集装箱的系固是否仍能满足安全需要估计不足，致使集装箱滑落入江。

8. 事故教训：(1) 通常情况下，弯曲河段凸嘴水势高，斜流强劲时，会直冲对岸，此时，船舶本身会产生向凹岸的横倾，过弯道时，船舶向高舷一侧转舵，在惯性离心力的作用下，船舶横倾加大；又操急舵，惯性离心力增大，横倾又增大；当又加车时，惯性离心力将会更大，横倾将会进一步加剧。(2) 两侧用绑扎带进行了绑扎是不正确的，应该用15～17毫米的钢丝绳加象脚钩和花篮螺丝绑扎。

案例二　2006年某轮在赤壁矶头集装箱下河的案例

1. 事故时间：2006年5月26日11点38分。

2. 事故地点：赤壁矶头。

3. 装载箱量：20′×46、40′×79，艏吃水2.40米，艉吃水2.70米。

4. 事故发生时水域的气象及航道情况：当时能见度良好，无风，矶头下方有回流和泡，上方有斜流。

5. 事故经过：本航次，上海至重庆。11:28时该轮沿军民界继续上驶，达军民界上嘴（中游航道里程161千米处）挂赤壁山过河标上行，至赤壁山嘴下首煤码头右舵外扬，此时船舶与水沫线的横距约50米，引航二副叫右微舵，见船首未动，便亲自操右舵扬头，船舶向右转向加快，随后二副又交给舵工操舵。船首刚扬出，斜流冲船首，船身打横，成打张态势，船舶向左倾斜，在此情况下引航二副叫左舵、左满舵迎赤壁山嘴斜流，船舶向左倾斜加剧，11:38时听见异常响声，箱子开始从左舷滑入河中。

6. 事故损失情况：16个集装箱掉入江中。

7. 事故原因：贪快走扣船、操作不当（操大角度的急舵、反舵）是导致事故发生的直接原因。从事故经过不难看出，为了贪快而走扣船，该船进入回流区，被迫大舵角出角，造成打张态势，同时船舶向左倾斜，此时，引航二副没有立即采取慢车、停车减速、正舵等措施，而是错误地选择了左舵、左满舵迎赤壁山嘴斜流的方法，用舵的瞬间加剧了船舶向左倾斜，直接导致了集装箱掉入江中的事故发生。

8. 事故教训：上行船，不要贪快走扣，提前将船牵出回流区，减小船舶与斜流的夹角，避免船舶急速回舵并操大角度的反舵。

案例三　长江中游某新港公司码头装卸时集装箱下河的案例

1. 事故时间：2011年7月26日20点35分。

2. 事故地点：长江中游××新港公司码头。

3. 拟装载情况：货物全部为1.4类危险品（烟花），共计45个40英尺（12米）和3个

20英尺（6米）的集装箱。

配载方案为四排三列四层。其配载图无集装箱号和集装箱重量标识，新港公司工作人员也未编制集装箱实配图并交由船方审查和签字认可。

4. 事故发生时水域的水文、气象及航道情况：未有异常情况。

5. 事故经过：16点10分，新港公司在3号泊位开始对“湘湘潭货0082”轮进行装载，箱位装载顺序为“海侧—中间—陆侧”。至18点，完成了27个集装箱的装载。

20点15分，在装至第四层的第三排时，开始改变集装箱箱位的装载顺序，由先前的“海侧—中间—陆侧”装载顺序变为“中间—陆侧—海侧”的装载顺序进行。

20点24分，在进行到第四层第三排海侧（第一列）方向的集装箱装载时，船舶发生了一次严重的右倾。新港公司理货员两次提醒船方二副注意船体右倾情况，但是船方均表示没有关系，要求照常装载。

20点35分，当装载至最后一个集装箱时，船体发生了剧烈摇晃，箱位发生明显偏离。此时其实际装载情况为：第一层货物重量156.69吨，第二层224.18吨，第三层216.39吨，第四层239.79吨，左列（第三列）货物重量270.64吨，中列（第二列）289.06吨，右列（第一列）303.13吨。船长向吊车司机发出了可以脱钩起吊的指示，当吊机脱钩起吊的一瞬间，站在第四层集装箱上指挥的船长和第三、第四层大部分集装箱（共计26个）同时滑落江中。

6. 事故损失： 事故造成船长落水死亡，船舶右舷围板受损；26个集装箱落水，箱内约470吨烟花爆竹全损，32个集装箱存在不同程度的损坏。

7. 事故原因：

（1）积载不当

船舶未按规定在装载前对船舶的装载情况进行稳性计算，未遵守集装箱配积载“下重上轻、左右对称”的原则，造成了右重左轻、上重下轻，集装箱重心横向偏心向右，船舶向右倾斜。且根据当时作业相关实际数据进行稳性核算可知，该轮只能装载三层集装箱，第四层的集装箱应为空箱。

（2）装载指挥失误

新港公司理货员在装载的过程中曾两次提醒过船方船体发生了倾斜现象，但船舶没有采取停止作业、调整箱位、检查系固情况等措施。装载过程中在船体发生剧烈摇晃、箱位发生明显偏离的情况下，船长却向吊车司机发出了可以脱钩起吊的错误指示。

（3）港方操作不当

新港公司没有根据代理方华洋公司提供的预配图和码头实际进箱情况编制集装箱实配图，并按双方认可的实配图进行装船作业。其工作人员在发现船舶发生明显右倾现象后，没有采取停止作业等措施，也没有及时上报，而是盲目继续为船舶进行装载作业。

8. 事故教训：

（1）认真做好船舶配积载工作，严格按照《内河集装箱系固手册编制指南》进行配积载工作。

（2）小型船舶，尽量避免装载40英尺（12米）的集装箱。

（3）港航双方要加强工作的协调，一旦发觉船舶横倾较大，应立即停止作业，查明原因，消除横倾后，再继续装卸。

在长江，集装箱船舶箱子下河案例还发生过多起。

如2008年7月8日，某轮在上海港吴淞口2号锚地受大风袭击，处置不及时，造成9×40′空集装箱掉入江中、3×40′空集装箱倾斜、1×40′重集装箱移位、船体及栏杆多处受损的事故。

又如2008年9月16日，某轮在明月沱（长江上游航道里程627.40千米处），因操作不当，集装箱系固不牢、不规范等原因，导致32个集装箱掉入江中，另有17个（未入水）集装箱受损变形，船舶左舷栏杆受损20米，左舷前部楼梯变形的事故。

又如2017年8月28日某轮，因操作不当等原因，在长江上游深沱，导致23个大箱落水的事故。

集装箱落水的事故应引起航运界的高度重视，人们不仅要从人为因素（责任心等）、客观因素（航道、水文等）找原因，还应从专业技术上——集装箱的积载、系固，船舶的操作等上找原因。总结和领会集装箱船舶的操作规律，最大限度地杜绝集装箱落水以及船舶翻沉的恶性事故的发生。

案例四 长江上游某港人员中毒的案例

1. 事故时间：2013年3月15日。

2. 事故地点：长江上游某港码头。

3. 事故发生时的气象情况：晴，无风。

4. 事故经过：上午8点20分，11名工人，陆续到达码头的作业现场，本次作业是对装有有毒物质碳酸钡的7个集装箱进行拆箱（将袋装碳酸钡从一个集装箱内搬到另一个集装箱里），为了提高工作效率，工人们将要作业的集装箱箱门两两相对，准备工作完成后，9点30分左右，掏箱工作便开始，工作过程中，工人们没有戴防尘口罩，有时还在进行工作的交流。下午13点左右，工作结束，部分工人口渴，买了含叶酸和泛酸的饮料喝。工人们陆续回到家，先后有多名工人不同程度地出现了恶心、呕吐、咳嗽和呼吸不畅等症状，情况反映到单位后，及时将工人送入了医院进行治疗和抢救。

5. 事故损失：2名工人死亡、9名工人住院治疗。

6. 事故原因：

（1）包装不达标，在搬运过程中使空气中的有毒物质超标，现场工人通过呼吸和口腔进入了人体。

（2）工人安全意识淡薄，码头发放了防尘口罩，工人图方便工作并未戴。

（3）工人防范中毒知识缺乏，碳酸钡是钡盐，为有毒物质，碳酸钡会蓄积在骨骼上，引起骨髓造白细胞组织增生，从而发生慢性中毒。碳酸钡还会与胃液中的盐酸发生反应，变成可溶性的氯化钡，氯化钡属于可溶性钡盐，有很强的毒性，进入人体后，若不及时抢救，将会很快中毒，严重时会死亡。工人们喝的含叶酸和泛酸的饮料，增加了胃中的酸性，便加快了中毒速度、加重了中毒的程度。

（4）码头管理缺失，没有对工人进行严格要求，对现场工作环境通风条件等没有管理到位。

7. 事故教训：

（1）危险货物的包装，严格按照《危险货物包装通用技术条件》的标准，对不合格的包装，相关部门要阻止其进入市场流通。

(2) 加强员工的培训，以提高他们的安全防范意识和专业知识。

(3) 有资质的码头（或公司）应加强危险品作业现场的巡视和监管力度。

案例五 某港拆箱作业中毒事故

1. 事故时间：2002年7月9日。

2. 事故地点：长江上游某港。

3. 气象情况：晴，微风。

4. 事故经过：在码头集装箱堆场掏箱，作业毒害品苯胺。在作业过程中，由于包装是袋装，有破损现象，致使苯胺渗漏与工人皮肤接触，挥发气体通过呼吸道进入体内。作业完毕后工人回到宿舍，有5名工人突然身体不适，出现异常反应，其中一名员工情况严重，随即昏迷。经送医院抢救治疗后苏醒。医院诊断为苯胺严重中毒，该员工的脑部、内脏受到伤害。

5. 事故损失：该员工治疗一年多，病情才基本稳定，医疗费12万多元。

6. 事故原因

①渗漏的苯胺与工人皮肤接触是中毒事故的主要原因。

②客户没有申报化学危险品作业。随船到达的运单上没有注明苯胺为化学危险品，也没有按规定使用红色危险品专用运单，也没有加盖“危险品”专用印章，给港口造成一种非危险品的错觉，是中毒事故的重要原因。

③受理台业务人员没有认真审核运单，把危险品苯胺当成非危险品苯胺基乙腈，是中毒事故的重要原因。

7. 事故教训

①认真审核作业单信息，特别是化工品，弄清其理化特性，以采取相应防护措施。

②作业化工产品时，一定要采取严格的防护措施，如口罩、手套、防护服等。

③作业现场加强通风，附近应设置有免手接触开关的清洗、沐浴设施。

④产品信息未弄清楚前不得盲目作业。

⑤理货人员、安全监督人员加强对危险品作业过程的管理和监控，发现有异常情况，应立即采取有效措施。

案例六 某港装箱船员高处坠落摔伤事故案例

1. 事故时间：2019年1月17日03：35时。

2. 事故地点：长江下游某港。

3. 装载情况：申—泸航线，在某港，拟载重150个20英尺（6米）的集装箱，其中100个重箱，50个空箱。

4. 气象情况：雨停不久。

5. 事故经过：17：30时抵集装箱码头进行装箱作业，参与作业的人员有普通船员3人、三副1人，03：35时某船员在集装箱箱顶完成系固绑扎钢丝，由另2名船员在甲板搭设上箱梯子，该船员在五层箱顶从梯子下来，手撑在箱顶，脚踏在梯子上时，由于下雨箱顶湿滑，脚下打滑，加之长时间作业，体力透支，从梯子上摔到甲板上受伤，船舶立即组织人员对该船员进行应急处置后，送医院检查医治。

6. 事故损失：该船员右脚脚踝关节骨折。

7. 事故原因

（1）船舶装卸箱作业长，作业人员体力透支。

（2）该船员安全意识不强，装卸箱作业时的风险没有清晰地认识，在体力不支的情况下未及时向值班驾驶员要求更换作业人员。

（3）船长虽然在日作业会上对劳动安全措施及码头作业注意事项进行了布置，但未对作业人员的作息进行合理安排。

8. 事故教训

（1）船长、大副、三副应加强船员安全教育，提高船员安全和自我保护意识。

（2）船长在靠泊码头及装卸箱作业前应认真布置作业安全措施，在起讫港装卸箱要根据作业箱量，充分考虑作业时间长对作业人员体力及精力的影响，合理安排作业人员轮换休息，同时在装箱作业时要随时监护和采取安全防范措施。

参考文献

[1] 张华高. 载运包装危险货物船舶船员安全知识与操作. 大连：大连海事大学出版社出版，2012.

[2] 邱文昌，伍生春，田佰军. 船舶结构与货运.北京：人民交通出版社，2012.

[3] 内河集装箱系固手册编制指南：2011版.（2016-5-4）[2020.5].https://www.ccs.org.cn/ccswz/articleDetail?id=201900001000006348.